政策リサーチ入門

仮説検証による問題解決の技法

伊藤修一郎——［著］

増補版

東京大学出版会

A PRIMER FOR POLICY RESEARCH
Methods of Problem-Solving through Hypothesis-Testing
(Revised Edition)
Shuichiro ITO
University of Tokyo Press, 2022
ISBN978-4-13-032232-4

目　次

序 章 | 政策リサーチのすすめ
本書の目的と概要

　本書は，政策研究の方法論を学ぶためのテキストです．政策課題の原因を探究し，政策を立案・提言し，政策評価を行うための方法をわかりやすく述べていきます．

　本書は入門テキストであり，政策系・政治系のゼミや政策演習で利用されることを想定しています．ゼミで初めて調査・研究に取り組み，卒論や政策レポートを作成しようとする初学者でも，本書の手順に沿って進めば研究が遂行でき，研究技法の基礎が身につくよう工夫してあります．「入門」と銘打ってありますが，修士課程の大学院生などの利用にも耐えると考えます．学部の卒業研究でも専門的研究でも，思考の道筋は同じだからです．特に政策系の大学院などで集中的に論文を仕上げようとする社会人学生に役立てていただくことを期待しています．

　同時に本書は，政府・自治体，シンクタンク等で政策形成に携わる実務家，政策提言を行おうとする市民やNPO関係者などに向けたものでもあります．こうした実務家，市民等は，よりよい政策を作る方法論や政策形成能力を高める訓練法を切実に求めています．本書はそのための方法論を示し，「政策リサーチ」を実践するよう提案します．

　このように，本書は大学生・大学院生，その指導をする教員を主要な読者に想定しますが，実務家，市民に読まれることを強く希望し，教育・研究上の要請と実務的関心の両方を満たすことを目指します．欲張りすぎだといわれそうですが，現実社会に起こる問題の解決に関心を寄せる政策学・政策研究という分野のテキストだからこそ，一冊で幅広い読者層のニーズに応えることが可能であるし，その方が望ましいと考えます．社会問題の解決にコミットする意欲をもつ学生の関心と，現場で政策課題と格闘する実務家の関心は大きく重なり合います．実務家に満足してもらえる内容であれば，学生も興味をもって学ぶ

ことができるでしょう．

　以下では，本書が提案する政策リサーチとは何かを説明し，それが学生と実務家・市民の両方に有用であることを論じます．それに続いて，本書の構成も説明しておきましょう．

1 政策リサーチとは

政策リサーチとは，「政策案を策定するための基礎となる知識を生み出す営み」および「その力を養うための実践的教育訓練」を意味します．この中には，学部・修士課程レベルのゼミ・政策演習や実証的な政策研究から，自治体職員を対象とした政策形成研修，さらには，政府，自治体，シンクタンク等における政策立案に向けた政策課題の調査・分析までを含みます．

　これらのリサーチに携わる人々は，学生から実務家や市民まで多様であり，専門性に関して異なる水準にありますが，誰もがリサーチをガイドする指針や方法論を求めている点は同じです．その求めに応じて，本書は「社会科学の研究方法を政策研究に応用した実践的な方法論または思考の筋道」を提案します．これをもっと具体的にいえば，「因果関係を探究する仮説検証型の方法論」です．

社会科学の方法を応用するとは

　なぜ，社会科学の方法が政策研究に役立つのでしょうか．気になる政策課題を思い浮かべてください．格差問題，学力低下，どんな政策課題でもかまいません．皆さんがその課題に対応しようとしたらどうするでしょうか．まず問題を引き起こした原因を探り，その原因を除去しようとするでしょう．簡単には原因が見出せない複雑な社会問題に対しては，あれこれ対策を試みたり，他の自治体の対策を調査したりといった，試行錯誤が必要かもしれません．その場合でも，うまくいった対策を特定し，対策が効果を発揮するメカニズムを確認したうえで，本格実施に踏み切るはずです．これもまた，なぜその対策が効果をあげたのかを問い，対策と効果の間の因果関係を明らかにする作業だといえます．つまり，問題の原因を探り，因果関係を探究することが政策形成の基礎

となるのです.

　都合がよいことに,この種の因果関係を探究する調査・研究は,社会科学の中心的営みのひとつです.そのための方法論は研究者の間で広く共有されています.この方法論や考え方を政策形成のためのリサーチにも応用し問題解決に役立てるとともに,このリサーチを行うことで方法論や思考の筋道を身につけようというのが,本書の提案なのです.

多くの事例に当てはまる因果関係の探究

　政策立案のために社会科学の方法を用いて因果関係を探究するという本書の提案に対しては,「わが町の問題の原因は自分たちが一番よくわかっている.そんなまどろっこしい作業よりも,とにかく対策をたてたい」という反論が予想されます.社会科学では,同種の問題とみなせる複数の事案に共通して当てはまる原因を特定し,どの事例にも適用できるような因果関係に関する法則を探究します.ともかく自分の町の問題を解決したいと望む人が,このような社会科学の方法を「まどろっこしい」と感じるのも無理からぬことです.これをより一般的にいえば,「特定の問題に対応する公共政策を作るのに,一般的な原因を解明する必要があるのか」という疑問になるでしょう.

　しかし,自分たちが原因だと考えているものが,本当に問題を引き起こしているのでしょうか.その確証を得るには,どうしたらよいでしょう.自分たちがそう思い込んでいるだけで,背後に隠れた真の原因を見逃している可能性はないのでしょうか.自分の町だけをみているのでは,見逃しの可能性が高まります.もし,原因を見誤って対策をたてれば,効果がないばかりか,かえって問題を悪化させないとも限りません.

　政策リサーチで取り扱うような政策課題の多くは,単にあなたの町で起きているだけではなく,日本全国,場合によっては世界のあちこちで起こっています.これから本文中で例に取り上げていく学力低下,自転車事故の増加,景観破壊,若者の就職難,産業廃棄物の不法投棄といった問題は,各地で繰り返し起こっています.こうした問題を,多くの地域で共有される課題としてとらえ,多くの事例を一貫して説明できる因果関係を見つけることが,遠回りのようで問題の本質に迫る早道なのです.そしてこれが社会科学の方法論が目指すとこ

ろでもあります.

2　政策リサーチのタイプ

目的と方法による分類

　政策リサーチには, 大きく分けて(1)現状確認（記述・分類）型, (2)原因探究（仮説検証）型, (3)政策提言（政策評価）型の三つのタイプがあります. 括弧内に示したのは, それぞれのタイプで用いる研究方法です. 現状確認型リサーチは, 問題の現状を理解することを目的とし, 観察された事柄を記述し分類するなどの方法をとります. 原因探究型リサーチは, 問題の原因を探究することを目的とし, 仮説をたてて, それをデータや観察によって検証する方法をとります. 政策提言型リサーチは, 政策を提言することを目的とし, その政策が実施された際の効果を予測し, 事後的に評価するという方法をとります. ただし, 政策評価の方法も突き詰めれば原因探究型リサーチと同種の方法論に行き着きます. なぜなら政策評価は, 問題が解決した（しない）のはなぜか, その原因は政策にあるのかと問うて, 因果関係を探究することにほかならないからです.

　リサーチの3類型を図式的に示すと, 図表序-1のようになります. まず現状確認を行い, 次に原因探究, 最後に政策提言という流れです. しかし, 三つのリサーチ類型の区別は相対的なものです. 問題の原因を探るには, 現状を知ることが必要ですし, 現状がわかれば, なぜそうなっているのか知りたくなるでしょう. また, 問題の原因を突き止めることができたら, その問題を解決するための提案を求められることは当然でしょう. 逆に, 政策提言を説得力あるものにするためには, 問題の構造や問題発生の原因を明らかにする必要があります. しかも, リサーチを始めるとすぐわかることですが, 三つの類型は入り混じり, 順番も前後してしまって, 境目をつけるのも難しいほどです.

　したがって, このようにリサーチの類型をたてたのは, 説明の便宜のためだと理解してください. このように分けておくと, 記述, 分類, 仮説検証といっ

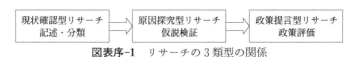

図表序-1　リサーチの3類型の関係

た研究方法の特徴や利用法を理解しやすくなります．実践上も，リサーチに使える時間や資金は無限にあるわけではありませんので，皆さんが，自分の研究がどのタイプに属するのかを把握しておけば，それに応じた研究方法を選択することができます．そして，本書が重点をおくのが，原因探究型リサーチです．前述のように，問題の原因を突き止めることが，解決策をたてるための前提となるからです．また，この方法が社会科学の得意とするところであり，これを理解しておけば汎用性が高く，種々の研究対象を扱えることはいうまでもなく，政策評価にも応用できるからです．もちろん，現状確認型リサーチと政策提言型リサーチの方法論についても，必要な範囲で説明します．

政策の中身か過程か

政策を立案するためには，**政策論的知識（in の知識）** と **政策過程論的知識（of の知識）** が必要です．前者は政策の中身に関する知識であり，社会工学，法律学，経済学などが直接的な貢献を果たします．福祉，医療，教育，労働，環境といった個別の政策分野を対象とした研究も同様です．後者は政策が決定され実行される過程に関する知識です．これを担ってきたのは，主に政治学や行政学などだといえるでしょう（詳しくは，秋吉貴雄・伊藤修一郎・北山俊哉『公共政策学の基礎』第 3 版（有斐閣，2020 年）を参照してください）．

このように，政策研究には，様々な学問分野から多くの研究者が参加しているので，伝統的な学問分野の垣根を取り払い，政策の立案や決定にどう貢献するかで多彩な研究を区分し直すことには意味があるのです．そして，これに従えば，政策リサーチも，政策論的リサーチと政策過程論的リサーチに分けられるでしょう．この分類は，本文中でも使っていきます．

しかし，リサーチの方法論を突き詰めると，この区分にこだわる意味は薄いともいえます．政策案を作るための前提には，問題を理解し原因を探究する作業があることを前述しました．同様に，政策過程論的研究も，なぜこの政策が採用されたのかと問い，政策が決定された（されなかった）原因を探るものです．つまり，政策立案・決定に貢献することが期待されている学問分野のほとんどは，因果関係探究の方法論を共有しているといえるのです．各学問分野によって用語や重点のおき方は異なりますが，基本的な考え方は共通なのです．

本書はそのような共通項を抽出することで，多様な学問分野からの出身者が共有でき，かつ様々な政策課題に対応できるような方法論を提示します．

3 なぜ政策リサーチが必要なのか

政策リサーチがどのようなものか，ひととおり説明を終えたところで，次にその有用性について述べたいと思います．最近の学生は，インターネットを使ってのレポート作成が広まったこともあって，手間と時間がかかるリサーチを敬遠する傾向があります．私の担当科目では，コピー＆ペーストに頼ったレポートは落第，出典を隠せば不正行為としていますが，そのようなレポートはなくなりません．また，日々の業務に追われる実務家は，じっくりと政策課題に取り組む余裕をもてないでいることでしょう．まして，直接は担当業務に結びつかない自己研鑽に励むことなど，夢のまた夢かもしれません．こうした読者に有用性を説いて，政策リサーチを実践するよう説得したいと思います．早く本題に入りたい読者は，読み飛ばしてください．

学部生・大学院生の皆さんへ

まず，現実社会の問題に関心をもち，その解決にコミットしたいと考えている学生諸君には，あらためて動機づけの必要はないでしょう．政策リサーチは，問題解決の糸口を与えてくれるはずです．同様に，公務員やシンクタンク研究員を志望する人たちにとって，政策リサーチに取り組むことは将来に向けた訓練の機会となるでしょう．

明確な関心事や志望なしに，とりあえず面白そうだから政策系のゼミに参加してみたという学生にとっても，リサーチの方法論は有益です．社会に出ると皆さんは様々な困難に直面します．困難を乗り越えるには，問題に向き合って原因を探り，対策を練ることが求められます．政策リサーチで取り組むのは政策課題や社会問題ですが，それがビジネスの課題に置き換わっても，町内会やPTAで直面する問題になっても，原因究明・問題解決に至る方法論は同じです．その方法論を政策リサーチを通じて身につけておけば，公務員志望でもなく，政策に関わるつもりもない学生にも，必ずや役立つはずです．

　ビジネスにおいて，仮説検証が重要であることは，セブン＆アイ・ホールディングス元会長の鈴木敏文氏が繰り返し述べています（例えば，鈴木敏文『挑戦　我がロマン：私の履歴書』日本経済新聞出版社，2008年）．実際，私のゼミから民間企業に就職した卒業生に話を聞いても，ゼミで学んだ因果関係の探究と仮説検証の方法論が仕事で大いに役に立っていると話してくれます．彼の仕事は企画・販売統括部門で，この地域で自社製品の売上げが伸びないのはなぜか，仮説を設定し，データや経験に照らして検証，新たな販売方法を打ち出すといった業務をしているそうですが，思考の流れは政策リサーチの方法と同じだと実感しているそうです．同様のことは，個々の営業担当の仕事についても当てはまることと思います．

　政策リサーチは大学院レベルでも有効な訓練になります．私自身もそうでしたが，社会科学の訓練を積まないまま大学院に進学した人は，まず基本的な思考の道筋を身につける必要があります．学部で政治学などを学んだ院生の中にも，研究を組み立てる力が欠けていると感じている人は多いはずです．方法論テキストの多くは，厳密な推論方法や分析技法を解説しますが，そうした方法を実践するのは研究を職業とするようになっても難しいものです．まずは本書が提案するような，ごく基本的なツボを押さえるところから始めることをお勧めします．

実務家の皆さんへ

　現場で課題に直面している実務家にとって，政策リサーチは問題解決に至る道筋を示し，解決策の発想法を示唆してくれる実践的な方法です．日本の政策立案の現状は，審議会や諮問会議などで専門家の助けを借りることを前提としています．しかし，これを言い訳に問題分析や解決策の案出を審議会に丸投げして，担当者が何も考えなくてもよいということにはなりません．専門家による議論を理解するためにも，議論をリードし，ときには対立する見解のどれが最も信頼できるか判断するためにも，考え方の道筋や発想法を身につけておく必要があります．

　そこで政策形成能力を高めようと一念発起し，職場の「政策形成研修」などに参加したり，自己啓発本を購入したりしたのに，どれも期待はずれだったと

考えている人は多いでしょう．職員研修や自己啓発本の現状は，政策作りの周辺を巡っているだけで，政策の中身をどう作るかに触れていません．

　こうした状況はなぜ起こるのでしょうか．研修講師を務める大学教員は，政策形成の現場で何が求められているのか十分理解しておらず，他方で研修担当者は，大学教員の知識や技術には何があるのか，その中で何が実務に役立つのかわかっていません．このため，手近なところに有用な方法論があるのに，それに気づかず使われないのです．ここを何とかすればよいわけで，大学にある知識と実務からの要請を架橋して，政策リサーチの方法論を提案しようというのが本書の目論見です．これによって，現実に役立つカリキュラムを職員研修に提供し，従来の指南書になかった政策の中身の作り方を示します．

　残念ながら，自ら進んで研鑽を積もうとする実務家ばかりではありません．日常業務に追われて，職場の階層別研修すら参加する暇がないと嘆く声が聞こえてきます．そのような人ほど，ぜひ政策リサーチの考え方を身につけてほしいのです．実務に携わる人たちは，問題意識と経験というリソースをもっています．これにうまく枠組みを与えるだけで，十分な成果をあげることが可能です．経験はリサーチを行うのに大きな強みとなるものですから，活かさない手はないのです．

　政府・自治体では財政難と行政改革が進み，仕事量は増えているのに，人員は減っています．残業時間を増やして対応するにも限界があります．どこかで仕事量を増やす根源となっている原因を取り除くような抜本的対応をしなければなりません．そのためには，「なぜ？」と問い，問題を特定し，その原因を探る能力が必要になります．そのための方法論を知っているかどうかで，「問う力」も「考える力」も大きく差がつくのです．それを政策リサーチで身につけます．本書は学部の入門レベルですから，少しも難しくありません．いくつかの考え方の筋道と手順を理解するだけで，誰でも習得することができ，政策リサーチを実践することができるようになります．ルーティンワークに追われて考えることをやめてしまっている人ほど，ぜひ取り組んでいただきたいのです．政策リサーチは，思考停止に陥っている人やどうやって考えてよいかわからない人が，前例踏襲から抜け出て「考える」ための契機になるはずです．

4　本書の構成

政策リサーチの手順に沿った構成

　本書が推奨する政策リサーチの手順は，図表序-2のとおり，(1)リサーチ・クエスチョンをたてる，(2)仮説をたてる，(3)データを収集し対象を観察する，(4)仮説を検証するという流れで進みます．(1)〜(3)と並行して，文献リサーチ（文献・資料の調査・収集）を行います．ここまでで因果関係が明らかになりますので，リサーチはいったん完結して，(5)結果をまとめ発表する（プレゼンテーション）という手順に進みます．

　これで終えてもよいのですが，本書では6番目として，(6)リサーチ結果の政策化という手順を設けます．学生が(6)まで行うとしたら，(4)の検証から直接(6)に進んで，策定した政策案を含めて(5)プレゼンを行うことになるでしょう．一方，実務家は，(4)までで問題の因果関係を特定したら，そこでいったん(5)プレゼンを行うのがよいでしょう．その後に(6)で政策化したら，次はプレゼンではなく実行，すなわち起案して決裁を受ける段階に踏み出すことになります．学

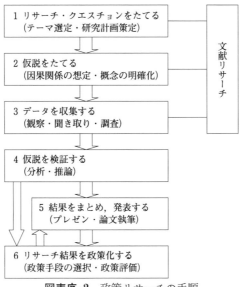

図表序-2　政策リサーチの手順

部のゼミや職員研修においても，(4)までの成果をプレゼンして全受講者で共有し，それをどう政策化するかは，全員で討議するといった進行も考えられます．

(1)〜(6)の手順は，概ね第1章〜第6章に対応しています．文献リサーチだけは，便宜的に第3章で説明します．

各章の構成を説明しておきましょう．第1章では，テーマ選定と研究計画の組立てについて説明しますが，これをリサーチ・クエスチョンという言葉で代表させます．これによって，研究を開始し遂行するには「何を問うか」が重要であることを理解します．

第2章では，仮説のたて方について説明します．仮説をたてることは，論理的思考によって（頭の中で）因果関係を組み立ててみる作業です．論理性や発想力が問われますし，知識や経験が役立ちます．仮説は論理的であるとともに，検証可能であることが求められます．そのような仮説をたてる方法を説明し，リサーチを実行するための準備について述べます．仮説をたて，因果関係について考察することは，政策形成能力を高めるための訓練としても有用なプロセスです．

第3章では，リサーチ・クエスチョンをたて，仮説を導くための文献リサーチの方法，検証段階で用いるデータの収集方法，そのためのリソース（情報源）について説明します．この章で述べる資料の所在と探索の秘訣を知ることは，リサーチに役立つだけでなく，実務家にとっても，学生が社会に出てからも，研修講師や審議会委員を選定・依頼したり，シンポジウムを企画・開催したり，専門家・研究者コミュニティと接点をもつような様々な局面で役に立つでしょう．

第4章では，仮説の検証方法について説明します．実験，比較，統計，事例研究といった方法を紹介します．細かな方法・技法よりも，これらを貫く基本的な考え方を理解することを目指します．この基本を理解すれば，政策リサーチは難しくありません．また，この基本的考え方は，観察から得られた材料を使って分析し，推論し，結論を導くための筋道でもあります．学術論文はこの道筋に沿って執筆されます．これを理解すれば，難しいと思っていた専門書も読みやすくなります．

第5章では，研究結果をまとめ，報告・発表する方法を学びます．ここでの

説明の中心はプレゼンテーションソフトやレジュメを使った口頭のプレゼンテーション技法です．しかし，報告書や論文など，文章の形で研究結果をまとめることも，広い意味での「プレゼンテーション」に含まれます．文章に書き起こし，繰り返し論理の流れを追うことが，論理的思考を養ううえで最も効果的です．そこで，論文を書くための助言を加えます．

　第6章のテーマは，政策リサーチの結果をどのように政策化するかです．政策課題には多種多様なものがあり，それに対処する手段も様々です．どの問題にどの手段を使うと効果があるかを研究した文献は少なく，それらも法学，経済学，行政学などに分散されています．そこでまず，政策学が提唱する「政策分析」という一般的手順を紹介し，そこに政策リサーチを位置づけます．次に，様々な政策手段の見取り図を描き，読者がリサーチ結果に応じた手段を選べるようにします．さらに，作成した政策案をどのように評価して，政策選択の参考とするか，そのための技法を概説します．いわばこれが政策提言型リサーチの方法論ということになるでしょう．

リサーチ手順と自由な発想

　本書では，図表序-2のようにリサーチの手順を示し，続いて第1章や第2章ではリサーチ・クエスチョンや仮説の形式も指定しています．この点について，型にはめすぎだという批判があるかもしれません．確かに，リサーチでは自由な発想こそが発揮されるべきであって，問いのたて方まで細々と指示するのは，自由な発想の妨げになりかねません．そこで，この点について若干の注釈をつけておきましょう．

　もともと本書は自治体の研修講義録から出発しました．日頃からゼミで学生向けに講じている内容を自治体職員の政策研修に応用したものですので，ベースはゼミの講義計画です．講義時間が十分に確保されるゼミと異なり，職員研修では短期間で集中的に講義とグループワークをこなし，政策形成のための方法論を身につけてもらわなければなりません．そのための工夫が手順や型をある程度指定する方法です．方法論は講義を受けただけでは身につかず，ひととおりリサーチを経験してはじめて理解できるものです．限られた時間でリサーチを企画し，結果をまとめ，プレゼンテーションまで行き着くためにはどうし

たらよいか．ある程度定型的な手順を示し，そこに自分たちの興味を乗せてい
ってもらうことが効率的だと考えたのです．

　これを再び大学のゼミに持ち込んだところ，学生に対してもメリットがある
ことがわかりました．ただ単に，「興味があることについて研究を始めましょ
う」「仮説をたてましょう」といわれると，可能性が大きすぎて学生は途方に
くれるようです．ともかく最初は，定型的でも流れに乗ってひととおり試して
みる方がやりやすいようにみえるのです．これは自己研鑽用テキストとして本
書を使ってくださる実務家の方も同じでしょう．ともかく本書の勧めに従って，
第4章のあたりまでは進んでみる．その結果，ものになりそうな研究テーマ，
リサーチ・クエスチョンがたてられれば，それをとことん探究すればよいでし
ょうし，発想が制約されたと感じるなら，最初に戻って，もっと自由に問いを
たてたらどうでしょうか．そのときはもう，方法論がひととおり身についてい
るわけですから，途方にくれることはないはずです．

　では，本題に入りましょう．

第1章 | リサーチ・クエスチョンをたてる
テーマ選定と研究計画の組立て

　政策リサーチの第1ステップでは，テーマを選び，何を明らかにしたいかを決めるところから，リサーチをスタートさせます．夏休みの自由研究で何をやろうか悩んだ人は多いと思いますが，政策リサーチでも最初の一歩を踏み出すのは難しいものです．本章では，リサーチ・クエスチョンをたてる作業を意識することで，この手助けをします．明快かつ練り上げられたリサーチ・クエスチョンをたてることは，研究の成否を左右する重要なステップです．ある意味，適切なリサーチ・クエスチョンがたてられれば，研究の半分——大半という研究者もいます——が終わったようなものだといえるでしょう．取り組もうとする問題について「正しく問う」というのは，それほど重要なのです．しかし，難しく考えることはありません．リサーチ・クエスチョンは，漠然とした問題意識から始めて，研究の進展とともに徐々に練り上げていくこともできるからです．まずは，ここで述べる手順に従って，リサーチを始めてみてください．

1　研究テーマの選定：興味のあることを書き出してみよう

　本書が勧める方法論では，研究テーマを選ぶ作業は，リサーチ・クエスチョンをたてる作業とほぼ一体化しています．ここで研究テーマというのは，学力低下の問題とか，〇〇町の高齢者福祉政策といった具体的な問題や政策だけでなく，市民協働とか，教育政策とか，研究が扱う漠然とした範囲や分野のことも含みます．まずは，漠然とでもよいので，研究の範囲を決めることは必要です．しかし，範囲が決まったとしても，研究は始まりません．その範囲で，何が知りたいのかを決めてはじめて，その答えを探究する作業（研究，リサーチ）が始まるのです．逆にいえば，知りたいこと（リサーチ・クエスチョン）がはっきりすれば，研究テーマは自ずと決まるものです．

　本書の読者には，特定の問題や政策に強い関心をもっている学生や職場で問題に直面している実務家がいると思います．行政とは普段関わりのない市民や，NPOの関係者が研究を思い立つのも，疑問に思う社会の実情や問題があるからでしょう．そうした読者は既にテーマが決まっているわけですから，次節以下の手順に従って，リサーチ・クエスチョンをたててください．

　もちろん，テーマがはっきりしている読者ばかりではないはずです．学生諸君の中には，関心のある分野がありすぎて，またはまったくなくて，研究したい分野が絞りきれていない人も多いと思います．実務家の中にも，職員研修に参加させられたので仕方なくリサーチに取り組むことになったとか，同期で自主研究グループを組織したのはいいが，何を研究したらよいかわからないという人がいるでしょう．際限なく広い範囲から，何を知りたいか決めなさい，リサーチ・クエスチョンをたてなさいといわれても難しいものです．探索範囲を限定するためにも，漠然とでもよいのでテーマを決める必要があります．

　残念なことに，第三者がテーマ選定について助言できることは限られています．自分が興味をもっていることを調べなさいとか，職務や日常生活でおかしいとか重要だとか，切実に思ったことに取り組みなさいといったアドバイスができるにとどまります．博士論文であれば，学会で注目されるテーマを示唆するとか，指導教員が取り組む有望な課題の一部を割り振るといったこともありえます．しかしそれをやるかどうかの最終決断は本人に委ねられます．結局のところ，リサーチをやり遂げるには自分が納得して取り組むことが必要であり，そのためには，自分で興味をもったテーマを選ぶことしかありません．

　要するに，各自が自分の心と対話するしかないのですが，まずは興味のあるテーマの候補として，心に思い浮かぶ題材を書き出してみてはどうでしょうか．そして，書き出したテーマのそれぞれについて，本章で説明する手順に従って，リサーチ・クエスチョンをたててみるのです．この作業を繰り返してみて，うまくリサーチ・クエスチョンが組み立てられるテーマは，リサーチを完遂するために適切なテーマだといえるでしょう．逆説的ですが，これがテーマを決めかねている人へのアドバイスです．

　さらにもう一言だけ付け加えます．最近は興味のある事柄さえ思い浮かばないという学生も増えてきました．自分がそうだという自覚がある人は，ネット

やスマホだけでなく，まず新聞を読む，ニュースをみる，友人と社会の出来事
について議論するというところから始めましょう．そして懐具合が許せば新聞
を3ヶ月ほど購読して——お金がなければ，指導教員の研究室などでとってい
る古新聞を譲り受けて——新聞の切抜きをやりましょう．不要なプリントアウ
トの裏紙に1枚1テーマで貼り付けておいて後で整理すると，自分が興味をも
つ問題の傾向がわかってくるものです．これはそのままリサーチの資料として
利用できます．ちなみに私のゼミでは，過去に数名が研究室の切抜きの仕事を
手伝って，卒論の研究テーマを決めました．

2 「なぜ」の疑問を問う：因果関係の解明

リサーチ・クエスチョンとは，読んで字のごとく「研究の問いかけ」です．
言い換えれば，「この研究で何を明らかにするのか」を疑問文の形で示したも
のです．例えば，産業廃棄物の不法投棄問題を解決するために行う調査では，
「なぜ△△町（○○地区）に不法投棄が行われるのか」というリサーチ・クエ
スチョンがたてられるでしょう．生徒の学力低下に対処するための研究では，
「なぜ△△町の生徒の学力が低下しているのか」と問うことになります．

　ここで「なぜ……なのか」という問いを示したのには意味があります．何ら
かの問題を解決しようと考えている人が最も知りたい疑問は，「なぜ」よりも
「どうすればよいか」でしょう．しかし，その答えが直ちに得られることは少
ないはずです．「どうすれば」の答え，すなわち解決策が手近にあるのならば，
まどろっこしいリサーチなど行わずに，直ちにその解決策を実行すればよいの
です．リサーチをやろうというのは，解決策が思い浮かばないとか，思いつく
政策案が本当に解決をもたらすのか確証がないといった状況にあるからでしょ
う．そのような場合，必要となるのは問題の原因を探ることです．原因がわか
れば，その原因を取り除く方策をたてることができます．提案されている解決
策が，原因に適切に働きかけるものであるかの確認もできるでしょう．

　解決策はあるが，それを自分の町に適用できるか確証がない場合もあるでし
ょう．効果があることを示して，反対派や費用負担者を説得する場合もありえ
ます．すなわち，政策の効果を知るためのリサーチですが，このようなケース

でも「なぜ」と問い，原因を考えることには意味があります．原因がわかれば，その解決策が自分の町の問題の原因を取り除いたり，原因が結果を生むのを防ぐものであるかチェックできるのです．より直接的に，「なぜ○○町で解決策Aが効果を発揮したのか（△△町ではうまくいかないのか）」と問うこともできるでしょう．うまくいった要因（原因）を明らかにできれば，その要因が自分の町にもあるかを確認したうえで，その解決策を実施することができるからです．詳しくは第6章で説明しますが，政策評価も政策（原因）と，それが社会に働きかけて生み出した変化（結果）との間の因果関係を明らかにする作業です．言い換えれば，社会に変化が起きたのはなぜか，政策が原因なのかと問うているのです．

　「なぜ」の疑問にこだわる理由は，これだけではありません．序章で述べたように，このタイプの問いに答えることが，社会科学の実証的なリサーチで最も多く行われていることだからであり，「なぜ」の疑問を解き明かすこと——因果関係の探究——は，社会科学が得意とするところだからなのです．この強みを活かして，政策リサーチの方法論を提供するのが本書の戦略です．

　「なぜ」のほかに考えられるのは，「どうなっているのか」という問いです．現状を記述し理解しようとするクエスチョンといってよいでしょう．筆者が所属する行政学者のコミュニティでは，これが重視されます．行政の内部はわからないことだらけなので，どうなっているのかを理解し，社会に伝える研究は意義があるのです．しかし，現状を知れば，その次に「なぜそうなっているのか」を知りたくなるのが自然ですし，それを探究すべきでしょう．もちろん，「なぜ」と問う前提として，「どうなっているのか」という現状把握のリサーチ・クエスチョンが，ある程度は解明されていなければなりません．実際のリサーチでは，「なぜ」の問いと「どうなっているのか」の問いが入り混じっているのが普通です．現状を明らかにする中で，「なぜ」の疑問が思い浮かんでくるのです．このことは，第4節で詳しく説明します．

　学部生は，現実社会の動きをほとんど知らないのが普通です．知らないことが多すぎれば，適切な問いは思いつきません．ある程度の情報を入力しない限り，「なぜ」というリサーチ・クエスチョンはたてられないのです．この場合，「どうなっているのか」と問うところから始めましょう．現状確認型リサーチ

を行い，問題の状況がわかってくる中で，何を問うべきかに気づくのを待つの
です．これは，学部生ばかりでなく，実務経験がない院生・研究者にも共通し
ていえることかもしれません．現状確認型クエスチョンのたて方は，第6節で
説明します．

　前述した「どうすればよいか」という疑問は，「なぜ」の後に問うべきです．
政策提言の中には，「現状はこれこれだから問題だ」と指摘し，「だからこうす
べきだ」と一足飛びに提言に向かうものがあります．これは学生の論文にも多
く見受けられるもので，問題解決への熱い思いがそうさせるのでしょうが，そ
の根拠はと問われると答えに詰まります．行政や地方自治に関する提言にも，
同様のものが溢れています．これも「どうなっているのか」の問いの次に「な
ぜ」を問わずに，「どうすればよいか」と問うているから起こるのです．しか
し，これでは提言の説得力は低いといわざるをえませんし，無責任の誹りを免
れません．自分はこうしたいと主張しているだけですから，建設的な批判を受
けることもかないません．こうした独りよがりを避けるには，現状把握の次に，
「なぜ」という問いを探究したうえで，提言に進むことが必要です．

　なお，政策リサーチに取り組もうとする皆さんの中には，社会問題や政策よ
りも，政府や自治体そのものに興味があって，政策の立案・決定や実施の過程
を調べたい人がいるかもしれません．序章で述べた政策過程論的研究です．こ
の場合に探究するのは，「なぜNPO法の制定が実現したのか」とか，「なぜ○
○市では男女共同参画政策が展開されているのに自分が住む町では何も実施さ
れていないのか」といったリサーチ・クエスチョンです．これにも本書の方法
論を使うことができ，立派な政策リサーチになりえます．こうした政策過程に
興味をもっている人は，無理にテーマを政策論的なもの（政策の中身に関する
もの）に変える必要はありません．自分が面白いと思う事柄について，リサー
チ・クエスチョンをたててください．

3　よいリサーチ・クエスチョンとは

とりあえずクエスチョンをたてよう

　リサーチ・クエスチョンが重要だといわれると，では，よいリサーチ・クエ

スチョンとはどのようなものかが気になるかもしれません．しかし，本書では
この点はこだわらずに進みます．強く興味を惹かれるテーマや切実に知りたい
疑問を抱えている人にとっては，それが良いか悪いかを論じる意味はありませ
ん．余計なお世話というものでしょう．また，ゼミに入ってリサーチを始めよ
うという学部生や研修，自主研究・自己啓発のために本書を読んでいる実務家
に対しても，ともかくリサーチ・クエスチョンをたててみましょうと申し上げ
ておきます．最初の問いが暫定的なものでも，リサーチを進める中で改善して
いくことができますし，うまくいかなかったら元に戻ってクエスチョンをたて
直せばよいのです．この意味では，本書の手順を次々と踏んで進んでいける問
いが，よいリサーチ・クエスチョンだということになります．

大学院での基準

　とはいっても，基準が何もないのでは困る人がいるかもしれませんので，大
学院で博士論文に取り組むときの基準を三つ紹介しましょう．

　基準1：問う意義があること　大学院においてよいリサーチ・クエスチョンと
は，第一に，問う意義があることです．これには，学問的な意義と社会的な意
義の両方があります．特に博士論文は，その後の研究者人生を左右するもので
あり，長期間をかけて取り組むものですから，学界で顧慮されないような些細
な問いかけであってはなりません．好ましいのは，多くの研究者が答えを知り
たいと思って取り組んでいる問いかけ，またはそれに関連するもので，それに
答えることによって，学問上の貢献ができるものです．

　博士論文では学問的意義が重視されますが，社会的意義もあった方がよいの
はいうまでもありません．その問いに答えることによって，社会問題が解決の
方向に進むとか，人々が豊かになるとか，こじつけであっても役に立つことを
示すのが普通です．これは特に研究費を獲得する際に求められます．本書の読
者の多くは，政策課題の解決に興味をもっているはずですから，この基準は意
識せずとも満たしていることでしょう．

　基準2：未解明であること　第二の基準は，まだ答えが出ていない問いである
ことです．苦労して研究に取り組んでも，既に答えが出ているのでは意味があ
りません．これは当たり前に思えるかもしれませんが，そうでもありません．

研究結果を発表する段階になって，同じような研究が行われていたことを知り，
愕然とすることは結構あるのです．そのため，専業の研究者や博士候補生が研
究を行うときは，自分の研究テーマに関連する研究（**先行研究**）を網羅的に探
してきて，取り組もうとするテーマがどこまで研究されていて，どこからが未
解明なのかを徹底的に調べるのです．この作業を通じて，問う意義があるクエ
スチョンが何かもわかってきます．

　新たな発見をめぐって先陣争いをしている研究者のリサーチでは，答えが出
ているクエスチョンは問う意味が乏しいのですが，学生や実務家にとってはそ
うではありません．どこかに答えがあっても，その存在がわからないから問う
のであり，誰かが先に答えを出していても，それがわかれば問題の解決につな
がります．学生の場合は，そのような答え（先行研究）を求めて勉強すること
自体が評価に値します．

　基準３：答えが出ること　第三の基準は，一定期間で答えが出ることです．こ
れも当たり前ですが重要です．博士課程の在籍期間内に答えが出るリサーチ・
クエスチョンでなければなりません．あまりに大きすぎる問いは，博士号をと
って研究者として独り立ちしてから取り組むのが望ましいとされます．この点
は，ゼミのレポートでも卒業論文でも同じです．おそらく実務の現場でも，結
果が出ないリサーチをやっていれば，趣味の研究は時間外にやれといわれるか，
中間報告書が出ても担当者の引出しに「お蔵入り」になるだけでしょう．

　大学院の基準は以上ですが，本書の読者はこれにとらわれる必要はありませ
ん．良いか悪いかは気にかけずに，ともかくリサーチ・クエスチョンをたてて
みるようにしてください．もちろん博士論文に取り組むときの方法にならって，
先行研究を幅広く読むことは有益ですので，やる気のある人はぜひとも実践し
てください．

4　リサーチ・クエスチョンを組み合わせる

　ここまでの説明に従えば，「なぜ……なのか」という問いがひとつできるこ
とになります．これで第２章に進んでもかまいません．しかし，何か物足りな
い気がします．実際に次のステップで仮説をたてる段になると，リサーチ・ク

エスチョンがもう少し具体的になっている方が，作業がしやすいことがわかります．そこで，最初のリサーチ・クエスチョンをさらに深く問い直し，具体化してみることにしましょう．

問いのブレイクダウン

前節でたてた「なぜ」の問いは，研究の最終目的として知りたいことですから，かなり大きい包括的な問いであるはずです．大きいとか包括的というのはあいまいな表現ですが，複数の原因と結果が複雑に組み合わさっている状態をまとめて言い表していたり，別々に起こっている事柄を一緒に扱っていたりするという意味です．そのような問いは，答えようにもどこから取り組むべきか，手掛りがつかみにくいものです．

例えば，「なぜ学力低下が起こるのか」という問いは，色々な地域の様々な学力低下を含んでいます．とりあえずわが町の学力低下に限定したとしても，学年も教科もひとまとめになっています．算数の力の低下と国語力の低下は同程度なのでしょうか．そうだとして，原因はひとつなのでしょうか．少なくとも「生徒が勉強しないからだ」で片づけられるような問いではありません．それではリサーチなど必要ないでしょう．複数の原因と複数の結果が絡み合っているとしたら，どこから取り組んだらよいでしょうか．まずは問いを解きほぐし，いくつかの具体的な問いに分割します．この作業をあらかじめ行っておくと，次のステップに進みやすくなるのです．

これは専門家による研究でも行われています．例えば，政治学の古典というべきロバート・ダール『統治するのはだれか：アメリカの一都市における民主主義と権力』（河村望・高橋和宏監訳，行人社，1988 年）は，リサーチ・クエスチョンをメインタイトルにしています．「なぜ」という問いではなく，現状確認型の問いですが，政治学者の誰もが興味をもつ問いです．それだけに包括的な問いであり，どこから手をつけたらよいかわかりません．そこで，ダールは研究の冒頭でこの問いを分割し，多くの具体的な問いを提示しています．それらのいくつかを要約して紹介すると，（統治の）影響力を左右する政治的資源の配分はどうなっているのか，重要な政治的決定は実際にどのようになされるのか，影響力のパターンは永続的なのか変わりうるのかなどであり，これらの

問いがさらに分割され具体化されています．これに続く各章では，これら分割された問いが探究されます．

　ちなみに，これらの問いは先行する研究の主張を踏まえてたてられており，特に意識されているのは，フロイド・ハンター『コミュニティの権力構造：政策決定者の研究』（鈴木広監訳，恒星社厚生閣，1998 年）という研究です．ハンターが一握りの社会的，経済的エリートが権力を握っていると主張するのに対して，ダールは本当にそうか，決定の種類が異なれば決定に影響力をもつ人も異なるのではないかと問うていきます．これが研究方法——評判法か争点法か——の違いにもつながり，地域権力構造をめぐる有名な論争へと発展したのです．

学力低下を例に

　問いを分割するといっても，実際にやるのは難しいものです．引き続き学力低下を例にとって考えてみましょう．ひとくちに学力低下といいますが，それはどのようにとらえられたのでしょうか．教師や親の印象でしょうか．それとも統一テストの点数などで数値として示されたものでしょうか．前者であれば，体系的な聞き取り調査などが必要でしょう．後者であれば，いちおう客観的なデータといえるでしょうが，何と比較して「低下した」といえるのかを確認する必要があります．そのうえで，以下のような問いをたてて，問題を掘り下げていくことが考えられます．点数の低下で示された学力低下は，わが町だけで起こっているのか．それとも全国に共通の問題なのか．わが町で著しいとすれば，それはなぜか．いつからそのような変化が観察されるようになったのか．突然に起こったことか，それとも長期的な趨勢なのか．時期が特定できるとすれば，なぜその時点からなのか．何かその近辺で，国または町の教育政策に変化はあったか．さらに，学力低下は，わが町の中でも全体的に（多くの生徒に）起こっているのか．それとも特定の地域・学校の生徒だけなのか．特定の地域だとしたら，なぜその地域で低下が著しいのか．それはどのような地域か．例えば，世帯の収入，構成などに違いがあるか．学校の教育内容に違いがあるか．ひとつの学校の中でも，成績の良い悪いで違いがあるか．例えば，上位グループでは低下が認められないが，下位グループで低下が著しいといった傾向

はあるか. もしそうだとしたら, 下位グループで起こっていることは何か, 等々.

問題の掘り下げ方, 問いの分割の仕方は, リサーチを行う人それぞれの問題意識によって違ってくるはずです. 上述の例は, 私が思いつきで列挙したものにすぎません. しかし, 「どうなっているのか」という現状を把握する問いと, 「なぜ」という原因を追究する問いを組み合わせ, 最初の包括的な問いを細分化し, より深く具体的に問い直していることはわかっていただけるだろうと思います. そして, 「なぜ」の問いに下線を引きましたが, これらが最初にたてた「なぜ学力低下が起こるのか」に比べると, 具体的で取り組みやすくなっていると感じるはずです.

なお, 一度でもリサーチに取り組んだことがある人はお気づきだと思いますが, 上記の分解された問いの中には, 問題の原因について一定の見込みがないと出てこないものが含まれています. 答えの見込み (仮説) をたてる作業は第2章で扱いますが, 実は問いをたてる作業は, 仮説をたてる作業と――ときにはその先の検証作業とも――並行して行われるものなのです.

クエスチョンのAタイプ・Bタイプ

ここまで, 大きなリサーチ・クエスチョンをひとつ作り, さらにそれを分割していくつかの具体的な問いをたてました. これらをノートなどに書き出しておけば, 十分に次のステップに進めるはずですが, さらにもうひと手間かけて, 分割された問いを組み合わせておくと, 研究の最終目的地とそこへ至る手順が明確になります.

公共経営論 (public management) の専門家で, ハーバード大学のケネディ政策研究院でも教鞭を執った, ロンドン・スクール・オブ・エコノミクスのマイケル・バーズレー教授は, リサーチ・クエスチョンをAとBの二つのタイプに区別することを提唱しています. "Type A Question" は, 学会で探究されている論点や多くの現象を説明できる法則に関わる問いです. 一方, "Type B Question" は, 事例に即した問いかけです. 両者の関係は図表1-1に示したように, 数多くの具体的な Type B Question に答えていくと必然的に Type A Question の答えが出るように組み立てられるべきものとされます.

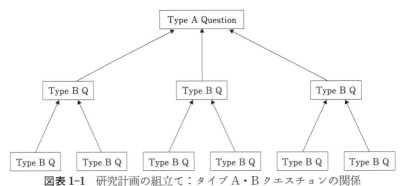

図表 1-1　研究計画の組立て：タイプ A・B クエスチョンの関係

出所：Barzelay, Michael, et al. 2003. "Research on Public Management Policy Change in the Latin America Region: A Conceptual Framework and Methodological Guide." *International Public Management Review* 4-1 を参考に筆者作成

　タイプ A や B などというと，かえってわかりにくいかもしれません．具体例として，ロバート・パットナム『哲学する民主主義：伝統と改革の市民的構造』（河田潤一訳，NTT 出版，2001 年）を取り上げましょう．この研究のタイプ A クエスチョンは，「なぜ特定の政府は，他の政府に比べてうまく機能しているのか」，より一般的には「特定の政治制度（政府）がよりよく機能するのはどのような条件のもとでか」と問います．これは政治学の大きなテーマのひとつで，同書によれば，古代ギリシャの時代から探究されてきたそうです．

　一方，タイプ B クエスチョンは，北イタリアの都市では州政府がうまく機能し住民の満足を高めているのに，南イタリアの諸都市では州政府が北部ほどにはうまく機能せず住民満足度も低いのはなぜかと問うものです．

　これらの問いの答えを各州の住民間の社会的つながりや自発的結社の密度と活発さなどに求め，ソーシャル・キャピタル（社会資本または社会関係資本）が豊かな地域ほど，政府がよりよく機能するという仮説を提起し，緻密な調査に基づく検証を行いました．**ソーシャル・キャピタル**とは，資金や生産設備などの資本と同様に，社会的価値を生み出す，社会規範や人のつながりの「資本」のことを意味します．この研究以降，ソーシャル・キャピタルが政治学者の間で盛んに研究されるようになりました．その理由はリサーチの手並みの鮮やかさや，ソーシャル・キャピタル概念の面白さにもありますが，それにもまして，根本にあるタイプ A クエスチョンが政治学者にとって重要なものであ

り，そのような誰でも関心をもつ問いに対して，従来の通説である「経済的に発展した地域ほど，政府がよりよく機能する」という見解とは異なる答えが示されたことにあるのです．

　イタリアに関するタイプBクエスチョンを探究するにあたって，パットナムはさらに細かい問いをたてています．政治制度の変化が人々の政治的行動・態度にどのような影響を与えたか，イタリア各州の制度パフォーマンス（政府の業績）はそれぞれどの程度か，各州のソーシャル・キャピタルの豊かさはどの程度か，制度パフォーマンスと関連が強いのはソーシャル・キャピタルと経済発展度のどちらなのかといった問いです．これらもタイプBクエスチョンであり，それぞれに答えることで一段上のタイプBクエスチョン，さらにはタイプAクエスチョンに答えていくという構造になっています．

A・Bの区分をどう使うか

　学生や実務家，市民にとって，探究したい問いが学界で関心をもたれているかどうかは，正直どうでもよいことでしょう．そこで本書では，タイプAクエスチョンを「自分たちが最終的に知りたい問い」とし，タイプBクエスチョンを「研究しようとする事例に即した問い」としておきます．

　例えば，拙著『自治体発の政策革新：景観条例から景観法へ』（木鐸社，2006年）は，『哲学する民主主義』ほど壮大なテーマを扱ったものではないので，ここに引用するのに適切でしょう．私は「なぜ地方自治体が国に先駆けて新たな政策を作ることができるのか」という問いをタイプAクエスチョンとし，景観条例を研究対象として多数のタイプBクエスチョンをたてました．そのひとつを挙げれば，群馬県の小さな自治体で景観条例を制定し乱開発を防げたのに，周辺の大きな自治体では景観条例を制定できなかったり，制定しても緩やかな基準しか設定できなかったのはなぜかという問いでした．

　これらは政策過程論的な問いですが，政策論的な問いも探究しました．それらは，なぜ良好な景観は保存されにくいのか，なぜすぐれた景観は容易に破壊されてしまうのかという問いでした．これをさらに掘り下げて，財としての景観はどのような特質をもつのか，人々は景観をめぐってどのように行動するのかといった問いの答えも探究しました．なお，この研究を材料にした演習例を

巻末に載せましたので，参考にしてください．

　もうひとつ，架空の例を挙げましょう．研究テーマを「X町における市民協働のあり方」とします．市民協働は，学部生の卒論でも，実務家研修でも人気のあるテーマです．ここで最終的に知りたいことは，「住民と行政とのパートナーシップを築くにはどうすればよいか」または「市民協働を促すために，町は何をすべきか」です．これを明らかにするために，「なぜ」の問いをたてましょう．リサーチ・クエスチョンは以下のとおりとなります．

　Type A Question：なぜ市民協働が成り立つのか．

　これを事例に即して具体化していくと次のようになります．

　Type B Question 1：なぜX町の福祉の分野では住民の協力が得られないのか．なぜY町の福祉分野（またはX町のリサイクルの分野）ではうまくいっているのか．
　Type B Question 2：福祉の分野ではどのような働きかけをしたか．していないか．住民の反応はいかなるものだったか．なぜその反応だったか，等々．

　ここでは，この程度にとどめますが，テーマによってはもっと多くのタイプBクエスチョンが図表1-1のように組み合わされることになります．
　なお，私たちの最終目的は，リサーチを通じて知りたいことに答えを出すことであって，リサーチ・クエスチョンをたてることではありません．タイプA・Bクエスチョンを用いた組立てに厳密に従う必要はありません．次に述べるような研究計画をたてるとき以外は，最も知りたい問いを確認しておく程度でも，十分次のステップに進めることを忘れないでください．

リサーチ・プロポーザル（研究計画）

　リサーチに取り組もうとするときには，研究計画の作成を求められる場合があります．そこで，リサーチ・クエスチョンを活かした研究計画の書き方を紹介しましょう．学部生はリサーチの初期段階で研究計画を発表し，指導教員か

ら助言をもらうことになります．また，大学院に進学するときにも，奨学金をもらうときにも，留学するときにも研究計画は必要です．専門家になれば，研究費を獲得するために常に研究計画を書いている有様です．実務家はあまり機会がないかもしれませんが，調査事業を外注する際などに役立つでしょう．

　研究計画を書く際には，リサーチ・クエスチョンを明示することをお勧めします．この代わりに「研究目的」や「問題関心」「問題の所在」などでもよいのですが，こうした見出しのもとで研究の意義や問題の背景を長々と説明した挙句に，何をやりたいのか述べていない計画をよくみかけます．リサーチ・クエスチョンを示しておけば，その研究で何を明らかにするかは一目瞭然です．これは自分がやろうとしている内容を相手に伝えるために，そして自分自身が確認するために，有効な手段なのです．

　一般に研究計画では，「何をどのように明らかにするか」を問われます．「何を」の部分はリサーチ・クエスチョンを示せばよいでしょう．「どのように」の方は，ともすれば，何を対象に事例研究を行うとか，アンケートを実施してデータ分析を行うといった「方法」を示しがちです．これも研究計画に必要な要素ですが，それだけでは問題をどの方向に掘り下げていくのか，それについてどれだけ深く考え，どのくらい準備ができているのかが伝わりません．そこで，タイプ B クエスチョンの候補をいくつか提示して，問題を掘り下げていく方向性を伝えるとよいでしょう．それらと最終目的となるリサーチ・クエスチョン（タイプ A）とが関連づけられているのが理想です．

　前述のバーズレー教授によると，研究計画書は「リサーチ・クエスチョンがよく織り合わされたもの（a well-woven set of research questions）」であるべきだそうです．これは私が大学院生のときに受けた助言ですが，確かに複数のリサーチ・クエスチョンを組み合わせると，自分がやろうとしていることが上手に研究計画に表現でき，相手とのコミュニケーションがうまくいきます．

　ただし，図表 1-1 のように体系的にリサーチ・クエスチョンを組み立てるのは難しい作業です．研究テーマについて理解が深まらないと，的確なリサーチ・クエスチョンをたてられません．ましてそれらを関連づけるのは，問題の全容が見えてこなければ，できることではありません．リサーチを進めるにつれてようやく核となる問いやそれらの関係が思い浮かぶので，それに応じて研

究計画を修正していくことになります．つまり，リサーチ・クエスチョンと研究計画を徐々に修正しながら，研究自体を完成させていくものなのです．

　この意味では，リサーチが最終段階に入るまで，研究計画は不完全なものだということになります．しかし，各段階におけるリサーチの全体像と自分が目指す最終目的地を把握するという意味で，不完全であっても適宜研究計画を作成・修正しておくことは意味があります．これに加えて，現時点で何が明らかになったのかを整理しておけば，リサーチの途中経過をゼミで報告するときなどに，内容のある発表を用意できるでしょう．

5　クエスチョンをたてる際に留意すること

　リサーチ・クエスチョンをたてるにあたって，いくつか気にかけておいてほしいことがあります．それらは，第一にどのような研究方法を使いたいか（事例研究か統計分析か），第二にデータ収集や観察を行うことはできそうか，第三に分析や観察を行う単位をどうするかです．

　第一の研究方法については第4章で説明しますが，研究がどのようなものになるかは，用いる研究方法に左右されます．例えば，数字が嫌いな人が統計分析を使った研究をやるのは楽しくないでしょう．やっていて楽しい研究をやるべきです．研究方法はリサーチ・クエスチョンによって——さらには仮説によって——決まることも多いので，方法がどうなりそうかもクエスチョンをたてる際にある程度見通しておくとよいのです．

　第二のデータ収集・観察については第3章で説明しますが，研究が実現可能かどうかに関わります．データが得られなければ，または観察ができなければ，研究を行うことができません．はっきりしたことはデータ収集に乗り出してみないとわかりませんが，頭の隅においてクエスチョンをたててください．

　第三の分析単位が切実な問題となるのは，データ収集や事例調査（第3章），仮説の検証（第4章）などの段階ですが，これもクエスチョンをたてるときに心にとめておきたい事項です．**分析単位**とか**研究単位**というのは，観察を行ったり，比較をしたりする単位のことを意味します．学力低下のリサーチであれば，生徒ひとりひとりを単位とすることが基本となりますが，クラス単位の研

究もあるでしょうし，学校や地域，国の単位でデータ収集や比較を行うことも考えられます．同様に，市民協働がテーマであれば，市町村の単位でリサーチをデザインすることが多いでしょうが，政策分野単位（事業課単位）や事業単位，地区単位に落とすことも，逆に都道府県の単位に広げることも考えられます．

　どの単位で研究を行うべきかは，自分が何に興味をもっているか，すなわちリサーチ・クエスチョンによります．自治体に興味があるのか，政策や事業に興味があるのかは，クエスチョンに反映され，分析単位の選定を左右します．また，リサーチ・クエスチョンでは分析単位が特定されなくても，そのクエスチョンを解明する（または仮説を検証する）のに適した単位があることが多いものです．例えば，家庭環境と学力低下の関係を知りたいと思ったら，個々の生徒を単位にすることがよさそうです（学校単位や地区単位でも研究ができないわけではありません）．

　他方，データの制約によって，設定可能な分析単位が絞られることもあります．例えば学力に関しては，個人単位や学校単位のデータは存在しますが，教育委員会から調査の委託を受けた研究者などでない限り，アクセスすることは難しいでしょう．うまくいって市町村単位のデータが得られる程度でしょう．また，多くの統計データは，都道府県単位となっており，市町村単位で公表されているものとなると数が限られてきます．市町村データが得られなければ，分析単位は都道府県に設定せざるをえなくなります．

　データの制約によって分析単位が定まってしまうときは，それに合ったリサーチ・クエスチョンをたてることが便宜ではあります．それで不都合がなければ，そうすることをお勧めします．しかし，どうしてもわが町の問題について問いをたてたいのに，公開されたデータは都道府県のものしかない場合はどうすればよいでしょうか．ひとつは頑張って自前のデータを収集することです．わが町の地区（中学校区など）を単位としたデータ収集を行うのもよいでしょう．もうひとつは，都道府県を分析単位としたリサーチによって仮説を検証し，その検証された仮説をわが町に適用して解決策を提案する方法です．これは第4章で説明する一般化（検証された仮説がどこまで適用できるか）の問題が関わってきます．すなわち，都道府県で成り立つ法則が市町村にも当てはまるの

かという批判に答えなければなりませんが，論理立てて説明すれば説得は可能です．

　以上の点は，リサーチを進める中で問題となってくることですから，リサーチ・クエスチョンをたてる段階ですべて決める必要はありません．しかし，クエスチョンの中身と密接に関わりますので，多少なりとも考慮しておくと，手戻りが少なくなるはずです．

6　現状確認型のリサーチ・クエスチョン

　ここまでで明らかなように，「なぜ」の問いをたてる前提として，「どうなっているのか」を問う必要があります．そのための方法を，本節で現状確認型リサーチの方法論として説明することにします．

　現状確認型リサーチは，序章で触れたように，現状を理解することを目的としたリサーチであって，現状を記述し，観察された事柄を分類するなどの方法をとります．図表序-1のように現状確認⇒原因探究⇒政策提言という流れで考えると，それ自体では完結しない半端なリサーチだと受け取られるかもしれません．しかし，そんなことはありません．現状確認型リサーチは，原因探究型リサーチの基礎になるばかりでなく，それ自体が政策立案に大きく貢献します．現状を調査し，社会問題の所在を社会に，そして政策担当者に認識させることは，政策決定に向けた最初の一歩であるからです．政策過程論で**アジェンダ設定**と呼ばれる段階です．例えば，景観保全の問題でいえば，地元の人々が古くさいつまらない街並みと思っているものに外部の有識者が価値を見出し，それが失われつつある現状を訴えることで，人々に問題の所在が理解され，街並み保存政策が動き出すことがよくあります．また，自ら選んでそうなったと思われていたフリーターが，実は自発的になったものではないことが明らかにされたり，児童虐待の問題の広がりや深刻さが明らかにされることで，これらの問題に対策をたてようという機運が出てきます．

　さて，原因探究型リサーチでは，現状についてわかっている範囲で，タイプAクエスチョンを分解し具体化することを勧めました．これによって，ある程度研究の全体計画を固めることができました．しかし，現状がほとんどわか

っていない場合には，このステップを踏むことは困難です．そこで現状確認型リサーチでは，逐次的にクエスチョンをたて，それに答えていく方法をとることになります．疑問が思い浮かんだら，その都度，何らかの調査を行い，知識を蓄え，そこから次の新たなクエスチョンを導いていくわけです．

そのためには，どこから手をつけたらよいでしょう．4点挙げておきます．第一には文献を読むことです．第3章で説明する文献リサーチを行います．第二に，第1節で述べた，新聞記事の切抜きもよい方法です．アナログな方法は嫌だという人は，第3章で紹介するデータベースを利用してもかまいません．第三に，データを調べてみることも必要です．データから一定の傾向を読み取る方法は，第4章で説明します．第四に，特に学生の場合ですが，ひとつか二つ対象を選んで事例研究をやってみることもよいでしょう．文献やデータだけでは，どうしても問題の立体的な像が浮かんでこないからです．

こうした作業を行いながら，問いをたてていきます．例えば，若者の就職難が問題になっているが，これまでの研究ではどのような議論がされているのか．新聞ではどうか．全国的なデータではっきりその傾向が表れているか．特に厳しいのはどのような層か（これもデータでわかります）．わが町では高校や大学の卒業予定者の就職状況はどのようになっているのか．就職できない学生はどのくらいいるのか．就職できなかった学生たちはどのような進路を選んでいるのか．若者の就職を支援する政策や制度の現状はどうなっているのか．こうしたクエスチョンを順次たて，答えを見つけ，そこからさらに浮かび上がる問いにまた答えていくわけです．

これによって現状が確認できた，わかった，という状態がどのようなものか言葉で定義することは困難ですが，もうこれ以上はクエスチョンが出てこなくなった状態は，そのひとつだといってよいと思います．しかし，そうなる前に，「なぜそうなのか」という疑問が出てくるはずですから，原因探究の方にリサーチの重点を移していけばよいでしょう．

以上の現状確認作業でわかってきた実像をどう分析し，どう描くのか——現状確認型リサーチの技法——については，第2章第6節で説明します．

7 まとめ：リサーチ・クエスチョンの重要性

以上でリサーチ・クエスチョンがどのようなものかは，理解できたと思います．ここまでを読んで，こんなに手間のかかる作業はやりたくない，すぐにも現場に出て行って，生の声を聞き，データ収集をしたいと思う人がいるかもしれません．それはもっともな感想です．リサーチ・クエスチョンのたて方，組み合わせ方は人それぞれですし，研究テーマごとに異なるはずです．どこまで詳細で具体的なクエスチョンをたてるかは，皆さん次第です．何より，最終目的はリサーチの結果が出ることなのですから，研究計画を書くことやリサーチ・クエスチョンを織り上げることが自己目的となってはいけません．これらは自分が必要だと感じる範囲内で採り入れるにとどめて，リサーチを進めることを最優先にしてください．

もっとも，リサーチ・クエスチョンを明確にすることの重要性は強調しておきます．これには少なくとも二つの理由があります．第一には，リサーチ・クエスチョンが研究の目的地を明示してくれることです．大規模で複雑な研究では，途中で自分が何をやっているのかわからなくなることが往々にしてあります．これは複数の人間が関わる研究では特に起こりがちです．学生の卒業研究などでも「迷子」になるケースをみかけます．そのときには，当初のリサーチ・クエスチョンに立ち戻って，研究の目的を再確認することです．いわば，リサーチ・クエスチョンは，長い研究を導く道標の役割を果たすのです．

第二の理由は，他者に研究の目的を伝えるためです．研究成果がまとまれば，レポートや論文にまとめたり，報告書を編纂したり，審議会や学会などで発表することになるでしょう．プレゼンテーションの方法は第5章で述べますが，研究の目的を読者・聴衆に伝える方法として，リサーチ・クエスチョンを明示することは，非常に有効です．発表の冒頭でリサーチ・クエスチョンが示されれば，聞き手はクエスチョンに対する答えがどのように示されるのかを期待しながら，発表を聞きます．そして，適切な答えが示されたか，その根拠は十分だったかを評価し，不十分だと感じればその点に質問を集中させるわけです．

学生が指導教員から，実務家が研究者から，アドバイスを受ける場合には，

「あなたの研究のリサーチ・クエスチョンは何ですか」と聞かれることもあります．リサーチ・クエスチョンを明確にしておくことは，研究を迷いなく進めるためにも，研究内容を誰かに伝えるためにも，大切なのです．

第2章 | 仮説をたてる
政策課題の因果関係を想定する

　リサーチ・クエスチョンをたてたら，その答えを見つけることが，政策リサーチの最終目的地となります．クエスチョンの答えは，簡単に見つかるかもしれませんし，容易には見つからないかもしれません．答えだと思っていたものが，調べてみたら違ったということもありえます．それでは答えはどうやって見つければよいでしょうか．

　ともかくよく調べてみるというのはひとつの方法です．しかし，やみくもに調査すれば答えが見つかるわけではありません．例えば学生は，とかく「アンケート」をやりたがりますが，いきなりアンケート調査に取りかかるのでは，何を質問したらよいかもわからないでしょう．よい質問文を作るためには，ある程度答えの見通しがたっていなければなりません．アンケート以外の方法で調査するときも，一定の見込みや方向性が必要です．本書ではこの点を重視して，仮説をたて，それを検証する方法をお勧めします．

　前章の説明に従ってリサーチ・クエスチョンをたてた人は，同時にその答えも思い浮かんだかもしれません．確信はなくても，「きっとこうではないか」という見通しぐらいはたった人が多いと思います．そうした思いつきや見込みは仮説の候補になります．もちろん，それらが修正なしに検証されることは稀です．本来，仮説をたてるのは難しいものです．仮説は検証されればリサーチ・クエスチョンの答えになるものですから，仮説を練り上げていく作業は研究の中心となるのです．本章では，まず仮説とは何かを説明し，次に仮説のたて方を実例とともに紹介します．

1　仮説とは

暫定的な答え

　仮説とは何でしょう．本書では，リサーチ・クエスチョンに対する暫定的な答えだとしておきます．私たちがたてるリサーチ・クエスチョンは「なぜ」の問いが中心ですから，仮説は因果関係に関するものが主になります．例えば，「ここ数年わが町で小学生の学力が低下しているのはなぜか」というクエスチョンをたてたとして，「学力低下は経済状況の悪化によって引き起こされている」という答えが思いついたとすれば，これは仮説といえます．経済状況の悪化が原因，学力低下が結果という，因果関係を示しています．

　ちなみに，政治学研究の方法論を説いたスティーヴン・ヴァン・エヴェラ『政治学のリサーチ・メソッド』（野口和彦・渡辺紫乃訳，勁草書房，2009年）も因果関係の解明を念頭に仮説を定義しています．同書は仮説を「2つの事象のあいだに存在すると推測される関係」（8ページ）だと定義し，因果関係を推測するものと，因果関係を推測しないものに分けています．因果関係を推測しないものというのは，AとBとの間に関係が見出されるが，AがBを引き起こす関係（またはその逆）ではないと主張する仮説を意味します．こうした関係は，AとBが両方ともCによって引き起こされるような場合に生じるもので，擬似相関と呼ばれます（第3節で説明します）．

　さて，仮説のことを暫定的な答えだと説明しましたが，ここで「暫定的」というのは，検証が必要だという意味です．第2節以降で詳しく説明するように，文献リサーチを行ったり，いくつかの事例を調べたり，ある程度の根拠をもって仮説は導かれますが，それでも「きっと，こうだろう」という予想や見込みにとどまります．したがって，それがリサーチ・クエスチョンの答えだと主張するためには，**検証**——観察や実験結果に照らして妥当だと確認すること（第4章で説明）——が必要になるのです．

　例えば，学力低下に関して経済状況の悪化が原因だという仮説をたてたとします．もっともらしく感じますが，これが正しいという保証はありません．ゆとり教育などによって，授業時間が減ったことが原因かもしれません．言い換

えれば，「学力低下は授業時間の減少によって引き起こされている」というのも仮説になりうるのです．どちらが正しいのか，それともほかに答えがあるのかについては，データや観察を用いた検証に俟たなければなりません．

検証可能であること

　仮説とは何かの説明には，もうひとつ付け加えるべきことがあります．仮説は検証できるものでなければなりません．先述のように，検証とは観察結果や経験に照らして仮説が成り立っていることを確認することです．この検証可能であることを裏返して，少なくとも成り立たないことを示すことができる——反証可能である——といった言い方をすることもあります．

　政治的立場の表明や宗教的な信念のようなものは検証できません．また，検証できるためには，明確な言葉で語られる必要があり，同語反復のようなものであってはなりません．例えば，「地方分権が進めば，住民自ら地域のことを決められるようになるはずだ．だから地方分権は推進されるべきだ」という，地方自治の論考でよくみかける主張も，前半は仮説のようにみえますが検証できません．地方分権には地域住民による自己決定——住民自らが地域のことを決定すること——も含まれますから，成り立つのは当たり前です．定義上，堂々巡りをしているだけなのです．したがって，全体としては自己決定（それを含む地方分権）を自分は好むという信条を述べているにすぎないのです．

仮説の形式：「……であるほど，……である」

　因果関係を探究する際の仮説は，色々な表現の仕方がありえます．直接的に「X は Y の原因である」とか，「X は Y を引き起こす」と表すこともできます．しかし，本章の後半部で述べるように，X が原因となることを直接確認するのは難しいものです．そこで，まずは X と Y の間に関係があることを仮説とします．この場合，「…（X）…であるとき，…（Y）…である」とか「…（X）…であるほど，…（Y）…である（となる傾向がある）」といった形式で仮説を表現すると，検証を行いやすくなります．X が変化すると，それに従って Y も変化するという意味で，これを共変関係と呼ぶこともあります．

　例えば，「なぜ市民協働が成り立つのか」というリサーチ・クエスチョンに

関して，「熱心な住民リーダーがいると，市民協働が盛んになる」という仮説をたてるとしましょう．このとき，熱心な住民リーダー（X）が原因，市民協働（Y）が結果であることを暗黙のうちに想定していますが，とりあえず両者に関係があることだけを仮説にしているわけです．なお，「熱心」などというあいまいな言葉は，明確な言葉で語られるべき仮説に用いる言葉として不適切だという批判があるかもしれません．この点は後ほど説明しますので，しばらくこのまま進めます．

　研究対象によっては，「ある」「ない」で白黒つけられる場合ばかりではありません．現実社会では程度の問題の方が多いはずです．市民協働の例でいえば，どんな自治体にも1人や2人の住民リーダーはいるでしょうし，1件や2件の協働例はあるかもしれません．そうすると仮説は，「熱心な住民リーダーが多いほど（住民リーダーが熱心であるほど），市民協働が盛んである（例えば，住民と共同で行う事業の件数や金額が多い）」と表現する方が適切です．このため，「……であるほど，……である」という表現がより一般的なもので，「……であるとき，……である」という表現は，事柄の生起を「ある」「なし」で示せる特殊な場合だと考えておきます．

　少し先走ってしまいますが，この形式の仮説を検証するには，Xが多いほどYも多い関係にあることを確認します．市民協働の例でいえば，調査対象となる町で，住民リーダーの人数（または何らかの方法で測った熱心度）と市民協働の活発度を調査して，前者が多いと後者も多いことを確認するわけですが，このためには，ひとつの町を見るだけでは不十分で，リーダーの人数が多い町と少ない町の少なくとも2町を観察することが必要になります．同様に，「…(X)…であるとき，…(Y)…である」という形式の仮説を検証するためには，XとYが同時に存在することを確認するとともに，Xが存在しないときはYも存在しないことも併せて確認します．この意味では，この形式の仮説には，「…(X)…でないとき，…(Y)…でない」という裏返しも含んでいるのです．

　以上を踏まえて，まずは「……ほど」の仮説をたててみましょう．ただし，この形式の仮説はXとYが関連することだけを述べています．したがって，仮説が成り立ったとしても，XがYを引き起こすのではなく，逆にYがXを

引き起こす可能性も，Z が X と Y を同時に引き起こしていて，X と Y に直接の関係がない可能性もありえます．この点は第3節で詳しく説明します．

　念のため述べておくと，「……ほど」という形式は，この後検証作業がしやすいというだけですから，自分の頭が整理されるなら，違う形で表現しても一向にかまいません．

リサーチ・クエスチョンとの関係

　ところで，第1章でタイプ A・B のクエスチョンについて説明し，タイプ A を「自分たちが最終的に知りたい問い」とし，タイプ B を「研究しようとする事例に即した問い」としました．この区別にこだわる必要はないと述べましたが，せっかく説明したので，仮説と関連づけておきましょう．第1章で例示したクエスチョンは次のようなものでした．

　Type A Question：なぜ市民協働が成り立つのか．
　Type B Question 1：なぜ X 町の福祉の分野では住民の協力が得られないのか．なぜ Y 町の福祉分野（または X 町のリサイクルの分野）ではうまくいっているのか．
　Type B Question 2：福祉の分野ではどのような働きかけをしたか．していないか．住民の反応はいかなるものだったか．なぜその反応だったか，等々．

　この例では，「熱心な住民リーダーが多いほど，市民協働が盛んになる」という仮説は，クエスチョン A ないし B1 への答えとなります．これらは因果関係を問うクエスチョンです．一方，クエスチョン B2 は事例を理解するための「どうなっているのか」という問いですから，無理に仮説を設定する必要はありません．

　リサーチ・クエスチョンに応じて仮説をたてた結果，そこからさらに問いが思い浮かぶことがあります．例えば，熱心な住民リーダーが多いほど市民協働が盛んになるのだとしたら，それではリーダーが多いのは（少ないのは）なぜかという問いが思い浮かぶでしょう．より具体的に，リサイクルの分野ではなぜリーダーが多いのか，福祉の分野にはなぜリーダーが少ないのかといった問

いになるかもしれません．これに対しては，リーダーを育むような住民活動の積重ねがあったからだとか，長年にわたって町が助成してきたからだとかいった仮説が思い浮かぶかもしれません．本書が勧める仮説の形式にすれば，「町の住民活動に対する助成金が多いほど，熱心な住民リーダーが登場しやすい」ということになるでしょう．このように，クエスチョンをたて，仮説を考え，そこからさらにクエスチョンをたて，仮説をたて……と続けていくうちに，根本的な原因に行き着いたり，複雑な因果関係が解き明かされたりしていくのです．第1章でとりあえずリサーチ・クエスチョンをたててスタートしようと提案したのは，仮説を検討するに伴って，問いも練り上げられていくものだからです．

　クエスチョンと仮説は，1対1で対応するとは限りません．クエスチョンはひとつであっても，複数の仮説が思い浮かぶことがありえます．市民協働の例でいえば，これまで住民リーダーの存在，住民活動の積重ね，町の助成を挙げましたが，このほかにも，町が提供する協働事業のメニューが住民ニーズと合致することや住民の関心，経済的・時間的余裕など，住民の側からみた仮説を挙げることもできます．これらの仮説の多くは，どれも成り立ちそうなもので，ひとつが成り立てば，他は否定されるという性格のものではありません．このように複数の仮説をたてたときは，それを**仮説群**としてまとめて検証することもあります．実例を知りたい方は，拙著『自治体政策過程の動態：政策イノベーションと波及』（慶應義塾大学出版会，2002年）をご覧ください．

　博士論文などでは，最も根本的で重要な原因を探すことが求められます．第1章で紹介したパットナムの研究では，自分が主張したいソーシャル・キャピタルを主たる仮説とし，通説が重要だとしている経済の発展状況を**対抗仮説**と位置づけ，後者よりも前者がより現実に当てはまることを示そうとしました．しかもそれにとどまらず，過去のソーシャル・キャピタルが現在の政治制度の働きだけでなく経済の発展度合いも決定するので，政治制度と経済発展度との間にも関係があるように見えるが，直接には関係がないことを示して，対抗仮説を否定するところまでやってみせました．

　私たちが取り組む政策リサーチでは，問題の解決につながればよいのですから，複数の仮説が同時に成り立つという結論であってかまいません．その結論

に基づき，複数の原因に対してそれぞれ対策を打てばよいのです．ただし，複数の仮説が成り立ち，複数の原因が存在するといえそうな場合，原因の間の関係を考えてみることが必要です．前記の例でみた，町の助成と住民リーダーの関係のように，助成があることで住民リーダーが育ち，それが市民協働を機能させるという関係がわかれば，この発見に基づいて，より根本の原因に働きかける政策を立案できます．

2　仮説のたて方

　ここまで，「……ほど」という形式で仮説をたてることを提案しました．次に，仮説をどうやってたてたらよいか，その発想法を紹介します．仮説と似たものに **理論** があります．その定義は論者によって微妙に異なりますが，「暫定的な答え」である複数の仮説が検証され，いくつかの仮定や主張とも組み合わされて理論を構成すると考えればよいでしょう．仮説の一般性や抽象度を高めて，様々な，一見無関係な現象も説明できるようにしたものが理論だということもできます．方法論テキストなどでは，理論を構築する方法を伝授することは困難だとされています．結局のところ，各自の閃き（ひらめき）によるものだからです．理論を構成する仮説についても同様のことがいえますが，閃きを生み出す手順やコツはあるはずです．まずは実務家・社会人向けの方法を説明し，その後に学生向けの方法について説明します．

　以下に説明する方法の基本は，たくさんの候補が思い浮かぶよう手助けすることです．できるだけ多くの候補の中から最も有望なものを選ぶことができれば，それがよい仮説――厳密な検証に耐える仮説――である可能性が高まります．実務家や社会人など，経験豊かな人は，頭の中の多くの引出しの中から，様々な因果関係の可能性を想定することができます．このため，特段の苦労なしに多くの仮説の候補を思い浮かべることができるでしょう．

　そうした経験が乏しい学生はどうしたらよいでしょうか．少ないなりの経験を総動員して考察することは重要ですが，ゼミの学生をみている限り，私が10個の仮説を思い浮かべられるところ，学生には2，3個しか思い浮かばないようです．そこで，別の方法で経験を補うことが必要です．その方法とは，(1)

文献リサーチから，(2)理論・モデルから，(3)事例研究からの3通りです．経験を活かす方法と併せて，順に説明していきます．

実務家・社会人向けの方法：経験を活かす

実務経験がある人にとって，物事の原因は容易に思い当たるものです．実務家は仕事の現場で問題状況に触れており，研究者が及ばないほど詳しく実態を把握しています．経験を積んだ社会人の皆さんもそうでしょう．したがって，リサーチ・クエスチョンが整理されれば，おぼろげながら答えにも思い至るわけです．

経験が仮説の導出に役立つのは，似たような経験や見聞から，問題となっている事象の原因を類推できるからです．例えば，「そういうときはトップの決断が大事だ」とか，「色々思い返してみると協力してくれる住民がいたからうまくいった」とか，研究対象となっている問題とまったく同じではなくても，似たような状況を思い浮かべて，そこから考察できるわけです．これは実は，次に述べる学生向けの方法論と類似した頭の働かせ方をしているのです．

「経験から」というのは，直感とかヤマ勘とか，当てにならないものに頼っているようですが，自分の経験を検討材料として，帰納的に答えを推論していることにほかなりません．**帰納**というのは，個別の事象から一般原則を導く頭の働かせ方のことで，少数の前提から論理をたどって結論を導く**演繹**と対比されます．帰納的思考法において，発想するための材料があるのは大きなアドバンテージです．この強みを使わない手はないでしょう．そうして導かれた仮説が的を射たものであるかどうかは，検証作業で確認すればよいのです．

ただし，経験は柔軟な発想を妨げることもあります．経験から得られる情報に頼りすぎると，ひとつの立場からの見方に偏ってしまったり，別の視点からの見方に否定的になったりしがちです．したがって，次に紹介する方法を取り入れることを強く推奨します．特に本や論文を読むことは，発想の手掛りを増やし，発想力を高めます．これによって，同じ材料からでも，より問題の本質に切り込んだ仮説を思いつくようになるでしょう．

文献リサーチ

　学生が経験や知識の不足を補う方法の第一は，**文献リサーチ** です．これが何を意味するか，どうやって実行するかについては第 3 章で説明することにして，とりあえずここでは関連する書籍や論文を読むこととしておきます．

　私たちが重要だと思う問題は，他の人たちも重要だと考えるものです．その人たちが既に研究し，論文などで発表していれば，それを参考に仮説をたてることができます．例えば，市民協働に関する文献を探した結果，多くの文献で「住民リーダーの存在が鍵だ」ということをいっていたり，文献数は多くないがその主張に説得力があると感じたりしたら，それを仮説として採用することができるでしょう．この仮説をもって次の手順に進みます．

　こうした方法は専門家の間でも用いられます．特に日本では，外国で行われた研究の成果を日本に当てはめようとする研究を多く見かけます．この場合，外国の研究で特定された因果関係が，日本で行われる研究の仮説になるわけです．こうした研究の多くは，既存の仮説を少し修正して独自性を出すだけですが，学問的に大きな貢献をしようと思うなら，既存の仮説を批判し，それに対抗する仮説を提唱しなければなりません．パットナムが提起した，ソーシャル・キャピタルが豊かな地域ほど，政府がよりよく機能するという仮説は，経済の発展段階が政府機能の良し悪しを決めるという通説を覆すものだったために，大きな反響を呼んだといえます．パットナムはこの仮説を導くために，政治制度の働きに関する多くの文献を渉猟しています．

　文献リサーチを行うと，既に先人が研究していて，納得できる仮説をたてているばかりか，適切な手続に従った検証も済ませていたということがありえます．この場合，どうすればよいでしょうか．政策リサーチでは——特に地方自治体の政策を扱う場合には——自分が予定しているものとまったく同じ事例を用いて検証が行われていることは考えにくいので，同じ仮説を別の事例で検証すればよいでしょう．計量データを用いた検証の場合は，同じデータセットを使うことになる可能性があります．この場合も，あらためて自分なりの検証を行ってみることは無駄ではありません．同じ検証手順を自分で繰り返してみる **追試** は，リサーチの流れを学ぶよいトレーニングになるはずです．

　そもそも，政策リサーチに取り組む人の多くは，知りたい疑問の答えを探す

ことを目的としていますから，文献リサーチのみで答えがわかっても一向にかまわない，大成功だと考えればよいでしょう．特に，政府・自治体の職員が職務上の疑問について，体系的に文献に当たって答えを求めることができるようになる，そのように習慣づけられるというのは，それ自体大きな変化であり資質の向上だと私は考えます．また，政策リサーチは問題の原因を突き止めて終わりではありません．既に検証された仮説に基づき，提言をするなり，政策を立ち上げるなりすればよいのです（第6章参照）．つまり，政策提言型のリサーチを行い，そこで独創性を発揮できるのです．

理論・モデル

仮説を導く方法の第二は，理論・モデルによるものです．理論が何であるかは前述しました．**モデル**についても，何を意味するかは研究分野によって異なっていて，明確に定義するのが難しいのですが，ここでは現実をとらえる枠組みであって，複数の検証された仮説が組み合わされ一般化されたもの（帰納的モデル），ないしは少数の前提から演繹的に導かれた法則（またはそのための前提と方法）としておきます．理論やモデルを適用すると，研究対象に特定の条件が備わっていれば「こうなるはずだ」「こうなっているはずだ」という予測をたてることができます．この予測を仮説とするのです．これを検証するには，予測が本当に成り立っているかに注目して調査対象を観察します．

例えば，最近の社会科学ではゲーム理論を用いた研究が盛んに行われています．**ゲーム理論**とは，国家間の条約交渉とか，企業買収とか，政治家と官僚の駆引きとか，複雑な人間の行動を単純化されたゲームになぞらえて分析する手法です．まず，ゲームのプレーヤー（例えば，政治家や官僚）は，自己の利益を最大化するために，合理的に手段を選択して行動するといった前提をおきます．研究者はこの前提のもとで，ゲームのルールを様々に操作しながら，プレーヤーがどのような戦略をとるのか，それによってどのような帰結がもたらされるのかを予測します．この予測が仮説となるわけで，実際に観察された社会現象と照らし合わせて，予測のとおりになっているかの検証作業を行います．

経済学の理論などから，仮説を導くこともできます．市場においては需要と供給が一致したところで価格と取引数量が決まるというのは，一般に承認され

た法則です．例えば，保育園の待機児童が一向に減らないのはなぜかというリサーチ・クエスチョンを探究する場合，上述の需要と供給に関する経済理論から，自由な市場においては入園料や保育料が上昇して供給量が増えたり，子どもを預けるのをあきらめる親が出て需要が減ったりして均衡に達するところ，様々な規制があるために供給過少になっているのだといった仮説が出てくるわけです．これもまた，データなどと照らし合わせて検証します．

　この方法をとるにしても，まったく何もないところから自分の頭だけで考えて仮説を導くことはできませんから，文献リサーチを行い，理論やモデルを学び，先行研究の成果を大いに参考にすることになります．

事例研究

　仮説を導く第三の方法は，事例研究によるものです．**事例研究** とは，1 ないし少数の事例を観察することです．観察結果を記述し分析する作業を含めて事例研究と呼ぶこともあります．事例を観察し，そこで何が起きているのかが明らかになると，多くの場合，問題の原因も推測できるようになります．

　前述の学力低下の例で考えてみましょう．事例研究として統一試験の成績が低い学級のひとつを調べたところ，授業の進度についてこられない生徒が増えていることがわかったとします．さらにそうした生徒について調べたところ，家庭での学習時間がほとんどないこと，そのような家庭の多くが経済的な問題を抱えていて，子どもの学習に配慮する余裕が親にないことがわかったとしましょう．このような観察からは，「最近の経済情勢の悪化が学力低下をもたらしている」という仮説が導かれることになります．しかしこれは，ひとつの学級についてのみ観察された結果ですから，これが学校全体でもいえるのか，わが町全体でも成り立つのか，検証する必要があります．

　この方法をとるときに難しいのは，予備知識なしに現場の観察だけで学力低下と経済状況とが結びつくのかという点です．成績が悪かったのがどのような生徒かは誰でも確認するとして，その原因が家庭にあるとか，さらに親の経済状態にあると考えるには，飛躍があります．そこに行き着くには予備知識が必要であり，そもそもそれが仮説であるとみることもできます．そのような「仮説」がなければ，現場に入っても家庭環境に注意を払わずに調査を終えてしま

う可能性も十分にあるわけです．こう考えると，やはり事前に文献リサーチを
やって仮説を念頭におきつつ，事例研究を行うことが望ましいといえるでしょ
う．他方で，文献リサーチだけではわからないことが，事例に接することで数
多く見えてきます．文献リサーチと事例研究とが相俟って，より練り上げられ
た仮説が導かれるのです．

　なお，この方法をとるときは，手続論からの注意点があります．事例研究は
仮説の検証にも使います．このとき，ある事例を観察して導いた仮説を，同じ
事例を用いて検証してはなりません．仮説を導いた事例で検証しても，その仮
説が成り立つのは当たり前だからですが，これは意外にやってしまいがちな落
とし穴です．実務家が経験から仮説を導き，職務で携わる事例で検証する場合
も，この落とし穴にはまっていないかチェックしてください．

　この問題に気づいたときには，二つの対応がありえます．ひとつは，仮説を
仮説のままとすることです．ある事例を観察した結果，少なくともこの事例に
関してはこの関係が成り立つとのみ結論します．もうひとつの対応は，別の事
例を探してくるか，統計分析などの別の方法を用いて，検証を行うことです．

実務家にとっての事例研究

　実例を既に知っていて，そこから仮説を導くことができるはずの実務家にと
っても，事例研究は有意義です．職務経験は，事例研究と同等かそれ以上の情
報を与えてくれるはずですが，自分が当事者として関わっている事例・事案を
客観的に眺めるのは難しいことです．自分の立場を正当化するような解釈をし
ないとも限りません．また，情報も一方の当事者に関するものに偏りがちです．
つまり，様々なバイアスがあるわけです．これらを避けるためには，他の方法
を併用することが重要です．事例研究はそのひとつです．

　例えば，「なぜ市民協働が成り立つのか」という問いをたてるのは，自分が
担当する部署では試みていないとか，うまくいっていないといった状況がある
ので，どうやったらうまくいくかを提案するためでしょう．そういう職場では，
市民協働に対して気後れや偏見がないとも限りません．自分たちの立場を擁護
する気持ちが紛れ込むことも考えられます．そこで，自分の職務とは別のとこ
ろから事例を探すことを考えます．

　通常は，市民協働を試みていて，それがうまくいっている（または失敗している）事例を見つけてきて，詳しく観察します．例えば，わが町の（自分が所属していない）リサイクル分野や隣町での成功例を見つけてきて，どの程度うまくいっているのか，その原因はどこにあるのかを念頭において，そのやり方や経過を観察します．観察の方法（詳しくは第3章で説明します）は，学生ならば新聞記事を検索したり，広報や議会会議録を読んだり，担当者にインタビューをしたりしますが，実務家の場合は，同じ庁内の職員として見聞きしている情報を使えたり，同僚などから話を聞いたりもできるでしょう．まったく手掛りがない事例を選んだとしても，役所の仕事の進め方や組織のあり方を知っているだけで，調査には大変な助けになります．

　これによって，リサイクルの分野では住民側に熱心なリーダーがいて，それが協働事業がうまくいっている原因のようだ，ということがわかったとします．これを自分の課の状況と突き合わせてみて，住民リーダーの存在は重要らしいといえるようなら，これは相当有望な仮説といえるでしょう．

仮説の括りから発想する

　ここまで仮説のたて方を3通り紹介しました．もうひとつ，より実践的な，仮説を思いつくためのコツも紹介しておきましょう．

　仮説を複数たてたときは，いくつかをまとめて仮説群とすることがあると前節で述べました．この手順を逆にたどって，仮説の括りから発想してみるとうまくいくことがあります．仮説群としてよく用いられる括りは，プッシュ要因とプル要因です．市民協働の例でいえば，行政の側から協働事業を「後押しする」要因と住民の側から市民協働を「引っ張ってくる」要因に分けられます．前者には補助金や業務委託などが含まれ，後者には住民リーダーやNPOなどが含まれることとなりそうです．このほかにも，住民の側から市民協働を盛んにする要因が何かないだろうかと考えていくわけです．

　これ以外によく使われる括りとしては，主体に関する要因と環境に関する要因があります．例えば，学力低下の例なら，生徒自身や家庭に関する主体側の要因とそれを取り巻く環境に関する要因に分けられるでしょう．学校（主体）と教育環境という分け方もできるかもしれません．また，政策過程論では，社

会経済要因と政治要因——組織要因が加わることもある——がしばしば使われます．社会経済要因には文字どおり社会的な要素——人口，人種，文化，教育，宗教等々——と経済動向が含まれ，政治要因には政治制度，政権，議会の政党構成，世論やイデオロギーの状況等々が含まれます．

　こうした括りを手掛りに発想すれば，主な要因を網羅した検討が可能になります．こうした括りとその中身を思いつくためには，やはり文献リサーチをしっかりと実行して，知識を蓄えることが必要になります．

3　因果関係を明示する

　ここまで色々述べてきましたが，ポイントは経験や文献，事例研究などから「……であるほど，……である」という形式の仮説を作りましょうということに尽きます．それではこの仮説が検証できれば，因果関係が確認できたことになるのでしょうか．そうとは限りません．どうすれば因果関係の確認，すなわち原因と結果が特定できたことになるのでしょうか．次に説明します．

従属変数，独立変数，相関関係

　まず，因果関係を探究するリサーチに取り組むときに覚えておくとよい言葉として，従属変数，独立変数および相関関係があります．YがXによって引き起こされる関係がある場合，Yすなわち結果が**従属変数**，Xすなわち原因が**独立変数**にあたります．**変数**というのは，値が変化するからこう呼ばれるのであり，因果関係を探究する場合，XとYが共に変化する共変関係（第1節で説明）にあることが大切です．また，X（原因）の方は「独立」して値が変化するのに対して，Y（結果）の方はXの値の変化に従って値が変化するので「従属」なのです．なお，研究分野によっては，原因・結果と独立変数・従属変数の関係はイコールではないと説明することもありますが，ここでは同じものと考え，どちらの説明をとっても因果関係の経路を慎重に検討すれば問題は生じないものとしておきます．

　従属変数を**結果変数**と呼ぶこともあります．また，独立変数を**説明変数**，従属変数を**被説明変数**と呼ぶこともあります．これは従属変数（被説明変数）が

独立変数（説明変数）によって「説明される」関係にあるからです.

　リサーチ・クエスチョンと仮説は, これらの用語を用いて言い換えることができます. 例えば,「わが町で犯罪がなぜ多いのか」というリサーチ・クエスチョンに取り組んでいるとすると, 犯罪の起こりやすさを従属変数として考えていることになります. 仮説をたてる作業では, この従属変数を説明する独立変数を探すことになります. そこでもし「地域が都市化しているほど, 犯罪が起こりやすい」という仮説を考えているとすれば, 都市化度が独立変数の候補ということになります. 治安の問題は巻末演習例3で取り上げます.

　研究計画を誰かに相談する際, リサーチ・クエスチョンが何であるかを聞かれることがあると第1章で述べました. リサーチ・クエスチョンの代わりに,「あなたの研究の従属変数は何ですか」と尋ねられる場合もあります. ここまでの説明でおわかりのとおり, この質問は因果関係を探究することを前提にして, リサーチ・クエスチョンは何かを聞いているのと同じです. また, リサーチの成功には従属変数の選定が重要だといわれることもあります. リサーチ・クエスチョンが決まれば, 自ずと従属変数は決まってきます. したがって, これもリサーチ・クエスチョンが重要だといっているのと同じことなのです.

　なお, 独立変数に着目したリサーチ・クエスチョンもありえます. 例えば,「選挙制度改革は日本政治にいかなる変化をもたらしたか」とか,『分権改革は都市行政機構を変えたか』（村松岐夫・稲継裕昭, 日本都市センター編, 第一法規, 2009年）といった研究です. この場合, 独立変数がひとつで, 未知の従属変数が複数あることになりますが, 現状確認型リサーチを通じて従属変数の候補が絞られてくれば, 本書の方法を応用できます.

　次に相関関係ですが, これは変数の一方の値が大きくなると, それに従ってもう一方の変数の値が大きくなる関係を意味します. 一方が大きくなると他方が小さくなる関係も（負の）相関関係です. 例えば,「住民リーダーが熱心であるほど, 市民協働が盛んになる」という関係についてみると, 住民リーダーの熱意を示す変数Xの値が大きくなるに従って, 協働の活発度を示す変数Yの値が大きくなります.

　これをグラフで示すと, 図表2-1のような関係となります（架空のものです）. これほど明確な関係が示されることは, 社会科学の研究ではめったにあ

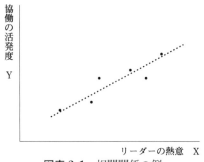

協
働
の
活
発
度

Y

リーダーの熱意　X

図表 2-1　相関関係の例

りませんが，わかりやすく書くとこうなります．負の相関関係は，グラフの傾
きが負——右肩下がり——になります．また，「熱心な住民リーダーがいると，
市民協働が成り立つ」という関係のような，XがあるとYがある（Yがない）
という関係も，変数が1（あり）と0（なし）の値しかもたない特殊な相関関
係だと考えることができます．

原因が先行することの確認

　さて，変数Xと変数Yの相関関係が確認できたからといって，Xが原因で
Yが結果だとは限らないのはなぜでしょう．原因と結果が逆の可能性もあり
ますし，まったく別の変数がXとYの両方に作用していることもありうるか
らです．したがって，「…(X)…であるほど，…(Y)…である」という仮説は，
このままではXとYの間に相関関係があることを表したにすぎません．しか
し，リサーチ・クエスチョンが因果関係に関するものである限り，最終的には
Xが独立変数（原因）でYが従属変数（結果）であることを確認しなければ
なりません．例えば，「住民リーダーが熱心であるほど，市民協働が盛んにな
る」という仮説は，住民リーダーの熱意と市民協働の活発度との相関関係を示
しているにすぎませんが，前者が独立変数，後者が従属変数となる関係を示す
ことを暗黙の最終目的としています．
　それでは，「…(X)…であるほど，…(Y)…である」という仮説が検証され，
二つの変数の間に相関関係があることがわかったとして，Xが原因，Yが結
果であると主張するには，ほかに何がわかればよいでしょうか．まず，Xが

Y よりも先に起こっていることを確認する必要があります.

　例えば,「親の背が高いほど, 子どもの背が高い傾向にある」という仮説について は, 子から親が生まれることはないので, 子どもの背丈が原因だという, 逆の因果関係はありえません. これに対して,「町の助成金額が多いほど, 市民協働が盛んである」という仮説の場合, どちらが原因であるか自明ではありません. 仮説では町の助成が原因となって自治会や NPO の活動が活発になるなどして, 市民協働が盛んになることが想定されているのでしょうが, 逆の因果関係もありえます. 市民協働が盛んになると, 役所と住民の接点が増え, 住民からの要望に応えて助成を増やすといった関係です. また, どちらか一方が原因, 他方が結果という関係ばかりでなく, 両方が原因にも結果にもなって相乗的に強まっていく場合もありえます. 同様に, 住民リーダー仮説についても, 協働事業が増えることでリーダーが育つことも考えられます.

　このように, 論理的に二つの事象のどちらも原因になりうる場合には, 原因と考える事象が先に起こっていることを確認することが必要です. 上記の例でいえば, 市民協働が盛んになる前に助成が始まったことを確認する必要があるでしょう. この確認作業は最終的に検証段階で行います. 仮説の段階では, 原因が先にあることを想定しておけばよいでしょう.

経路の特定：媒介変数とアロー・ダイアグラム

　先後関係の確認に加えて, 因果関係を主張するために必要なことは, **経路の特定** です. 経路の特定とは, 原因と考える X が結果 Y をどのように引き起こすのかを示すことです. 親子の身長の例では, 親と子の身長の相関関係がわかれば, 親の身長が原因だと言い切るのに十分かもしれません. しかし, 親の背が高い家庭では食事の量が多くなりがちで, その結果として子どもの身長が高くなる可能性がないわけではありません. 俗説かもしれませんが, 牛乳をたくさん飲むと背が伸びることだってないとは言い切れません. この仮説の正しさを確かめるには, 食事の量や質と身長との関係を調べる必要があります. ただし, 背が伸びるにはそれだけ多くの食事が必要でしょうから, 食事が原因ではないと言い切ることは簡単ではなさそうです. 別の経路としては, 遺伝的なメカニズムが考えられます. もしゲノム解析などによって身長を決定する遺伝子

図表 2-2 市民協働をめぐる因果関係のアロー・ダイアグラム

の働きを解明し，それが親から子どもにどう伝えられるか説明できれば，因果関係を一層よく理解できたことになるでしょう．

　市民協働の例では，町の助成があると，それを使った市民活動（住民だけの活動）が増え，熱意をもった住民リーダーが育つとともに，事業を担うことができるNPOが増えて，市民協働（行政と住民の共同の事業や活動）が盛んになるといった関係が想定できます（架空のものです）．検証段階において，もしこのような経路が確認できれば，助成が原因であり市民協働が結果だという仮説の信憑性は高まります．

　上に想定した関係を図示すると，図表2-2のようになります．このように，変数または変数の値を矢印で結んだ図を**アロー・ダイアグラム**（矢印図）と呼びます．町の助成金額を独立変数，市民協働の活発度を従属変数と位置づけると，市民活動の件数，住民リーダーの成長度，NPOの数は，二つの変数を媒介するという意味で，**媒介変数**と呼びます．本当にこの想定が現実を反映していれば，これら媒介変数と独立変数や従属変数との間にも相関関係が確認できるはずです．つまり「NPOが多いほど，市民協働が盛んである」とか，「住民リーダーが熱心であるほど，市民協働が盛んである」といった仮説は，図表2-2の一部を切り取ったことになります．逆に，注目する従属変数について仮説が複数思い浮かぶときには，それらの関係がどうなっているのかをよく考えて，ダイアグラムに表してみましょう．それによって因果関係の経路を整理し，変数間の関係に注意しながら仮説を設定すれば，問題の本質に迫れます．

　繰り返し例に挙げている学力低下をダイアグラムに描くとどうなるでしょう．例えば，図表2-3はどうでしょうか（これも架空のものです）．これは本章冒頭で示した，「学力低下は経済状況の悪化によって引き起こされている」という

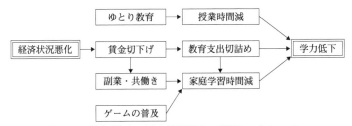

図表 2-3　学力低下と経済状況悪化の関係のダイアグラム

仮説が想定する経路を描いたものです．経済状況の悪化によって親の所得が減少し，そのために塾などへの教育支出が切り詰められて，学力低下を引き起こす経路と，所得が下がったために副業や共働きで収入を補わざるをえず，その結果子どもの面倒がみられなくなり，家庭での学習時間が減って学力が低下するという経路が考えられます．論理的にみて，逆の流れはなさそうですが，もしかすると学力が低下すると勉強に興味を失い，ますます家庭で勉強しなくなるという可能性はあるかもしれません．このほか，ゆとり教育やゲームの普及も学力に影響を及ぼすことが予想できます．

　ダイアグラムは，リサーチ・クエスチョンと密接に関連します．ダイアグラムを結果から原因へと逆方向にたどっていけば，タイプＡクエスチョンをブレイクダウンしながら，深く問い直していくことになります．例えば図表 2-2でいえば，「なぜ市民協働が活発化したのか」と問うところから始まり，「住民リーダーが育ってきたからだ」「NPO が増えたからだ」という仮説をたて，そこから「なぜ住民リーダーが育ってきたのか」と問い，「市民活動が盛んになったからだ」，それではなぜ市民活動が盛んになったのか，それは 1970 年代から町が助成メニューを作って支援してきたからだ……といった具合です．もちろん，リサーチの開始時点からこのような問いがたてられるわけではなく，仮説を考え抜き，リサーチを進めるに従ってわかってくるものです．

見かけの相関関係の排除

　2 変数の関係の中には，Ｘ と Ｙ の直接の関係は薄いのに，まったく別の変数 Ｚ が Ｘ と Ｙ の両方に作用して，Ｘ と Ｙ の関係を強く見せている場合があります．これを**擬似相関**とか**擬似的相関関係**と呼びます．この場合，統計分析

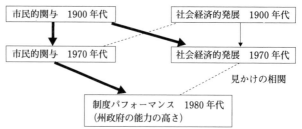

図表2-4　ソーシャル・キャピタル，経済活動，政府のパ
フォーマンスの関係
出所：ロバート・パットナム『哲学する民主主義：伝統と改革の市民的構
造』（河田潤一訳，NTT 出版，2001 年）192 ページの図を一部修正

を行えば，X と Y の間に相関関係が認められますが，これはあくまでも見か
け上のものであって，両者の間に直接の関係——すなわち，X が Y を引き起
こすような関係——はありません．つまり，因果関係を特定するためには，相
関関係が認められる変数の組合せの中から，擬似相関であるものを除かないと
いけないわけです．

　第1章で紹介した『哲学する民主主義』は，この手続を踏んだ好例です．経
済と政府活動の間には強い相関関係が認められますので，従来は経済が政府活
動の水準を決めている（原因になっている）と考えられ，それが通説となって
きました．しかし，パットナムは図表2-4のようなダイアグラムを描き，過去
のソーシャル・キャピタルの豊かさ（市民的関与）が現在の経済活動の水準
（社会経済的発展）とともに，現在の州政府の活発さや能力（制度パフォーマ
ンス）を規定するので，経済と政府活動の間には相関関係があるようにみえる
が，実は両者の間の相関関係は見かけ上のものにすぎないと主張しています．
そして，厳密な統計手法を駆使して，この仮説を検証しています．

　観察された二つの事象（変数）の間の関係が見かけ上のものかどうかを確認
するには，他の変数の影響を統制しても，相関関係が維持されるかを見極めな
ければなりません．そのためには統計的な技法が要求されます（第4章で簡単
に触れます）．その準備として，仮説をたてる段階で因果関係をしっかりと考
えておくことは，重要なポイントのひとつです．

4 鍵概念の定義と操作化

　ここまでの説明では，リサーチ・クエスチョンにしても，仮説にしても，あいまいな言葉を含んでいてもかまわずに話を進めてきました．例えば，「熱心な住民リーダーがいると，市民協働が盛んになる」という仮説に含まれる「市民協働」とか，「盛ん」とか，「熱心」といった言葉です．市民協働のような研究の焦点となる言葉は，明確に定義する必要があります．そうしないと議論が堂々巡りするおそれがあります．また，程度を表す言葉を漠然とさせたままでは，何を検証すべきかわからなくなってしまいます．

　「市民協働」とは何を意味するのでしょうか．「盛ん」「熱心」とはどういう状態なのでしょうか．これらをあいまいにしておくと，例えば市民協働の定義の中に「住民リーダーと行政とが密接に交渉すること」が紛れ込み，「熱心」が行政と交渉をもつ程度を示すものとなって，仮説が意味するところが，「熱心な（交渉を行政と行う）住民リーダーがいると，住民リーダーと行政が密接に交渉する」という，同じ内容の繰り返しになってしまいます．これは極端な例ですが，これに類するものは大学院生の研究でも見かけることがあります．仮説をたててから検証段階に進むには，仮説に用いる言葉を定義し，極力あいまいさを除いておくことが必要です．

鍵概念とは

　仮説や理論を構成する重要な要素を**鍵概念（キーコンセプト）**と呼びます．**構成概念**という言葉が使われることもあります．仮説を構成する概念が重視されるのは，リサーチ・クエスチョンに対する答えである仮説こそが，研究の焦点となるためです．政策リサーチにおいて，仮説を構成する重要な要素として第一に挙げるべきは，従属変数と独立変数です．まず，この両方が鍵概念になることが考えられます．例えば，パットナムの研究では，政府活動のパフォーマンスが従属変数，ソーシャル・キャピタルが独立変数ですが，いずれも重要な鍵概念であり，それぞれの定義と測定に１章ずつが割かれています．

　従属変数と独立変数のどちらか片方（または両方）が既に先行研究で十分解

明され，疑問の余地なく定義されていて，そのまま使える場合もあります．その場合は，変数間の関連の仕方がより重要視され，それに名前をつけたものが鍵概念となるかもしれません．

　ところで，**概念**とは何でしょうか．高根正昭『創造の方法学』（講談社現代新書，1979 年）によれば，概念（コンセプト）とは私たちの経験が凝縮されたもので，現実の世界を認識し，理解するための手掛りだとされます．概念は現実をとらえるための「標識」のようなものであり，私たちはそれを通じて現実をみるのです．

　概念に近い意味をもつ言葉に**カテゴリー**があります．適切なカテゴリーの設定こそが研究の肝だとする方法論テキストもあります．カテゴリーとは，同じ特徴をもったもの，同じ種類に属するものの括りです．ある集合を一定の特徴に着目して分類したものといってもよいでしょう．日本にある大学を設置形態で分類すれば，国立大学，公立大学，私立大学というカテゴリーが設定できます．同様に大学生を男と女というカテゴリーに分けることができます．

　従属変数や独立変数の値には，数値だけでなく，カテゴリーも設定されます．例えば，個人を対象とした多くの調査で，「男」「女」という値をもった「性別」という変数が設定されます．また，「大学」という変数には「国立大学」「公立大学」「私立大学」というカテゴリーを設定することができます．カテゴリーは網羅的に設定すべきものとされますので，この 3 カテゴリーでは抜け落ちる大学があると考えるならば，「その他」を加えるべきでしょう．なお，変数である「大学」も，カテゴリーである「国立大学」も概念の一種です．

　さて，概念を的確に設定すれば，研究対象となる問題の本質をとらえるための枠組みとなりえます．概念（分析概念）を理論的に設定し，それを介して観ることで，直接目で見て確かめることが難しいものでも，よく理解できるようになります．例えば，政策過程論の名著とされるグレアム・アリソン『決定の本質：キューバ・ミサイル危機の分析』（宮里政玄訳，中央公論社，1977 年）は，三つの政策決定モデルを設定し，これら**概念レンズ**を通して観ることで，政策決定過程がよりよく理解できることを示しています．

　日本の研究例を挙げると，第 6 節で紹介する「分離・融合」の概念は，地方制度の特質をとらえるための枠組みとして提唱されたもので，行政研究におい

て最も広く受け入れられたもののひとつといえるでしょう．また，私が「なぜ地方自治体が国に先駆けて新たな政策を作ることができるのか」というリサーチ・クエスチョンを探究してきたことは前述しましたが，それを可能にする自治体の行動原理をとらえるために，私は**相互参照**という概念を設定しました．「行動原理」ですから容易に観察できるものではなく，相互参照は理論的に設定した仮説にすぎませんが，自治体担当者にアンケートを行うなどして，自治体間での情報のやり取りが活発に行われ，それが政策採用を促すことを（間接的に）確認してきました．

　このように重要な鍵概念は，明快かつ厳密に定義して，どこからも異議が出ないようにしなければなりません．類似した概念が既に提唱されていれば，それとどこが違うのか，新たな概念を構築する意義はどこにあるのかを明確にする必要もあります．こう考えると，新たな概念を提唱するには，先行研究を網羅的に探索して，それらを十分に検討したうえでようやく踏み切るべきものといえます．その新たな概念を論証するために1本の論文が費やされることさえあります．学生の論文には，新たな概念を次々に作り出し散りばめているものがありますが，そのような論文では自分の意図は読者にほとんど伝わらないし，意義も認めてもらえないと考えるべきでしょう．

言葉の定義：市民協働の例

　鍵概念の重要性を強調しましたが，政策リサーチにおいては，新たな概念を提案して学問上の貢献をするよりも，問題解決が重視されます．まずは，平易な言葉を用いて，変数間の関係を明確に表すことに注力しましょう．その結果，関係を的確にとらえる言葉が見つかれば，それが提案すべき新たな概念になり，あなたの研究を特徴づける鍵概念となるかもしれません．また，今まで誰も気づかなかった変数を見つけて名前をつければ，それも新概念として打ち出すことができるかもしれません．しかし，それはあくまでも結果としてついてくるものだと考えておきましょう．

　まずは仮説に用いる言葉に注意を払いましょう．特に従属変数と独立変数に該当するものを，人により受け止め方が異ならない程度にまで明確に定義しましょう．再び市民協働を例に取り上げます．市民協働やパートナーシップとい

った概念は，住民と地方自治体との望ましい関係をとらえるために提唱された
ものです．今やこれが先進的な自治体では何の疑いもなく使われるようになり，
特段の説明なしにわかったような気になっているかもしれません．しかし，そ
の中には色々な要素が詰め込まれていて，あなたが考えている市民協働と，私
が考えている市民協働は違っている可能性があります．これを多くの論者が同
意できるように定義しようとすると，背後にある色々な理論や主張，国内外の
実例などを考慮しなければなりませんから，とても大変な仕事になります．大
学院生は，多くの文献を読み込んでそのような定義をするところから始めない
といけません．本書の読者の中心を占める学部生や実務家は，そこまでする必
要はありませんが，市民協働とは何かを具体的にイメージし，その意味すると
ころを自分なりに明確に言葉に表しておきましょう．

　それでは，市民協働を定義して，「住民と自治体のひとつ以上の部局とが共
同で事業を実行すること」とするのはどうでしょうか．かなり具体的になりま
した．しかし，「住民」とは誰を指すのでしょうか．外国籍の住民は含むのか．
当該自治体に住んではいないが職場や学校に通ってくる人は含むのか．企業や
商店はどうか．同様に，「事業」とは何を意味するのでしょうか．行政が予算
を計上した事業に限るのか．それとも住民の側が立ち上げた事業も含むのか．
その場合，どのような事業でもいいのか．また，「共同で」というのはどの程
度の関わりが必要でしょうか．行政の側からみると，人的支援は含むとして，
補助金などの金銭的な支援はどうか．さらに，情報提供や場所の提供などはど
うか．他方，住民の側からみると，実施の段階で手伝いをすればよいのか．企
画段階から参加する必要があるのか．ボランティアでなければならないか．行
政に雇用されるのでは「協働」とはいえないとして，多少の報酬は行政からも
らってもよいのか．考えていくと限りがありませんが，概念の一体性を保てる
範囲で可能な限り明確にしておくことが大切です．また，定義はあくまでも理
論的に，言葉のうえで行うものですが，次の検証段階に進むためには，どうや
って観察するか，どうやって測定するかも考慮しながら行うとよいでしょう．
これは次の操作化という作業に関わってきます．

操作化

　それでは，市民協働が「盛ん」だというのは，どのような状態を意味するの
でしょうか．それはどのような事柄を観察することによって確認すればよいで
しょうか．いくら具体的に定義したといっても，あくまでもそれは言葉のうえ
でのことです．研究を進めるには，対象を観察し，必要に応じて測定する必要
があります．そのためには，何を観察すべきか，何を測定すべきかを，あらか
じめ決めておかなければなりません．

　このように，定義したとはいえ依然として抽象的な**概念**を，観察しやすい対
象や測定しやすい行為・状態に置き換えることを**操作化**といいます．すなわち，
仮説が想定する従属変数と独立変数の値を具体的に観察したり測ったりできる
ようにする作業といえます．また，研究を実施する際に観察しやすいところま
で具体化された定義のことを**操作定義**とか**操作的定義**と呼び，操作化された概
念を用いて記述された仮説を**作業仮説**と呼ぶことがあります．これらの用語は
無理に覚える必要はありませんが，知っておくと，自分が今何をやっているの
かを把握し，論文の読者や研究仲間に伝えることが容易になります．

　さて，市民協働をとりあえず定義して，図書館ボランティアとか，地域ぐる
みの防犯活動とか，「住民と行政が共同で事業を実行すること」としましょう．
これが盛んだというのは，共同事業が一定数——例えば10件——以上あるこ
とだと操作化することにします．または，件数が多いほど盛んだと考えること
にしてもよいでしょう．この操作定義から，共同事業がいくつあるかを観察し，
その数で協働が盛んであるかどうかを測る方法が考えられます．しかし，それ
では共同事業の数は少ないけれども，少数の事業に多くの住民が関わっている
場合は盛んとはいえないのかと考える人がいるかもしれません．その場合，共
同事業に参加する住民の延べ人数を測ったり，より厳密にやろうと思えば，事
業に各人が何時間関わったかを集計したりする方法もあるでしょう．

　これらは数字（量的データ）で把握する方法ですが，重要な決定にどこまで
住民が関与しているかといった，数字では表せない状態をとらえたい場合には，
言葉による記述（質的データ）を用いることもできます．ただし，記述をその
まま分析に用いて結論を導くと，恣意的判断に陥りかねないと考えるならば，
変数に「高・中・低」といったカテゴリーを設定し，質的な観察結果を振り分

ける方法もとれます.

　観察結果の各カテゴリーへの割振りは，聞き取り調査や現場での観察では，研究者や研究補助者があらかじめ定めた基準に従って行います．一方，アンケート調査などでは，回答者の主観や印象を尋ねる設問——○○町では市民協働が盛んですか，「そう思う」「どちらともいえない」「そうは思わない」といった設問——が使われますが，これは回答者に割り振りを任せる方法だと考えることができます.

　共同事業の本数は多いのに，審議会委員の公募をしても人が集まらないとか，住民の自発的な活動が少ないといった実態があるとしたら，これは市民協働が盛んだといえるのかという疑問が出るかもしれません．これは市民協働をとらえるためには，共同事業の実行だけでなく，別の角度からも見る必要があるという批判だといえます．この批判に対応するには，定義を見直してより多面的なものに修正し，操作化された変数にも，共同事業の本数，委員公募への応募数，公募委員が審議会委員に占める割合など複数の次元を設定することが必要になります．こうして設定した各次元の測定結果は，個別に用いることもできますし，集約・合成してひとつの指標（後述）として用いることもできます．合成して用いた代表例は，次節で例示するソーシャル・キャピタルに関する研究です.

5　指　標

指標とは

　研究の鍵となる概念を操作化して，観察・測定できるようにしたものを**指標**と呼びます．多くの場合，指標は数値データの形式で示され，従属変数や独立変数の中身（値）となります．前述の共同事業の数や事業に関わった住民の数，延べ時間といったものは，住民と行政との共同事業がどれだけ盛んに行われているかを示す指標ということになります．住民と行政が共同で行う事業こそが市民協働の中核だと考えるのであれば，この事業本数を測ったものが市民協働の活発度を代表する指標だと主張するわけです．ただし，読者がその主張に納得するかどうかは，定義の具体化・操作化がどれだけ論理的に説得力をもって

行われているかにかかっています．前節で述べたように，様々な次元の指標を
設定することが可能ですから，その中から概念の性質を最も適切に反映するも
のを選ぶことが大切です．

　第1章で紹介したパットナムの研究では，州政府の能力の高さが従属変数，
ソーシャル・キャピタルの豊かさが独立変数ですが，彼は従属変数と独立変数
の両方について指標を作成しました．前者は州政府の業績指標で，各州政府が
どれだけ住民の要求に応えて効率的に仕事をしているかを示します．幅広い仕
事をしている州政府の特徴をとらえるため，内閣の安定度，予算成立の速さ，
法律の先進性，託児所や診療所の配置，窓口対応の良さ（質問状に対する回答
の速さを計測）など12項目の調査結果を数値化し合成したデータによって指
標を作りました．合成に使われたのは主成分分析という統計技法です．これは
重みづけして足し合わせる技法と考えてもらえばよいでしょう．一方，ソーシ
ャル・キャピタルについては，サッカークラブや合唱サークルなどの自発的結
社の数，地方紙購読数，住民の政治参加度などを測定し，ひとつに合成した指
標を作成しました．

　ソーシャル・キャピタルという抽象的なものを具体化し，地域ごとにソーシ
ャル・キャピタルの豊かさを測定する結果，地域の順位づけができてしまうと
いうのは興味深いものですから，物議を醸す一方で，似たような試みが世界各
地で行われています．日本でも内閣府などで調査が行われていますが，イタリ
アの調査項目をそのまま使うのではなく，日本の実情を踏まえた項目が設定さ
れています．調査票を配って，ボランティアやNPOへの参加，隣近所とのつ
きあいの程度，他人に対する信頼などに関する質問をして，その結果を合成し，
一元的に測れる物差しを作っています．こういうものを指標と呼ぶわけです．

指標の作成法

　どのようなデータを指標として用いるかは難しい問題です．ソーシャル・キ
ャピタルに関して行われているように，研究プロジェクトを立ち上げて，仮説
に合わせたデータを自らの手で収集することができれば，それは強みになりま
す．研究の鍵となる概念を操作化したものに合わせた，いわばオーダーメイド
のデータであり，鍵概念を的確に代表している可能性が高いからです．指標の

作成自体が，学術的に大きな貢献になります．しかし，自前のデータ収集を行うにはお金や時間，それに技術や経験が必要です．研究費が受けられる大学院生や所属組織の支援が得られる実務家などは試みたらよいと思いますが，普通はできません．あるものを使う工夫が必要です．

　市民協働の例で，住民の参加意欲やニーズ，行政側の姿勢などの指標を作ることを考えてみましょう．まず，市民参加の現状を表すための指標を作るなら，市が開催する会に参加する住民の延べ人数などは，担当課に記録がありそうです．住民ニーズについても，工夫次第で観察・測定する方法はあるでしょう．まずは，市政アンケート，世論調査など既存の調査で使えるものがないか探します．そこから住民が希望・要望する政策の上位に選ばれた項目が見つかれば，これを指標として使えます．ただし，既存の調査には，常にちょうどよい項目があるわけではありません．このほか，国勢調査や事業所統計など，中央省庁や地方自治体が調査し公表しているデータの中に指標として使えるものがないか検討しましょう．詳しくは第3章で説明します．何を選ぶかは皆さんの理屈づけ次第ですが，大切なことは，採用したデータが当該変数や概念を本当に代表している指標となっているかに注意することです．特に，既存のデータを用いたときには，あくまでも代用であることに自覚的でなければなりません．

　引き続き市民協働の例ですが，行政が住民の参加を促す努力をどの程度しているのかに興味がある場合は，「努力している」という主観的な評価ではなく，客観的に測定可能な事柄に置き換えてみることです．例えば，共同事業を提案した本数とか，関連予算をどれだけ計上したかとか，担当課に配置された人員の数といったものが，「努力」の指標になるでしょう．

6　現状確認型リサーチの方法

　ここまで説明してきた，仮説をたてる，変数間の関係を整理する，概念を定義するといった作業は，研究対象の現状を十分に理解していないと，うまく進みません．そこで今度は，現状確認型リサーチによって観察した結果をどう扱うかの方法論について説明しましょう．

　現状確認型のクエスチョンのたて方については，第1章第6節で説明しまし

た．クエスチョンをたてたら，やはりそれに対応するよう仮説をたてる必要があるのでしょうか．もちろん，現状確認型のクエスチョンにも暫定的な答えや見込みはありますので，それが仮説となりえます．しかし，現実にリサーチを実行するときは，現状がどうなっているのかを逐次調べていくことで，問いに対する答えが出てしまいますから，わざわざ仮説をたてて検証するといった手順を踏むこともない場合が多いはずです．

　現状確認型の研究において，リサーチ・クエスチョンに答えるために使われる方法は，記述と分類です．これらの作業を行うに際しても，仮説をたてる際と同様の注意が必要になります．順に説明します．

記述と概念の定義・設定

　記述とは，観察した結果を言葉によって表現することです．数値・データや図表を用いることもありますが，これは第4章で説明します．現状確認型リサーチで観察対象となるのは，社会問題や政策であり，それを記述するに際しては，問題等の特徴をとらえることに力点がおかれます．

　記述を行う際には，まず既存の概念を用いることを考えます．このとき重要となるのは，本章で説明した，定義の明確化，そして操作化です．例えば，若者の就職難の問題を考えてみると，「就職」とは既存の概念ですが，これがどのような状態を指すのかを明確にしなければなりません．正規雇用のみを指すのか，研修生としての試用はどうか，緊急雇用対策で自治体が提供する臨時のポストはどうか，早々と就職活動をあきらめてしまった学生はどう扱うのか等々が問題になります．これらが明確にされなければ，何をどのように観察すべきか定まらないままです．観察した結果をどう評価するかも定まりません．本当に若者が就職難にあるのか判断できないのです．

　定義を明確化するためには，先行研究を読み込むことが必要であることを前述しました．ここでは先行研究や統計調査などで既存の概念がどう定義されているかを学ぶことが大切です．それに加えて，観察結果と照らし合わせ，先行研究から得られた概念の定義がうまく当てはまるか確かめることも必要です．これらの作業は，同時並行的に進むべきものといえます．また，指標を設定することも，現状を把握し，他の地域や過去の状況と比較するのに有効です．就

職難の現状を「厳しい」と判断するためには，何らかの基準に照らした評価や他の事例との比較などが必要であり，そのためには客観的な指標を設定することが有効になるのです．

　既存の概念を使ってみたが現状を記述するのに不十分だと感じるならば，新たな概念を作る作業に乗り出します．例えば，これまで例として多用した「市民協働」というのも比較的新しい概念です．この概念が生み出されたことで，従来にはなかった住民と行政との関係をとらえたり，将来の政策の方向性を指し示したりすることができるようになりました．「ソーシャル・キャピタル」も，これまで見過ごされてきた地域の特性であって，新たな価値を創造するものをとらえるために作られた概念といえます．

　既存にせよ新設にせよ，現実を記述するために適切な概念が必要とされるのは，雑多で複雑な社会現象をそのまま記述したのでは，理解できたことにならないからです．例えば，若者の失業問題を理解しようとしたとき，若年層の求職者一人一人について特徴を列記していくといった方法では，現実世界と同じだけの情報量を伝えることになり，人間の情報処理の能力を超えてしまいます．そこで，記述しようとする問題の特徴を的確に表現するような概念が必要になるのです．そうした概念の名称と定義には，とらえようとする特徴が過不足なく反映されなければなりません．

分類と類型

　多くの観察結果から特徴をつかむには，分類を行います．**分類**とは，同じ特徴を有するものどうしをグループ分けすることを意味します．就職難の問題についてみれば，新卒のまま就職できないのか，そもそも就職活動をしていないのか，いったん就職したがリストラにあったかといった区分で職に就けない若者を分類していくのは，彼・彼女らの特徴をつかみ記述するためのひとつの方法でしょう．

　現状確認型リサーチでは，あらかじめ少数の**類型**（タイプ）を作って，そこに観察したものを当てはめることで分類作業の効率化が図られます．そして，その類型を記述に用いることで，情報量が飛躍的に節約されます．本書でも，リサーチを現状確認，原因探究，政策提言の三つの型に分類しましたが，これ

も類型を使った記述の一例です．原因探究型の研究のところで説明したカテゴリーと類似しますが，類型は必ずしも網羅的に作られるものではありません．

また，類型は分類される対象の現実をそのまま反映したり，平均値を示したりするとは限りません．マックス・ウェーバーによれば，特徴を強調した架空の類型を作成し，そこから現実の観察がどれだけ乖離しているかをみることで分析を行うこともできます．そのような類型は，**理念型**と呼ばれます．ウェーバーは，歴史的出来事を分析するにあたり，意思決定者が持ち合わせた知識や判断材料からみて，もし彼らが合理的に意思決定していれば起こりえたであろう（現実には起こっていない）行動を，歴史家が仮想的に推論して理念型とし，現実にとられた行動と比較すれば，なぜその行動がとられたのかの原因を明らかにすることができると論じています．比較については第4章で説明しますが，ここで想定された合理的行動は，理念型のひとつです．

これは現状確認型の技法というだけでなく，原因探究型の技法といえます．さらに，同じ因果関係が適用される事象どうしをまとめた類型を作ることもできます．これも原因探究のための技法です．

社会科学でよく使われる類型作成の技法は，縦軸と横軸を組み合わせて4類型を作るものです．例えば，政治学で有名な類型は，セオドア・ロウィの政策の性質に関する分類です．これは図表2-5のとおり，強制が適用されるのが「個人の行為」か「行為の環境」か，強制の可能性が間接的か直接的かを組み合わせて，政策を4類型に分類するものです．強制が個人の行為に対して適用され，強制が直接的な（強制が行われやすい）政策には規制的政策があり，強制が行われないか間接的なものにとどまる政策に分配的政策があるといった具合です．なお，ロウィは単なる分類にとどめず，これらの類型に応じた政治過程のパターンがあると主張し，その後の政策類型論の展開に貢献しました．

図表 2-5　ロウィの政策類型

		強制の適用	
		個人の行為	行為の環境
強制の可能性	間接的	分配的	構成的
	直接的	規制的	再分配的

出所：Lowi, Theodore J. 1972. "Four Systems of Policy, Politics, and Choice." *Public Administration Review* 32: 298-310, p. 300 の表

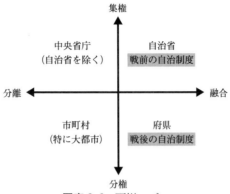

図表 2-6　天川モデル

出所：村松岐夫『地方自治』（東京大学出版会，1988 年）
177 ページの図に加筆（天川晃「変革の構想：道州制論
の文脈」（大森彌・佐藤誠三郎編『日本の地方政府』東京
大学出版会，1986 年）に基づく）

　日本の行政学では，天川晃が提唱した地方制度の分類がよく知られています．
地方制度を記述する際には，集権的か分権的かで二つに分類することが一般的
でした．彼は，これに分離・融合の軸を組み合わせ，図表 2-6 のような 4 類型
を提案しました．集権・分権の軸は，どれだけ地方自治体が住民意思に従って
意思決定できるかを示します．一方，分離・融合の軸は，中央政府の事務を誰
が担うのかに関するものです．分離とは中央政府の事務を中央政府が独自の出
先機関を設置して実施するもの，融合とは中央政府の事務を自治体が担うもの
です．この類型を用いて検討を行うことで，戦前の地方制度は集権融合型であ
ったが，戦後改革を経て分権融合型へと再編されたというように（図中網かけ
部分），日本の地方制度の変化が理解できるわけです．また，自治省や府県と
いった行政主体の志向を理解するうえでも利用され，自治省は集権融合志向が
強く，市町村（特に大都市）は分権分離志向が強いといった議論がなされます．
天川モデルでは，分離・融合の軸を加えたところが新機軸であり，「融合型の
地方制度」のように，軸そのものが分析概念として定着し成功を収めたため，
これを真似て様々な軸を加える試みが行われたほどでした．

　類型は単なる記述を超えて，情報を縮約し，複雑な社会現象の理解を助ける
役割も果たします．天川モデルでは各類型に名前がついていませんが，それぞ
れの類型に名前をつけて，これを分析概念とすることもよく行われます．**分析**

概念とは，いってみれば現実を理解するための分析道具・枠組みという意味です．観察から得られた情報が限られていても，概念を通じて推論することによって，観察されていない部分を含めたより広い事実——もしかしたら全体像——が理解できるのです．ロウィの政策類型論はその好例といえるでしょう．

また，類型が規則性をもって作られれば，多様な観察結果も類型を作ったときの規則によって理解されます．天川モデルは日本の地方制度の変遷と地方制度改革に関わる主体の志向を理解するために提唱されましたが，適用範囲が広がり，英国などのアングロ・サクソン系諸国は分権分離型，かつてのフランスなど大陸系諸国は集権融合型の地方制度を採用しているといったように，諸外国の地方制度を理解するためにも用いられています．さらに，日本は集権的だといわれているが，融合型を採用しているため，自治体の活動量が増え，中央政府からの自律性が強まるといった分析を行うこともできるのです（詳しくは，村松岐夫『地方自治』（東京大学出版会，1988 年）を参照）．

なお，2 軸で類型を作成する際には，次元の異なる軸を組み合わせなければなりません．図表 2-5 や図表 2-6 を真似て 4 類型を作ったのに，第 1 象限と第 3 象限（または第 2 象限と第 4 象限）しか埋まらないときは，異なる次元の組合せになっていないことが疑われます．図表 2-6 を例にとれば，集権的な地方制度のもとでは中央政府の事務が融合的に実施され，分権的な地方制度では分離的に実施されることが必然であるような場合です．もし仮にそうだとすると——私はそうではないと思いますが——集権型（分権型）から派生する属性のひとつとして融合型（分離型）があると理解すれば十分であり，わざわざ 2 軸で分析する必要はなかったわけです．

7　まとめ：仮説をたてる際の注意点

ここまで，仮説の重要性とその作成方法について詳しく説明しました．すべてを完全に理解し，厳密に守ってリサーチを進める必要はありません．リサーチ・クエスチョンをたてるのと並行して，どんどん仮説が思い浮かぶ人は，それらの仮説が常識に照らして納得いくものかどうかを検討したら，先に進んでしまってかまいません．また，「……ほど」という形式ではどうしてもうまく

仮説が作れない場合は，自分なりの表現の仕方でクエスチョンの暫定的な答え
を示して，それを仮説としましょう．

　仮説はいったんたてたら後戻りできないというものではありません．検証の
段階に進み，研究対象をより詳しく観察したら，それまでの仮説は成り立たな
いことが明らかになったとか，修正の必要に気づいたといったことは，よくあ
ることです．その場合は，随時必要な修正を施してください．第4章や第5章
で述べますが，むしろ最初から納得できる仮説に行き着けることは少ないでし
ょう．新しい問題に取り組むリサーチや現状確認に重点をおいたリサーチでは，
データや観察結果との整合を考えながら仮説を練り続け，リサーチの最後にな
ってようやく納得できる仮説がたてられるということもありえます．そうやっ
て悩み抜いてできあがった仮説ほど，通説を覆すような発見を含んだものにな
る可能性が高いはずです．

　ちなみに，研究論文の執筆方法は推理小説に喩えられることがあります．推
理小説には，犯人を最初から読者に知らせておいて，探偵がどうやって犯人に
行き着いたか，推理の手並みを見せていく書き方と，色々な手掛りを散りばめ
ながら，最後に犯人が誰かを明らかにする書き方の2通りがあります．仮説検
証型の研究手法――そして，その流れを論文に書き起こす方法（第5章で解説）
――は，結論を仮説の形であらかじめ示しておくので，前者に近いものといえ
ます．しかし，リサーチそのものが，その流れで進むとは限らないことは，上
述のとおりです．

　犯罪捜査で仮説をたてることは――これも推理小説で仕入れた知識ですが
――見込み捜査といって，誤認逮捕を引き起こしかねない間違った方法だとさ
れるようです．一方，学術研究においては，仮説検証型の作法が一般に推奨さ
れます．仮説やその基になる理論がなければ，証拠集めのために現場に入って
はならないと教える専門家もいます．仮説がなければ，何を観察し，どのよう
な証拠を集めたらよいかの手掛りがないからです．実は犯罪捜査においても，
現場を観察し，犯行の場所や時刻，手口などから怨恨か通り魔……と犯人像
を絞り込んでいく作業は，仮説をたてているとみることもできるでしょう．お
そらく見込み捜査が否定されるのは，あらゆる可能性を点検する作業を怠り，
重要な手掛りを見逃すことで，真犯人を見誤り，ひいては冤罪につながるから

でしょう．これは政策リサーチにもいえることです．リサーチの方法に習熟し，本格的なリサーチに取り組むようになれば，考えうる可能性をもれなく点検し，その中から最も信憑性のある可能性を選択し，仮説を組み立てることが求められますし，新たな事実が観察されれば，その手掛りと真摯に向き合い，仮説を修正することが必要となるのです．

第3章 | 資料・データを収集する
文献リサーチの方法論

　ここまで，政策リサーチの手順として，(1)リサーチ・クエスチョンをたてる，(2)仮説をたてるという二つの作業について説明してきました．いずれの手順においても，先行研究で明らかにされた知識を得ることが強みになると述べました．また，仮説をたて，それを構成する鍵概念や変数を操作化する際には，それを代表する指標となるデータを入手することが必要であることも説明しました．それでは，先行研究が載っている書籍・論文や指標となる統計データは，どのようにして入手できるのでしょうか．入手した資料はどのように活用すればよいのでしょうか．

　本や論文は本屋や図書館に行けばよいし，入手したらとにかく読めばよい．データはウェブ上に公開されている．だから，あらためて説明を受ける必要はないと思っている人は多いでしょう．確かにそうなのですが，目当てとする文献やデータを探し出すのは，なかなか骨が折れるものです．図書館にも得意分野があるので，大学図書館や地元の図書館ですべてが揃うわけではありません．やみくもに歩き回るのは時間の浪費です．ちょっとしたコツを知っているだけで，文献調査やデータ収集の効率性は大きく高まります．

　本章では文献やデータにアクセスする方法を説明します．まずは，文献を調べて，知りたい情報を入手することから始めます．これを**文献リサーチ**と呼ぶことにします．

1　文献リサーチの意義

文献リサーチとは：学生にとっての意義
　大学院生が論文を書くときは，**先行研究の検討**とか**文献レビュー**（リサーチャー・レビュー）と呼ばれる作業を行わなければなりません．これは自分のリ

サーチ・クエスチョンについて，先人がどこまで明らかにしていて，自分が開
拓する余地がどの程度残されているかを確かめることを主な目的とします．既
存の研究の穴を探す作業ですから，体系的・網羅的に行わなければならず，時
間がかかります．しかし，問う意味があるリサーチ・クエスチョンをたてるた
めにも，有望な仮説をたてるためにも不可欠の作業です．

　一方，本書の政策リサーチにおいては，先陣の功名を競うわけではありませ
んから，そこまで体系的なレビューは必要ありません．ともかく研究テーマに
関する情報を得れば足ります．リサーチ・クエスチョンや仮説が思い浮かぶだ
けの知識を得て，鍵概念を定義し操作化するための材料が入手できれば，そこ
で文献の探索はいったん終了して，次のステップに進んでかまいません．

　もし十分な量の文献を読み込んだ結果，リサーチ・クエスチョンの答えが発
見できたとしたら，どうでしょう．博士論文を書こうとする院生なら，新たな
リサーチ・クエスチョンを探すことになるでしょうが，学部生なら，その成果
に自分なりの提言を加えてゼミ論文やレポートにまとめれば十分だと私は考え
ます．本や論文を読んで答えに到達するまでに学部生ならば相当の努力を要す
ることでしょうから，大いに評価に値します．

　文献リサーチと名づけたのは，こうした自前の仮説検証作業を伴わないリサ
ーチでも，ひとつの独立した研究として評価しようという意図を込めたからな
のです．すなわち，「私は，これこれのリサーチ・クエスチョンをたて，文献
リサーチを実施した結果，これこれの答えに行き着いた」と報告するレポート
でも立派な成果だと認めようというわけです．

　学生の場合は，努力の多寡——どれくらいの論文や本を読んだかという指標
で示される——と先行研究をどこまで咀嚼したか——ゼミ論文などの内容に表
れる——で評価されますから，いくつかの論文や本から抜書きして並べただけ
で卒論を安直に済ませようとすれば，直ちに見抜かれてしまうでしょう．そも
そも，誰かの研究報告書や著書を読んで，新たな発見を含む仮説が疑いの余地
がないほど適切に検証されていると判断することは容易ではありません．本書
で説明する程度のことは理解しておくべきことはいうまでもありませんし，複
数の研究論文を読み比べる必要もあるはずです．文献リサーチだけで終わると
いっても，簡単な作業ではないことは，自らやってみればわかるはずです．専

門の研究者も，文献レビューの結果をまとめた論文——自分の考察を付け加えることが多い——を発表します．これは**レビュー論文**と呼ばれ，業績のひとつとして認められるものです．

　なお，先行研究から仮説を導くだけでなく，文献リサーチで得た材料を用いて，検証作業まで行うことがあります．これはもはや，まったく新しいリサーチとして扱われるべきものです．そこには本書が提案する方法論を適用することが可能です．ちなみに，既にある研究論文や著作などから得た資料やデータは**二次資料**と呼ばれ，インタビュー，公文書などによって直接情報源から得たものである**一次資料**と区別されます．歴史学的な研究など，事実の発見に重きをおく研究分野では，一次資料の価値が強調されることもありますが，二次資料による分析も新しい発見を生むという点で，同等の価値をもつと私は考えます．

実務上の意義

　政府・自治体の実務にとってみると，文献リサーチは，それ自体，意義があります．これが実践されれば，学界で進められている研究の成果を実務に取り入れることにつながるからです．

　実務家の皆さんは，職務上疑問に思ったことがあっても，マニュアルをみたり，先輩に尋ねたり，上級官庁に問い合わせるだけで，自分で文献を調べて疑問を解決しようとすることは少ないのではないでしょうか．ともかく現場は忙しいですから，それもやむをえないことです．しかし，時間に余裕があってもやるでしょうか．私自身について振り返ってみると，上司に調査を命じられた以外は，ほとんどやりませんでした．その理由を考えてみると，どうやって調べたらよいかわからないとか，そういう経験がないといった理由に行き着きます．私は法学部の出身で，卒論を書きませんでしたから，疑問を解き明かすために図書館で文献を漁った経験が乏しく，そのための手法を教わった記憶もありません．多くの実務家が同じ状況にあると思います．

　現場で地域の問題に取り組む職員が，疑問に思ったことを問い直す．それを文献で調べてみる．それだけで行政の仕事は変わると思います．まちづくりでも，教育でも，福祉でも，あらゆる政策分野に関して，様々な研究が長い時間

と多額の費用をかけて行われています．その成果の一部は現実の問題解決に活かされていますが，ほとんどは活用されずに埋もれています．そのいくつかに実務家の関心が向けられることで，問題解決につながることを期待します．

2　文献リサーチの方法

　文献リサーチの方法といっても，特に従うべき手順があるわけではありません．方法を解説したテキストも見当たりません．このため，私自身の経験に基づき，私がやりやすいと考える手順と検討方法を紹介しますので，これをベースにして，慣れてきたら皆さんなりの工夫を加えてください．

文献リサーチの手順：文献リストの作成と修正

　まずは，**文献リスト**を作成しましょう．これは研究テーマに関する書籍と論文の一覧です．行政機関が発行している報告書なども含めます．文献リストを作成するのは，第一に文献の広がりから研究テーマの全体像をとらえるためであり，第二に書店や図書館で文献を探す作業を効率化するためです．リストに載せる情報は，論文であれば，著者名，論文タイトル，掲載誌（書籍），巻号，出版年，掲載ページなどであり，書籍であれば，著者名，書名，出版社，出版年などです．これらの項目は，論文を書くときに求められる情報です．そのまま論文末尾の引用文献一覧に使えるよう，必要な情報は最初から拾っておきます．

　最初は暫定的なリストを作り，文献を入手し，講読・検討します．その結果を踏まえて，文献リストを修正し，再び文献入手⇒検討（精読・速読）⇒文献リスト修正⇒……という手順を繰り返していきます．その流れは図表3-1に示したとおりです．文献リストを修正していくのは，集めた文献を読み進めることによって問題の広がりが理解でき，検索の範囲を広げたり，読んだ本・論文の引用文献リストから新たに読むべき文献が見つかったり，逆に読んでみたら研究テーマとは無関係だったのでリストから削ったりすることになるからです．こうした文献リストの修正は，研究結果を論文にまとめるなどして研究が完結するまで続けていきます．

　文献リストを作るには，集めた本や論文の末尾の参考文献一覧も利用します

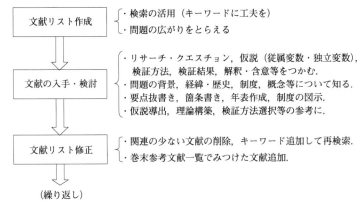

図表 3-1　文献リサーチの手順と検討法

が，手始めにはインターネットに公開されたデータベースを利用するのが便利です．第3節でデータベースを用いた検索法，第4節で文献の入手方法を紹介しますが，その前に，文献リサーチの方法論の一環として，集めた文献をどのように読んで検討するかを説明してしまいましょう．

先行研究の読み方・検討法

　論文を読む際にも，政策リサーチの方法論を意識することが有効です．論文を読むのが仕事の大学院生と違い，学部生や実務家にとって，専門書や研究論文を読むのは骨が折れる作業です．しかし，第5章で詳しく説明しますが，論文は共通の形式に従って書かれています．使われている言葉になじみがなかったり，知らない概念が登場したりしても，論文のその部分には何が書かれているはずであるかの予測がつけば，概要はつかめるものです．もちろん，その論文が新たに提起する概念には，必ず定義が付されているはずです．

　それでは具体的にどうやって読むかですが，リサーチ・クエスチョンは何か，仮説や従属変数・独立変数は何か，検証にはいかなる方法を使っていて，それは適切か，リサーチ・クエスチョンに対する答えは示されているかといった点に留意して読みましょう．これによって，全体の構成が把握できます．これらの情報を得るだけで読むのをやめることもありえます．大量の文献を読まなければならない場合，まず手に取った論文が自分のリサーチに役立つかを見極めることが必要です．このとき，上記の情報さえ押さえれば，そうした判断を下

すことができます．速読にも役立ちますので，試してみてください．

　未知の問題に取り組む場合，文献リサーチを通じて，ともかく研究テーマに関する知識を得ることが先決です．先行研究を読むことで，問題の背景，経緯，制度等々について知ることができます．漫然と読むだけでなく，背景を箇条書きしたり，経緯を年表にまとめたり，法制度を図示したりしておくと，研究をまとめるときに役立ちます．これによって問題の理解が深まれば，リサーチ・クエスチョンを練り直すことになるかもしれません．

　問題を記述し分析するための概念を学ぶことも大切です．研究が一定程度進んでいる問題については，それを記述・分析するための概念も提案されているはずです．そうした概念を理解することが，先行研究を読み解く鍵になりますし，問題そのものを理解するためにも役立ちます．そのような概念や重要と思う言葉は，その定義とともにノートに抜書きしておきましょう．

　一定の知識が得られたら，より直接的にリサーチ・クエスチョンの探究に役立つ情報を求めることになります．同じテーマに取り組む先行研究がどのようなリサーチ・クエスチョンを探究し，それに対していかなる答えを導いたのかに関心をもって，論文等を読んでいきます．リサーチ・クエスチョンとその答えを検討するだけでなく，仮説のたて方，理論の構成，検証方法の選択などについて検討する場合もあります．理論・モデルから仮説を導く方法を用いる際には，文献リサーチで理論・モデルについて学ぶことが必要です．さらに，理論から仮説を導く具体例を知るために，自分が使おうと考えている方法や理論を用いた研究を探してきて参考にする場合もあるでしょう．このときリサーチ・クエスチョンが同じかどうかは問いません．例えば，研究対象はまったく違うが，ソーシャル・キャピタルの理論を適用した研究例を探すといったやり方です．また，研究方法を学びたいので，対象も適用理論も違うが事例研究を上手に用いた研究例を参考にするといったことも考えられます．

　このように，入手した文献をどのような観点から読み込むかは，それぞれの問題関心によりますが，読んだ文献についての記録を残すことをお勧めします．このとき，出典を明記し，研究に役立つと思った箇所は要約したり抜書きしたりしておきます．自分のテーマと重なる場合は，リサーチ・クエスチョン，仮説，検証の方法と結果などの情報も記しておくとよいでしょう．私はこれをワ

ープロソフトでやっています．昔はカードに書き出し，それを上下左右に並べ直して論文にしたようです．今はカードでやる作業と同じことが，ワープロでできます．この方が効率的ではないでしょうか．ただし，気をつけておきたいのは，文章をそのまま抜書きしたときは，必ずカギ括弧を付け，ページ番号を控えておくことです．第5章で詳しく説明しますが，引用の作法では，他人のアイディア・文章と自分の主張とを峻別することが求められます．ワープロで抜書きし，並べ替える場合，いつの間にか自分の考えと紛れてしまわないよう，常に注意しておかなければなりません．

文献レビュー（先行研究の検討）の書き方

　文献リサーチの結果は，リサーチ・クエスチョンの練直しや仮説の導出に使われるだけでなく，その成果自体が論文の1節となります．これが前述の**文献レビュー（先行研究の検討）**です．文献レビューをどう書くかは誰にとっても難しいもので，よく質問を受けます．論文の書き方（第5章）のところで説明すべきかもしれませんが，文献を検討する際にレビューの執筆を意識しておくと効率的なので，ここで説明してしまいましょう．

　文献リサーチで得た情報を自分の論文の中でどう活かすかは，各自の問題関心や執筆スタイルによりますから，決定版の助言はありませんが，私は相手に応じて次のような助言をしています．まず学部生は，知り得た知識をできるだけ披露するつもりで書けばよいでしょう．ゼミ論文や卒業論文では，こんなに勉強したのだということをアピールすることも必要です．あまり構成は気にせず，学んだことをたくさん書きましょう．

　大学院生は構成に配慮し，リサーチ・クエスチョンを中心に材料を集め，自分が提唱する仮説につながっていくように書きましょう．大学院生の文献レビューにも，誰が何をいったかを羅列しているだけのものがあります．しかし，大学院生は学部生と違い，勉強しているのは当たり前ですから，知っていることを何でも書きたいという気持ちは抑えるべきです．自分のリサーチ・クエスチョンや仮説との関連が薄い学説は思い切って捨てる覚悟も必要です．論文の中で文献レビューを行う目的は，前述のとおり，リサーチ・クエスチョンの意義を明らかにしたり，仮説を導いたりすることです．それを期待して読者も読

んでいるわけですから，リサーチ・クエスチョンと関係の薄い学説を延々と紹介したのでは，読者が迷子になってしまいます．あくまでもリサーチ・クエスチョンの答えを明らかにする目的で書いていることを忘れずに，検討の対象を取捨選択して構成すれば，自ずと必要十分なレビューが書けることでしょう．実務家が論文を書くときは大学院生に準じます．報告書の執筆も同様に考えてよいでしょう．

3　論文・書籍の検索

　文献リスト作成には，データベースを通じた論文・図書の検索を用います．検索結果は，所蔵館確認にも使います．以下ではその方法について説明します．

論文の検索：CiNii Research
　学術論文を調べるには，**CiNii**（サイニィ）**Research**（https://cir.nii.ac.jp/）というサイト（トップ画面で論文を指定）を使います．国立情報学研究所（NII）が運営しているもので，国立国会図書館の雑誌記事索引データベースや大学研究紀要など，学術論文情報が集められています．「市民協働」とか「NPO」とか，研究テーマに関連するキーワードで検索することができます．
　キーワードを用いて検索するにはコツが必要です．ちなみに，「住民協働」では44件，「市民協働」では177件の論文がヒットします（2011年1月21日現在）．題名を眺めて，研究テーマに関係しそうな論文を抜き出すには手頃な件数といえます．しかし，特殊な言葉では，ほとんど何もヒットしません．その場合は，検索の範囲を広げて，別の関連語に入れ替えてみましょう．例えば，「パートナーシップ」とか「市民参加」「業務委託」などを試すわけです．
　逆に一般的な言葉では，膨大な数の文献がヒットします．例えば「政策」で検索すると177,113件がヒットします．題名だけでもすべて見るのは不可能です．その場合は，絞込み検索を行います．「政策」の後にスペースを挟んで別の語を加えます．例えば「政策」と「教育」で検索すると，12,730件にまで絞り込まれます．これではまだ多すぎるので，さらに絞り込む必要があるでしょう．キーワードを加えるだけでなく，詳細検索のメニューを用いて，出版年

を最近のものに限定するのもひとつの方法でしょう．

　CiNii Research のデータは論文のタイトル，著者名，掲載誌，巻号，掲載ページ，発行年などです．このデータを用いて論文リストを充実させることができます．これらのデータだけでなく，掲載誌が大学紀要（大学で出している学術誌）などである場合は，論文の全文がウェブ上に掲載されていたり，公開場所（**機関リポジトリ**）へリンクしていたりするものが増えてきました．論文タイトルから判断して研究テーマに近いと思ったら，ぜひ論文を開いて読んでみましょう．それによってテーマへの理解が深まり，検索の範囲をどのように広げたら（絞ったら）よいかわかるでしょう．また，その論文の末尾の文献リストも活用することができます．

　ネット上で入手できない論文は，掲載誌を所蔵する図書館に行って読むなりコピーを取り寄せるなりします．その際には，巻号，掲載ページなどのデータが役立ちます．詳しくは後述します．

図書の検索：OPAC，CiNii Books

　図書を検索する場合，学生であれば，まずは所属する大学の図書館の**OPAC**（オンライン蔵書目録）を用いて検索するでしょう．大学図書館が所蔵する書籍の中から研究テーマに関する知識を得ることは，真っ先に行うべきことです．しかし，大学図書館の所蔵図書は，財政難や保管場所の問題があって，限られているのが現状です．したがって，所属大学の OPAC だけでは，文献リストの充実を図ることはできません．他にも探索範囲を広げる必要があります．

　図書を文献リストに加えるにあたっては，**CiNii Books**（https://ci.nii.ac.jp/books/）を使います．これによって全国の大学図書館の所蔵目録データベース（国立情報学研究所）をウェブ上で検索することができます．図書・雑誌検索メニューを使ってフリーワードの欄に，研究テーマに関するキーワードを入れて検索を行うと，その語をタイトルに含んだ本が表示されます．複数の語を入れても，出版年などによっても絞り込めます．**Webcat Plus**（ウェブキャットプラス）（http://webcatplus.nii.ac.jp/）の連想検索メニューを使うと，キーワードや文章に関連した書籍も表示してくれます．

CiNii Books の検索結果には，所蔵図書館一覧が表示されます．近くに所蔵館があれば，そこで入手することを考えてもよいでしょう．部外者による大学図書館の利用法は次節で述べます．

論文を入手するには，掲載誌の所蔵館を調べる必要があります．大学の図書館や訪問予定の図書館の OPAC で検索して所蔵の有無を確かめます．そこになかった場合，CiNii Books で所蔵館を調べることができます．方法は図書の場合と同じです．

4　論文・書籍の入手

検索を使って文献リストができたら，本や論文を入手します．以下では，そのための図書館の利用法を中心に説明します．

大学図書館

学生がまず使うのは大学図書館です．**大学図書館** は，リサーチ目的で使いやすいよう工夫されています．本や各種リソースの配置は図書館それぞれですが，学期初めに開かれる講習会などで，詳しく説明してもらえます．データベース利用講習会なども開かれるはずですから，積極的に利用しましょう．

最近は，多くの大学図書館がホームページにデータベースのポータルサイト（窓口画面）を設けていて，そこから各種サイトにリンクしています．CiNii は日本語文献ですが，英語文献のデータベースも多数あって，例えば教育学なら ERIC，法律学なら Lexis があります．また大学図書館が購入している電子ジャーナルを検索することも可能です（普通は学内からのアクセスのみ許可されます）．

大学図書館では，**レファレンス担当者** が資料の探索についての専門知識をもっており，検索の方法はもちろんですが，自分が取り組むテーマに関する資料やデータを見つけるにはどこを探せばよいか相談にのってくれるはずです．大学図書館のレファレンス担当者は，知識が豊富で親切に対応してくれます．私も院生時代に大いに助けてもらいました．

大学図書館は公立図書館に比べると，専門書・学術雑誌の所蔵が多いのです

が，政策リサーチで必要とする文献が充実しているとは限りません．専門書や
学術雑誌は教員が研究費を出し合って購入し図書館に配架するので，所蔵図書
は教員の専門分野に偏る傾向があります．小規模な大学では，社会科学の教員
も少ないので，カバーできる専門分野も限られてきます．また，研究費が大幅
に削られている現状では，図書・雑誌の購入を減らさざるをえません．このた
め，必要な図書や雑誌論文は，大学図書館の間の相互貸借・複写によってまか
なわれています．手続については，窓口やホームページで確認してください．
なお，大学図書館の**相互貸借・複写サービス**は有料です．

　大学図書館は外部の人間でも研究目的であれば利用することができます．最
近は地域貢献が奨励され，所在地の自治体住民の利用を認める大学図書館が増
えてきています．利用手続は色々です．利用者から直接申請を受け付ける大学，
公立図書館を介して利用を受け付けるところなどです．また，卒業生には簡易
な手続で利用を認める大学もあります．直接問い合わせて確かめましょう．利
用が認められれば，図書・雑誌の閲覧は可能ですし，貸出しを認める大学もあ
ります．また，館内にコインコピー機を備えていますので，論文を複写するこ
ともできます．

公立図書館

　公立図書館は，一般に専門書・学術雑誌の所蔵で見劣りしますが，利用価値
はあります．地方自治やまちづくり関係の図書の収集に力を入れている場合も
あります．まずはネット検索で文献の所蔵を確かめてから足を運ぶのが効率的
です．ほとんどの公立図書館の所蔵図書・資料は，インターネットを通じて
OPAC検索ができます．市区町村立の図書館に関してはその図書館が所蔵す
る資料を検索することになりますが，都道府県立図書館のホームページには，
都道府県内の公立図書館の資料をまとめて検索する**横断検索**もあります．自分
の町になくても，隣町にあれば，足を運ぶことは容易でしょう．

　公立図書館にも**相互貸借制度**があって，居住する市区町村立図書館を通じて
他市区町村の図書館，都道府県立図書館や国会図書館，場合によっては近くの
大学図書館などの資料を借りることができます．図書館によって，借りられる
相手が決まっていますので，レファレンスに相談してください．取寄せに費用

がかかる場合もあるようです．また，あまり相互貸借の例がない図書館では，制度があっても職員が知らない場合もありますので，わかっている職員に行き着くまでに根気が必要です．もしそれが，自分が勤める自治体の図書館であれば，市民サービスを自分が根づかせるぐらいの意気込みでやるのがよいでしょう．

　地元の公立図書館にのみあって，他の図書館にない資料に**郷土資料**があります．教育委員会が発行している遺跡の調査報告や地域の歴史を描いた本が多いのですが，行政が発行した報告書，計画書，パンフレットの類の**行政資料**を整理して保管している図書館があります．都道府県立図書館には，管内市区町村別に行政資料を整理しているところもあります．

　公立図書館には，**議会会議録**も所蔵されています．また，**広報**や**議会だより**がきちんと保存されていると，電子化されていない古い時期の議会会議録を見たい場合に，索引代わりに使えて便利です．また，**市政・県政関連記事**の切抜きを作っている図書館もあります．これは問題別・分野別に市や県が関わる記事をスクラップしたもので，政策課題の経緯や背景を調べるときには便利です．残念なことに，近年は人手不足や業務委託，甚だしい場合にはスペースの不足などによって，こうした取組みを続けられなくなっているようです．

自治体の資料センター・文書館・議会図書室（館）

　規模の大きな自治体や情報公開意識が高い自治体では，**行政資料室**（**市民情報センター**など名称は様々）が庁舎の中に作られていて，行政資料が整理・公開されています．行政関連の専門書や資料集を備えているところもあって，非常に便利です．情報公開窓口を兼ねている場合も多く，窓口に備えられた行政文書目録で各課にどのような文書が保管されているか調べられます．

　文書館や**公文書館**は，今のところすべての自治体にあるわけではありませんが，都道府県だけでなく市町村レベルでも設置されつつあります．ここには処理が終了してから一定期間が経過した文書が保管されています．テーマによっては，過去の経緯を調べるために役に立ちます．私事で恐縮ですが，環境政策に関する資料を調査しようと神奈川県立公文書館に出向いたところ，私が新人の頃に起案した文書に出会いました．違法な開発に数代の担当者が対応した経

緯をまとめた書類です．自分の仕事が歴史に残るような気がして，少しだけですが誇らしく感じました．

　議会図書室 はすべての自治体にあるはずですが，研究に役立つだけの蔵書の質量を備えているのは，都道府県か規模の大きな市に限られます．一定の規模がある場合には，意外に役立つ図書が配架されている場合があります．何らかの理由で公立図書館に議会会議録の欠号がある場合，ここで閲覧できます．一般に考えられている以上に，地方議会では地域に密着した政策課題についての議論が行われているもので，特に行政側の答弁は，問題の所在やこれまでの取組みを知るのに役立ちます．

　実務家の皆さんは，テーマを担当する課に所蔵資料がないかを直接尋ねる方法もあるでしょう．ただし，職務や研修で研究をしている場合はよいのですが，自主研究として行っている場合には，なぜそのテーマを研究しているのか答えられるように準備しておくことが必要です．場合によっては，上司に苦情が入るとか，逆に次の異動で引っ張られるといったことも覚悟しておくべきかもしれません．

中央省庁の図書室・国立国会図書館

　中央省庁には図書室があり，省庁所管の行政資料や行政関係の専門書・資料が備えられています．**国立国会図書館** の分館という位置づけで，部外者も閲覧が可能です．

　国会図書館は非常に多くの蔵書があって，探している本を見つける最後の切り札です．しかし，閉架式で利用者数が多いので，本を請求して該当ページを見つけてコピーをする作業を1日5サイクルぐらいしかできません．これに比して開架の中央省庁図書室では，必要な本があれば作業がはかどります．閉架式の図書室もありますが，あらかじめ請求すべき資料を特定しておけばすぐ出してくれます．ただし，コインコピーが備えられているところと，そうでないところがあります（事前に調べておく方がよいでしょう）．

　国会図書館のリサーチ・ナビ（https://rnavi.ndl.go.jp/rnavi/）は，欲しい資料にどうやって行き着けるか，有益な情報を提供してくれます．

購　入

本の購入費が潤沢にある人，職場から援助してもらえる人などは，書店で購入するのもよいでしょう．また，Amazon などのネット通販で買うこともあるでしょう．通販で買う場合，手元に届いたら役立たなかったということもありますが，最近は目次や本文の一部が公開されている場合も増えてきているので，そうした失敗はある程度防げます．ネット通販で買うことが前提であるならば，最初から通販サイトで検索して文献リストを作ることもありえます．入手できない本をリストに載せても意味がないからです．

研究のお手本になるような本は，ぜひ購入して何度も読み直し，自分のものとしてください．また，繰り返し参照することが予想される本も購入することを勧めます．どういうわけか，図書館の本は必要なときほど貸出し中になっているものです．自分に役立つ本は，誰にとっても有用なのでしょう．

とはいっても，ほとんどの人は，買うだけでは足りず，図書館の利用を考えることになります．予算が限られているという問題だけでなく，専門書は刊行部数が少ないために数年経つと書店では手に入れにくくなるからです．そのような本をリストから外してしまうのは，文献リサーチの幅を狭めてしまいます．

電子ジャーナル・電子書籍

学術誌は外国文献を中心に，急速に電子ジャーナルへと切替えが進んでいます．電子化された学術誌は，ネットを通じて検索でき，そのまま印刷が可能です．通常，図書館のポータルサイトからアクセスします．ただし，図書館が購入していなければなりません．

専門書についても，電子化の動きが始まっています．日本では学術誌も専門書も著作権の処理等の問題があって，必ずしも将来が見通せるわけではありませんが，印刷部数が少ない専門書を刊行するためには，電子化を進めざるをえないのではないかと思います．

5　インターネットの利用

近年はインターネットでも様々な情報が提供されるようになりました．第1

章で引用したバーズレー教授らの論文は，インターネット上で刊行されている学会誌——紙媒体では刊行されていない——に掲載されたものです．気になる言葉を調べるときには，Wikipedia（ウィキペディア）の説明は便利です．統計ソフトやワープロソフトの使い方がわからないとき，質問掲示板の Q&A は大きな助けになります．専門用語を検索すれば，学術論文がヒットすることもあります．便利すぎて，大学生のレポートに安易に使われる現状にどう対応するかが，大学教員の共通した悩みになっているぐらいです．

　政策リサーチを行うにあたっては，行政提供情報に依存せざるをえませんし，審議会の報告書や議事録，行政計画書，統計，議会会議録などがインターネットを介して入手できますので，これを使わない手はありません．また，ネット上で公開されている論文なども賢く利用しましょう．そのためには皆さんが普段お使いの Yahoo! や Google などの検索サイトを利用してください．ただし，次の 2 点には十分注意しましょう．

情報を鵜呑みにしない

　一点目は，インターネット上の情報を鵜呑みにしないことです．機関リポジトリに「貯蔵」された刊行論文の電子化ファイル，電子ジャーナルの論文，自治体のホームページに公開された報告書等，出所が明確な情報は図書や学術論文と同様に引用することができます．しかし，誰のものかわからないホームページや Wikipedia の記述などは，調査の手掛りとすることはよいのですが，それだけに依拠して結論を導くとか，論文を書くのはやめましょう．誰が書いたか示されているページでも，他のウェブページからの引用や孫引き（論文等に引用された文章を原典に遡らずにそのまま引用すること）である可能性がある場合は，引用を避けるべきです．自治体のホームページの記述にも，中央省庁の説明を断りなく引用しているものもあり，一部だけを切り取ったために，説明が不正確になっているものさえあります．

出典を明示する

　インターネット利用の注意の二点目は，引用する際には出典を明示することです．出典を明示するのは書籍や雑誌論文についても同じですが（この点は第

5章で説明します），インターネットからの引用では，誰（どこの機関）のホームページ（または URL）から，いつダウンロードしたかを明記します．出典を明記せずに，コピー＆ペーストしてしまうのは問題外です．学生レポートで多いのですが，最近は無断で「コピペ」することに罪の意識がないようです．役所の文書でも，書籍や報告書の図や表を知らん顔して「切貼りコピー」することが昔から横行していて，それが今に引き継がれているようですが，あってはならないことです．ネット上に公開されたものでも，先行者のアイディアには敬意を払い，それを引用の作法で示すことを心がけてください．

6　インタビュー

　文献リサーチによって得られる知識や情報は，政策リサーチでの分析に利用する「データ」だとみることができます．データというと，統計など数字で表される**量的データ**を思い浮かべがちですが，論文や雑誌の記述，あなたの手による観察記録，聞き取り調査の記録などもデータの一種です．これらは量的データに対して，**質的データ**と呼ばれます．

　文献リサーチは質的データの収集としての役割をもっています．しかし，文献リサーチだけでは，質的データの収集には不十分であることが多く，観察やインタビューを実施して補います．詳しい方法は**フィールド・ワーク**や**質的調査**のテキストを読んでいただく必要がありますが，ここでは皆さんが実施する可能性が最も高いインタビューの方法についてポイントを絞って説明します．

政府・自治体担当者への聞き取り

　行政機関の担当者への聞き取り調査のポイントは，十分な準備をすることに尽きます．準備不足で相手に会えば，学生ならば相手にされないかもしれません．実務家ならば年度末によくあるような観光目的の視察だと思われて，資料をポンと渡されて終わりということになりかねません．視察が殺到している先進自治体では，そうした対応を受けても文句はいえません．逆に，事前に詳しく調べて，本気なのだということが伝わるような質問をすると，相手が考えていなかったような視点も提供できて，お互いに得ることが多いはずです．特に

実務家の場合は，自分たちから提供できる情報——例えば，自分たちは当該業務をどのように処理しているかなど——を用意していくと，お互いの利益になり，歓迎されるでしょう．

　具体的にはどのような準備をすればよいでしょうか．第一に，本や論文，報道や行政資料などでわかることは，事前に調べ尽くしておくことです．これによって，質問項目を当事者からでなければ聞き出せない情報を得るためのものに限定します．質問内容が公表されているものばかりなら，勉強不足を疑われますし，何度も聞かれる方はうんざりしているかもしれません．第二に，自分のリサーチ・クエスチョンをもう一度確かめて，これに答えを出すことに目的を絞りましょう．こうすれば，自ずと聞き取るべき内容は明らかとなり，質問も必要不可欠なものに絞られるはずです．漫然と質問を連ねたのでは，情報収集としての成果も乏しいし，相手も聞き手の意図を疑うでしょう．第三に，質問項目に重複や無駄がないよう，あらかじめメモを作って聞き取りの流れを想定し，効率的に質問すべきです．

　質問項目を準備する際は，リサーチ・クエスチョンに答えることだけでなく，聞き取りの結果に照らして仮説を検証することも意識すべきです．しかし，当初の仮説にこだわりすぎると，相手の答えを誘導したり，思いがけない発見の機会を逃しかねません．聞き取りによって，文献からは知りえなかった問題の広がりや背景がわかることは珍しくないのです．このため，仮説よりはリサーチ・クエスチョンに基づいて準備を行うのがよいと私は考えます．

　また，これは主に学生向けの助言ですが，インタビューに行くときは，必ず事前にアポイントメントをとりましょう．相手が勤務中であることを忘れてはいけません．丁寧に手続する場合は，あらかじめインタビューの趣旨といつ電話するかを書いた手紙を送り，そのうえで依頼の電話をすべきものとされます．私もそう教わりましたが，政府・自治体が対象の場合は，事前に担当者が誰かを見つけること自体が難しいので，直接電話してかまわないと思います．依頼を受けてもらえたら，直ちに依頼状とともに質問リストを郵便かファックスで送るのがよいでしょう．これは相手からも求められることが多いはずです．依頼状には，自分の所属や連絡先，調査の趣旨等を明示し，電話で約束した面会時間や場所等を確認しておきます．また，聞き取りの結果や提供されたデータ

をどのように使うのか，例えば論文にまとめたら大学に提出して終わりなのか，雑誌等に投稿する計画があるか，ネット上に公開するつもりかなどをはっきりと伝えます．これに関連して，聞き取り時には，論文上での情報提供者の扱いをどうすべきか，所属・氏名を公開してよいか，氏名だけを匿名とするべきか，所属・氏名ともに伏せて，例えばＡ市とのみ記すかといった点を確認します．

　なお，最近は依頼を電話ではなくメールで行う学生も増えてきて，それなりに返信をもらえるようです．メールによる手続がどうあるべきかはまだ確立されていませんが，電話と依頼状を兼ねたものと考えればよいと思います．

聞き取りのコツ

　前述したように，聞き取り調査では，公開されている資料や報道では知りえない事実を確認することに重点をおきます．その中には，資料やデータの提供依頼を含みます．

　政策論的なテーマ——すなわち，政策の中身，問題の状況や原因——に関する聞き取りの場合，担当者の考えを聞くこともありえます．例えば，様々な質問をしてきた流れの中で，問題の原因は何だと思うかと聞いてみるチャンスがあるかもしれません．それを探究するリサーチなのですから，あまりに直接的・ナイーブすぎる気はしますが，最も問題に近いところで取り組んでいる人の洞察は，有益な示唆を与えてくれるでしょう．しかし，その答えには担当者の主観が含まれていますから——もしかすると，部局内で分析が行われていて，十分な根拠がある判断かもしれませんが——鵜呑みにすることはできません．あくまでも，自分の結論を補強してくれる材料として，または見逃していた視角を知る契機としての扱いにとどめるべきでしょう．

　政策過程論的テーマを扱う聞き取りの場合，事実を聞いたつもりでも，聞き取り結果の扱いには注意が必要です．政策過程に関する質問は，その自治体，その担当者の功績や失敗に関わるものなので，手柄話のような誇張や都合の悪い情報の秘匿がありえます．また，過去の出来事について尋ねることになりますから，記憶違いも相当あります．ときには，他課の仕事をあたかも自分の課の業績のように誇ったり，事実関係を正反対に記憶する担当者に出くわします．そういう証言も大筋では間違っていませんので，個々の中身の真偽を見抜くの

は難しいものです．聞き取り結果の信頼性を高めるために私たちができること
は，複数の担当者に話を聞いて突き合わせることと，新聞や議会会議録等であ
らかじめ調べておいた事実関係と照らし合わせて矛盾がないか，常に目を光ら
せていることです．自治体の現役職員は概して慎重で，事実に即して必要最小
限のことだけを話そうとする人が多いと感じますが，中には自慢話が好きな人
がいて，こちらが不勉強だと思うと，口が滑らかになるようです．この意味で
も，やはり事前の準備が重要だということになるでしょう．

　質問時間はできるだけ短くします．私の場合は，理想的には30分，長くて
も1時間以内に限っています．二度目の聞き取りを行うこともほとんどありま
せん．結果をまとめていて必要が生じたときに，電話等で補充の聞き取りを行
う程度です．この点は，フィールド・ワークを専門にする学問分野とは違いま
す．そういった分野の研究者は，何度も足を運び，聞き取り対象者と信頼関係
を築いて，普通は部外者に話さないような情報の提供を受けるといいます．政
策リサーチにおいても，社会問題に直面する人々——例えば，「派遣切り」に
遭った労働者——から聞き取りを行う場合には，そうした方法が必要になるか
もしれません．私自身，街並み保存活動に携わる市民，商店主，企業家などか
ら聞き取りを行った際には，一度ならず聞き取りを申し入れたこともありまし
た．しかし，その場合も他人の生活に入り込んで迷惑をかけるわけですから，
短い方がよいはずです（残念ながら，私にはこの方面の方法論や十分な経験の
持合せがないので，自信をもって断言できません．詳しいことは，フィール
ド・ワークの専門書に譲りたいと思います）．

　もっとも，行政関係者であっても，退職して時間はいくらでもあるといって
くれる相手や質問しなくても自分からどんどん話す人の好意には甘えます．そ
れでも，聞きたいことからあまりに脱線するようなら，修正を図ります．逆に，
用意した質問リストとは順番が異なっていても，聞きたい内容を自発的に話し
てくれているときは，自由に話してもらいます．そのようなときは，こちらが
予想していない重要な情報を提供してくれるものです．そうした情報が得られ
たら，念を押したり，さらに掘り下げた質問をしたり，機敏さ・柔軟さを発揮
しましょう．相手が提供した情報に触発された質問ですから，事前に送付した
リストに含まれていなくても，気持ちよく答えてくれるでしょう．こうしたや

り取りの結果，想定していた項目からは相当に乖離してしまうはずです．ざっと質問リストを見返して，聞き残した項目を質問しましょう．このとき注意したいのは，質問リストの順序や細部にこだわって，既に話してもらった内容を繰り返して聞かないことです．

　聞き取りの結果は，必ず記録に残します．インタビューの日時，場所，相手の氏名と役職も忘れないように書き残しておきます．複数で聞き取りに行ったときは，こちら側の参加者も記録します．私のゼミでは，インタビューに行く学生に，事前に質問項目を研究室に提出することと，研究室からレコーダーを借り出し，相手方の了解を得て録音し，戻ったら直ちに文書に再現すること（テープ起こし）を義務づけています．起こした記録は，卒論の付属資料として提出してもらい，聞き取り結果を分析に十分活かしたかも成績評価・コメントの対象とします．記録は卒論と一緒に研究室に保管されますので，後輩が類似のテーマに取り組む場合には参考にすることができる——再び同じテーマでインタビューに出向いて迷惑をかけない——はずですが，学生の扱うテーマは多様なので，これまで先輩の聞き取りを参考にした卒論は1例にとどまります．

　ちなみに，私自身が行うインタビューでは，レコーダーを使うケースよりも使わないケースの方が多くなっています．使わないケースは，政策過程論的リサーチ・クエスチョンに取り組む場合，特に政治的決定に関する質問をする場合です．相手に警戒心を抱かせないよう，録音しないのです．その代わり，インタビュー中にちょっとしたキーワードをメモして，終わったら直ちに役所の資料室などに駆け込み，記憶をたどりながら聞いた内容を文章に起こします．このときモバイル・パソコンは必須です．前述のようにインタビューを1時間以内に限るのは，記憶を再現できるのはそのくらいが限度だと考えるからでもあります．また，聞き取りが終わったら直ちにこの作業を行うのは，誰かと話したら記憶は薄れると院生時代に指導を受けたからです．その指導教員は相手に気持ちよく話してもらうために，メモもとらないとのことでした．

専門家からの聞き取り：研究者の専門分野を調べる

　大学等で研究している専門家に話を聞く方法についても述べておきましょう．学生にとっては，自分の研究テーマについて助言をもらうだけでなく，進学先

の大学院を探したりする際にも役立つでしょう．実務家にとっては，研修講師を依頼したり，第 6 章で述べるように審議会委員を委嘱するなどの機会が考えられます．

　このとき大切なのは，自分が助言を求める分野と相手の専門分野が一致することです．では，誰がどのような専門をもっているか，自分が興味をもつ研究テーマを専門に研究している人は誰かを調べるにはどうしたらよいでしょうか．研究者の専門を検索するのに便利なのは，国立研究開発法人科学技術振興機構が運営する，**researchmap**（https://researchmap.jp/）というデータベース型研究者総覧です．研究者の氏名でも，業績でも，所属機関と分野の組合せでも検索が可能です．このほかにも，最近の大学は地域貢献を求められていますので，研究者の専門分野や研究テーマなどを積極的に公開しています．これらは近くの大学のホームページから調べることも可能です．

　候補者がピックアップできたら，CiNii で著者名検索を行い，ヒットした論文のタイトルから専門分野を確認します．逆に CiNii で見つけた論文の著者の所属機関や最近取り組んでいるテーマを researchmap で確認するのもよいでしょう．これらのデータベースを使って候補者を絞ったら，その人の論文や著書を読んでみましょう．通常はそれで答えが得られるはずですが，さらに話を聞きたいということになれば，論文や著書を読んだことを伝えて，助言をもらうための依頼をしましょう．そこまで準備していれば，相手にも熱意が伝わり，門前払いやおざなりの対応にはならないはずです．

　これは実務家が研修講師や審議会の委員を頼むときも同じです．中身は先生にお任せしますという丸投げ型の依頼ほど力が抜けることはありません．本来は，研修や講演をしてほしいテーマ，審議会で議論したい問題があって，誰がそういう研究をしているかを調査し，その人に研究成果を活用してくれるよう依頼するべきではないでしょうか．自分の研究が評価され，必要とされていると思えば，頼まれた方も意気に感じて相応の準備をするものです．そのためには，誰がどのような研究をしているかを，しっかり調べる必要があるのです．本章で述べる文献リサーチの方法を身につければ，これも難なく実行できるようになるでしょう．

7 データの収集方法

ここまで，文献リサーチとインタビューという，質的データの収集方法について述べてきました．続いてデータがどこで得られるかを説明しましょう．ここでいうデータとは，数字で表される量的データを指します．

データを使うのは次章の仮説検証段階になりますが，入手方法だけはここで説明してしまうのがわかりやすいでしょう．ただし，どのようなデータを集めるかは，次章を読んだ後に皆さんが決めるものです．なぜなら，必要なデータの種類は，リサーチ・クエスチョンと仮説をたてて，検証方法のうちのどの方法を使うかを選んではじめて決まるものだからです．この意味では，データ収集は仮説の検証作業と一体として実施するものであり，さらにいえば，仮説をたてるときに，どのようなデータが収集可能かを考えておくものでもあります．

白書・統計書

データといえば，まず中央省庁が出している白書や統計書の類です．**白書**は中央省庁の制度や事業について詳しく説明しています．また，各年度における重要課題を分析しており，それに対する省庁の姿勢を知るのにも役立ちます．都道府県や政令指定都市など，自治体も白書を刊行しています．

統計書としては，『日本統計年鑑』（総務省統計局），『統計でみる都道府県のすがた』（同），『データでみる県勢』（矢野恒太記念会），『地域経済総覧』（東洋経済新報社）などがあります．これらに載っている統計の多くは，次に説明するように，ウェブからダウンロードできるようになっています．そのほか，新聞社が出している年鑑，キーパーソン・人名録などが挙げられます．これらは第4節で説明した図書館や資料室にあり，多くの場合，参考図書としてひとまとまりで配架されています．参考図書は借出しできないのが普通です．

データベース

紙媒体のデータは，一覧で見るには便利ですが，統計分析を行うには不便です．そこで電子データ（通常は表計算ソフトの形式）を入手します．

　行政関係のデータの多くは，総務省統計局のホームページ（https://www.stat.go.jp/），または独立行政法人統計センターが運用管理する **e-Stat**（https://www.e-stat.go.jp/）からダウンロードできます．元となるデータは，国勢調査や商業統計調査などです．ここで公開されるデータは，都道府県別ではかなりの種類がありますが，市町村別のデータは限られています．

　これらのデータの多くは，日経 NEEDS（日本経済新聞社）というデータベースからも入手できます．利用できるのは，大学図書館，所属研究室，職場などで購入している場合に限りますが，経済・経営・市場関係のデータも併せて必要な時は役立ちます．

　自治体が公開するデータも増えてきました．都道府県のホームページには，市町村別の統計が何種類か載っています．政策分野によっては，各省庁，都道府県各部局，市区町村などのホームページに詳細な統計が公開されています．例えば，警察庁のホームページには，犯罪，交通事故，遭難，自殺，非行などの詳しい統計表（e-Stat との重複あり）が公開されています．都道府県警察本部のホームページでは，各警察署管内の犯罪率を地区別に図示した地図が公開されていたり，市町村別ランキングが出ていたり，扱いは様々ですが詳しいデータの入手が可能です．巻末の演習例で使う，自転車事故を含む交通事故や犯罪に関する統計も詳しいものが公開されています．

　データを分析してビジュアルにプレゼンするには，経済産業省と内閣官房が提供する地域経済分析システム **RESAS**（https://resas.go.jp/）や e-Stat の活用メニューにある統計ダッシュボードが役立ちます．

　近年では，各省庁や自治体において，政策評価・行政評価が行われています．マニフェストを掲げて当選した首長は，マニフェストの達成状況を評価しています．これらの評価書・評価シートには，政策の **インプット**（予算額など）と**アウトプット**（施設の整備状況やプログラムの実施状況など）を中心に，ときとして **アウトカム**（政策によって社会の状況がどのように変化したか）の指標となるデータが掲載されることがあります．全事業が評価対象になっているとは限りませんが，工夫次第では検証に役立つことがありますし，少なくとも元になるデータが自治体等にあることが確認できますので，担当部局に提供を求める根拠となるでしょう．

　また，各省庁や自治体のホームページには，各種審議会の報告書が公開されており，その中に審議内容に関わる統計が公開・分析されていることも多々あります．巻末演習例で用いる自転車事故に関する分析は，自転車対策検討懇談会「自転車の安全利用の促進に関する提言」(2006年11月) に掲載されたデータに基づいています．さらに，財団法人のホームページにも統計が載っていることがあり，本書で用いた自転車保有台数のデータは，財団法人自転車産業振興協会のものを用いました（県別データが公開されています）．

　こうしたデータの元になる調査には，毎年行われるもの，国勢調査のように5年おきに実施されるものなどがあります．いつの時点での調査によるものかは注意しておく必要があります．グラフに加工したり，統計分析に利用したときには，論文等にデータの出典とともに，必要に応じて調査時点を記載します．

　このほか，大学等の研究機関が行った調査データが公開されています．米国には，ミシガン大学におかれた ICPSR (Inter-university Consortium for Political and Social Research) というデータ・アーカイブがあります．多種多様な調査データが集められていて，私も大学院生時代に授業やレポート執筆のために利用しました．日本ではまだ一元的な窓口は確立されていないようですが，例えば，東京大学社会科学研究所附属社会調査・データアーカイブ研究センターが，SSJ データアーカイブ (Social Science Japan Data Archive https://csrda.iss.u-tokyo.ac.jp/infrastructure/) を構築・運営しています．なお，既存の調査データを用いた研究（**二次分析**）に関する参考図書として，佐藤博樹・石田浩・池田謙一編『社会調査の公開データ：2次分析への招待』(東京大学出版会，2000年) を挙げておきます．

新聞検索

　新聞記事はリサーチで扱う政策や課題についての知識を得るために不可欠です．新聞報道には，ニュースバリューを重視することによる偏りや，行政が発表する情報に依存しすぎているといった問題点が指摘され，情報源としての価値を低くみる専門家もいます．この点は注意して扱わなければなりませんが，新聞社・新聞記者の取材力や問題を掘り下げる力は，一個人には到底及ばないものがあり，やはりリサーチに有用であることは確かです．本書第1章でも，

研究テーマを決めるために新聞切抜きを勧めたばかりです．記事を探すには，従来は新聞縮刷版の目次などを使う必要がありましたが，現在では新聞記事検索データベースを使えば，直ちに求める記事に行き着くことができます．

　新聞記事はデータとしても有用です．デジタル化によって，特定のキーワードを含む記事がどのくらいあるかといった調査を行い，その結果を量的データとしても利用できるようになりました．これを**内容分析**と呼びます．記事件数や分量が多ければ，それだけ世間から注目されていることになります．簡便な方法としては，記事件数を世論の指標とすることができます．より正確に見積もるには，記事の分量を計ります．さらには，問題に対して好意的なのか，否定的なのかまで判別してデータ化します．

　記事を探すには，比較的新しい記事であれば，インターネット上で各新聞社のホームページから検索できます．しかし，一定期間以上遡るためには，新聞記事検索データベースを利用する必要があります．その代表は朝日新聞社の**聞蔵**（きくぞう）でしょう．1879年以降の記事が検索でき，しかも地方版の紙面もデータに収録されています．大学図書館で利用することができますし，都道府県立図書館でも利用できるところがあります．毎日新聞社（毎索（マイサク）），読売新聞社（ヨミダス），日本経済新聞社（日経テレコン）などについても，同様のデータベースがあり，大学図書館や公立図書館の多くで利用できます．

　地方紙も記事データベースを作成しているところがあります．オンラインのものとCD-ROMのものがあり，大学図書館や公立図書館で利用できます（一部はレファレンスによる代行検索）．

アンケート調査

　独自のデータを入手する方法としては，アンケート調査があります．学生も実務家も簡単にできると考えている人が多いようですが，安易に考えるべきではありません．偏りのないデータを得るには，サンプリングと質問票の作成に専門知識が必要です．きちんとした調査をやるためには，調査方法に習熟する必要があります．そのための方法論をたかだか1節程度で説明することはできませんので専門のテキストに譲ります．アンケートを中心とした調査のことを

社会調査と呼びますが，その方法を説明した本は多数出版されています．

　政策リサーチの観点から注意点を一言だけ述べておきましょう．アンケート調査は，うまく利用すれば仮説検証に力を発揮しますが，逆に仮説以上の発見をすることが難しい方法でもあります．よほど仮説をよく練らないと，わかりきった事実を確認して終わりということになりかねません．調査と分析に時間と費用がかかりますし，調査対象者に迷惑がかかりますから，失敗してもやり直すわけにもいきません．特に注意しておきたいのは，調査票を作って回収するだけで終わりではなく，その後，データの整備（クリーニング）と分析に長い時間がかかることです．やるからには，あらかじめ分析のために十分な時間をとったスケジュールをたて，多くの人たちの協力で得られたデータを利用し尽くす心構えで実施してください．

守秘義務・公務員の倫理

　ここまで，実務家に対して，職務上の経験をリサーチに活かすよう繰り返し説いてきました．データ類についても，同様のことがいえます．実務で得たデータは，ぜひ政策立案に活かしてもらいたいものです．ただし，公務員が職務遂行上得た情報を私的な研究に利用し，その結果を公にする場合，その情報を職務以外で利用・公開することが許されるのか，慎重に見極める必要があります．市民のプライバシーに関わる情報を公開することが許されないのはいうまでもありませんが，税や医療・福祉サービスなどの受給に関するデータなど，他の業務に利用してはならないとされている情報もあります．特に，職務で行ったアンケート調査の分析などを個人（またはグループ）の名前で発表する場合は，上司とも相談しながら慎重に検討すべきです．自治体のアンケートは，業務での利用に限ることを約束して対象者に答えてもらうことが普通だからです．

　以上の注意は，研究発表の意欲をくじくためのものではありません．公開された統計情報や，利用が認められた情報を用いた研究は，積極的に発表されるべきものです．自主研究会や職場の勉強会など，内輪のものであるほど，成果を外へ発信するよう心がけてください．職務で得られた情報が当該職務に最大限活かされ，その結果職員自身の能力が向上することが望ましいのはいうまで

もありません.

8 まとめ：文献リサーチを行う時期

　文献リサーチの概要と方法，それに資料・データの入手方法の説明は以上です．最後にまとめとして，文献リサーチを政策リサーチの中にどう位置づけるかを論じておきます．

　文献リサーチは，リサーチ・クエスチョンをたてるため，そして仮説をたてるために必要な作業です．仮説の検証（第4章）を行う前の段階で主に行うものといえます．しかし，検証の段階で，仮説が否定されて新たな仮説が必要になったり，修正が求められたりすることもしばしば起こります．場合によっては，リサーチ・クエスチョンの修正を迫られる場合もあります．政策リサーチは一方向に進むわけではないのです．むしろ行ったり来たり，横道にそれたり，一筋縄ではいきません．その都度，文献を読み直し，リストに新たな文献を付け加えていく作業が求められます．また，仮説が検証されて問題の所在が明らかになれば，研究の視野（スコープ）が広がって，さらに文献を付け加えたくなりますし，特に結果をまとめる段階でこの要請は強まります．この意味で，文献リサーチは，政策リサーチの全段階を通じて行うべきものといえるでしょう．

　前述のとおり，文献リサーチによって，リサーチ・クエスチョンの答えが出る，すなわち知りたかった知識が得られることもありえます．その場合は，ここでリサーチをやめて，論文や報告書を執筆するなり，新政策導入の検討に入ることもあるでしょう．問題解決を志向する限り，解決につながる答えが出れば，それで十分目的を達したことになります．ただし，その場合も得られた知識——例えば問題の原因と解決策——を自分が関心をもつ対象（自分が住む町，自分が働く自治体など）に当てはめて効果があがるのか，問題は解決されるのかについて検討することが必要になるはずです．その作業には，政策リサーチの核となる仮説検証の方法論を応用することになります．

第4章 | 仮説を検証する
条件制御のロジックを理解する

　前章までで，リサーチ・クエスチョンへの暫定的な答えとしての仮説がひとつ以上できました．これを検証する方法を本章で説明します．

　政策リサーチは，政治学や行政学，社会学といった社会科学に基礎をおいています．「科学」という名が付いているくらいですから，社会科学では，あいまいさを極力排した方法によって，誰がみても納得できる結論を導くことが求められます．そのための方法を本章で紹介します．科学的方法というと難しいものだと思うかもしれませんが，考え方はいたって単純明快です．2，3通りの基本をマスターすれば，十分にリサーチは実行可能です．社会科学で難しいのは，方法論の習得よりも，方法論が理想とする条件がなかなか得られないことにあります．この点については後述します．

　本章で紹介する仮説の検証方法は，(1)少数の事例の比較，(2)統計分析（多数の事例の比較），(3)過程追跡（ひとつの事例の詳細な追跡，事例研究）の3通りです．これに実験の考え方を加え，この説明から始めます．実験を加えるのは，比較がどのような発想のもとで行われるかを理解しやすくするためです．

1　実　験

　自然科学では，自然界の法則を解明するために**実験**が行われます．高エネルギー加速器を使った実験で素粒子の性質やふるまいを探るとか，重力の作用を理解するために建物から物体を落下させるといった例が挙げられます．実験を行うのは自然科学に限りません．心理学者は人々の心と行動の関係を知るために，実験室に学生などを集めて実験を行います．被験者に対して報酬を与えたり，擬似的な罰則を与えたり，様々に条件を変えて反応をみる実験の話を皆さんも聞いたことがあるでしょう．経済学でも，市場を模した売り買いができる

状態を作って実験を行うようになりました．また，最近は「社会実験」という言葉を耳にします．本来の意味での社会実験とは，自然科学の実験方法や実験室で行われるような方法を社会で起きる事象に適用して，問題の原因を探り，政策の効果を確かめようとするものです．これがもし実行可能ならば，政策リサーチにおいても，仮説を検証するのに有望な方法となります．そこでまず実験の考え方を理解し，比較などの検証方法を学ぶための出発点としましょう．

条件の制御

実験の基本となる考え方は，興味の対象となる要因以外の条件を同じにすることです．これを**条件の制御**（コントロール）と呼びます．例えば，ある種の植物に対する肥料の効果を知りたい場合には，どのような実験をデザインしたらよいでしょうか．同じ親株から得られた苗を，水，光，温度などの条件をまったく同じにした培地に栽培して，一方には研究対象となる肥料を与え，もう一方には与えないことにしましょう．一定の期間後に生育状況が違えば，その違いは肥料によってもたらされたといえるのではないでしょうか．こう結論できるのは，肥料を与えるか与えないかが異なるだけで，他の条件はすべて同じにしたからです．

同様に，薬の効果を調べる際には，患者を二つのグループに分け，一方のグループ（**介入群**）には薬を与え，もう一方のグループ（**対照群**）には薬と外見は同じだが無益・無害のプラセボ（偽薬）を与えます．そのうえで，両群の治療結果を比較します．

なぜ，対照群にプラセボを与えるのでしょうか．薬を飲むという行為には，それだけで治癒力を高めたり，治った気にさせたりする心理的効果がありえます．薬の効能とは別に，飲むという行為自体が作用する可能性があるのです．したがって，対照群にだけ何も与えないと，介入群には薬の効能に加えて心理的効果も作用してしまうため，対照群と比較したときの差が，薬の効能だと言い切れないことになってしまいます．つまり，対照群にプラセボを与えるのは，介入群との間で投与した薬の働き以外の条件を等しくしようとするためであり，これも焦点となる要因以外の条件を等しくするための手続だといえます．

無作為化

　ここで注意深い人は，患者に何かを投与するという条件は同じにしたとして
も，はたして二つのグループ——介入群と対照群——の患者は同じだといえる
のかという疑問をもつと思います．もっともな疑問です．例えば，医師が必要
性・緊急性を考慮して重症患者に新薬を投与し，軽症患者に偽薬を投与したと
したら，二つのグループの条件が同じだとはいえなくなります．その結果，介
入群と対照群で症状が改善した患者の数に違いがみられなかったとしても，薬
の効果がなかったとは結論できないでしょう．症状の軽重によって治り方は異
なるからです．したがって，グループ分けの際には，重症度別の患者比率が同
じになるようにしなければなりません．

　症状の軽重のほかにも，年齢や性別，既往症の有無などが病気の治りやすさ
を左右することが考えられます．あらかじめ，結果に作用する要因がわかって
いれば，それらが等しくなるようにグループを構成することができます．これ
は**マッチング法**と呼ばれていて，実験デザインのひとつの方法です．しかし，
患者にも様々な人がいて，年齢，性別のほかにも，人種，体力の強弱，長年の
生活習慣，親の病歴など様々な属性のうちの何が結果に作用するかわからない
ことも多いはずです．そうしたすべての要因を考慮して条件を同じにできる保
証はありません．そこで用いられるのが無作為化という手続です．

　無作為化とは，実験対象を介入群と対照群の二つのグループに振り分けるの
に，コインを投げたり，コンピューターにランダムに選ばせたりといった方法
を用いて，無作為に選ぶことをいいます（まったくランダムに選ぶことで，か
えって等質性が保てない場合には，別の手続に従うこともあります）．これに
よって，年齢，性別，体力といった，結果に作用する要因が二つのグループ間
で確率的に等しくなったとみなすことができるのです．例えば，コインを投げ
て表と裏のどちらが出たかを調べることを考えてください．片面が削れて軽く
なっていたりしない限り，最初のうち表が続いたりしても，コインを投げ続け
ていると，表裏の回数が半々になるはずです．無作為化もこれと同様の統計学
的な考え方に基づいています．コイン投げでは，数回だけでは表ばかりという
こともありえますが，数多く投げることで半々に近づきます．実験においても
被験者が多いほど等質性が保証されやすくなります．

　ここで大切なのは，介入群と対照群の条件を同じにするという点です．より政策課題に近い具体例も取り上げましょう．若者の就職を手助けする訓練プログラムの効果を確かめる実験を行うとします．ある地区の若者を二つのグループに分けて，片方（介入群）にだけ訓練プログラムに参加してもらい，訓練終了後にもうひとつのグループ（対照群）と就職率を比較することにします．このとき，どちらのグループに入るかを対象者に自由に決めてもらったらどうでしょうか．そうするのは，訓練に参加させてもらえなかった若者から，自分も参加したかったのに機会が与えられなかったと不満が出ると困るからです．

　この方法では，仮に訓練プログラムに参加したグループ（介入群）の方が参加しなかったグループ（対照群）よりも就職率が高かったとしても，その違いがすべて訓練プログラムによってもたらされたとは結論できません．なぜなら，訓練に自ら進んで参加しようという人は，そうでない人よりも意欲があって，就職活動にも一生懸命取り組むはずだからです．訓練の効果もあったかもしれませんが，それにプラスして意欲の高さが，プログラム参加グループの就職率を高めた可能性を否定できないのです．これを**自己選択バイアス**と呼びます．言い換えれば，この実験デザインでは，訓練プログラムに参加したかどうか以外の条件——参加者の意欲——が等しい状態に制御できていなかったわけです．

　無作為化を用いて，訓練プログラムへの参加グループ（介入群）と非参加グループ（対照群）を確率1/2のくじ引きなどで割り当てれば，自己選択バイアスは取り除くことができ，男女比や勤務経験，年齢，希望職種など結果に影響を及ぼすと考えられる要因に関しても，二つのグループは等質だとみることができます．もちろん，たまたま介入群の平均年齢が高くなってしまったといった，偶然の偏りが生じることはありうるのですが，二つのグループの就職率の違いが，そうした偶然によるものか，訓練プログラムの違いによるものかは，統計的に検定することが可能です（後述します）．

社会実験

　こうした考え方を社会で起こる事象に適用しようというのが**社会実験**です．近年，「高速道路無料化の社会実験」といった使い方がされるようになりました．政府が地域の取組みを募って試行させ評価する試みも行われています．し

かし，高速道路無料化に限っていえば，本来の意味での実験というより，財政難で全面実施が困難だから部分実施にとどめるための言い訳にみえます．仮に，効果を調べる意図があったとしても，単に試しにやってみるというだけでは社会実験とはいえません．例えば，前述の考え方に基づき，高速道路無料化の効果を測定しようとするなら，どうすべきでしょうか．ひとつの路線について，できるだけ経済状況が同じような二つ以上の時期を選んで，有料化，無料化，さらには料金引下げなどを試みて，その結果生じる経済効果を測定する必要があるでしょう．立地や周辺の経済環境が類似した二つ以上の路線を選び，同じ時期に一方を有料化，他方を無料化して，一定期間経過後の地域の経済状況の変化を比較するという方法もあるかもしれません．いずれにせよ，政策の効果を正しく見積もれるような実験デザインを練ることが欠かせないのです．

　社会実験が盛んに行われてきたのは米国です．中心市街地に住む貧困層の居住環境を向上させるため家賃補助を行ったらどのような効果が出るかを確かめる実験とか，受刑者の再犯率を下げるための訓練プログラムの効果を測定する実験とか，様々なものが行われました．そのための方法も発展してきましたし，実験の分析結果を再検証する研究なども盛んに行われてきました．

　日本で社会実験が行われてこなかったのはなぜでしょうか．第一に社会実験そのものの難しさがあります．社会実験には費用がかかります．加えて，政治的，道義的な難しさもあります．前述の家賃補助を特定のグループだけに提供して他のグループには与えないとしたらどうでしょうか．必ず不満や非難が巻き起こるのではないでしょうか．ここに社会実験を実施することの難しさがあります．これは米国でも同じですが，特に日本では全国一律にサービスが提供されるべきだという規範が強いので，特定地域や特定集団に限って試みに政策を実施してみることが難しいともいえます．第二の理由として，日本の政府・自治体には，政策の効果を科学的，客観的に測定しようという意欲が乏しいことが考えられます．この意欲の乏しさは，政策決定に携わる人々が論理性や実証性よりも政治的合意を重視しすぎるところからきている可能性があります．もしそうだとしたら，本書によって政策リサーチの考え方を学ぶことで，この傾向が少しでも緩和されることを望みます．

2　比較（少数の事例を比べる）

　現実社会では，理想的な実験デザインを整えることは困難です．まして私たちの政策リサーチでは，実験など望むべくもありません．実務に携わっていれば，たまたま仕事で得られた機会を活かして，実験に近い状況を作り出すことはできるかもしれません．例えば，住民の参加意識をどう高めるかを研究したいと思っていたら，総合計画策定のワークショップを行う機会があったので，参加者を住民から無作為に抽出し，参加意識に関するアンケート調査を行うといったことです．ワークショップ前と後の参加者の意識変化をみたり，参加者と参加しなかった住民を比較するといった方法で，ワークショップが参加意識に及ぼす効果を知ることができるかもしれません．現実には，そのような機会が得られることは稀です．また，実行できたとしても，無作為抽出された人のうちから実際に参加してくるのは，公募に応ずる人と同様，もともと参加意識が高い人であるはずですから，自己選択バイアスを排除するのは難しいことが予想されます．

　こうした困難を回避するためには，代替的な方法が必要です．その代表が**比較**です．気づいた方は多いと思いますが，社会実験においても比較が行われています．実験後に政策の効果を見積もる際に，介入群と対照群という二つのグループを比較しているのです．本節で説明する「比較」と異なるのは，実験では比較の前に無作為化などの方法によって理想的な条件を作っているところです．これに対して，社会科学における比較では，適切な事例を選択しそれを観察することで——場合によっては，論理的に頭を働かせ，仮想的に——実験に準じた条件設定を行おうとするのです．この方法の論理を理解すれば，あなたも説得力のある結論を導くことができるようになります．

　社会実験は主に政策の効果を測定するために行われます．比較も政策の効果を測定する目的に使えますが，それにとどまらず因果関係を特定する目的で使うこともできます．政治学者の河野勝は『アクセス比較政治学』（河野・岩崎正洋編，日本経済評論社，2002 年）の中で，政治学においてもっぱら因果関係の特定のために比較を用いるべきことを主張しています．以下では彼の議論に依

拠しながら，比較の論理を説明します．

何と何を比較するか

　まずは，何と何を比較するかという論点です．わかりやすい例として，あなたが住む町（働いている町）と何を比較するかを考えましょう．「市民協働が進まないのはなぜか」というリサーチ・クエスチョンを扱っているとします．この問いに答えるために，わが町と比較して意味があるのはどこでしょうか．普通は近隣の町とか，新聞で先進的な協働の取組みが紹介された町を比較の対象に選ぶでしょう．適切な発想だと思います．

　それでは，企業はどうでしょうか．自治体と企業の比較は，組織のあり方や職員意識などがテーマであれば，面白い発見が得られるかもしれません．自治体組織と企業組織を比較した研究では，田尾雅夫『行政サービスの組織と管理：地方自治体における理論と実際』（木鐸社，1990 年）が知られています．しかし，テーマが市民協働だとしたら，企業と比較してもうまくいかないでしょう．企業も市民と接することはあっても，市民を顧客や消費者としてとらえる側面が強いからです．

　市民協働が進んだ外国と比較するのはどうでしょうか．町（自治体）と比較する対象が国のレベルでは，不都合が生じる可能性が高いでしょう．外国の自治体の実践例と比較するのであれば，工夫によっては，うまくいくかもしれません．

　こう考えてくると，やはり日本の自治体との比較が最もうまくいきそうです．しかし，その場合でも，あなたの町が小さいのに，例えば東京の千代田区と比較しようとしたら，規模の違いや権限の違いなど，多くの条件が異なることからくる困難が予想されます．ただし，比較の仕方によってはありえます．この点については後述します．

　わが町だけで比較を完結する方法もあります．2 通りの設定方法があります．ひとつは，わが町の過去と現在の比較です．例えば，前の町長時代と今の町長のもとでの協働のあり方を比較することによって，首長の姿勢が協働に及ぼす影響を知ることができるかもしれません．同じ対象を 2 以上の時点で比較する方法を**通時的比較**と呼びます．もうひとつは，わが町をいくつかの地区に分け

て，地区間の比較をする方法です．これを**共時的比較**と呼びます．同じ時点の異なる対象を比較するので「共時」です．これは第1章で説明した，分析単位をどう設定するかという問題でもあります．通常，市区町村が分析単位となるところを，1段階下げた分析単位を設定しようということです．他の自治体と比較するのも共時的比較です．

呼び方はともかく，何と何を比較するかは，比較にとって最も重要なポイントです．対象をどう選ぶかは，比較の方法に関わります．その方法には，差異法と一致法という二つの方法があります．以下で順に説明します．

差異法：うまくいった事例とだめな事例の比較

まず，**差異法**とは，比較する事例の違いに着目する方法です．例えば，「住民リーダーがいると，市民協働が盛んになる」という仮説を検証する場合を考えましょう．住民リーダーがいるA町と住民リーダーがいないB町を比較し（実際にリーダーがいないことを確認するのは困難な作業ですが，ここでは目をつぶります），A町では市民協働が盛んであるが，B町では盛んでないということを示せれば，住民リーダーの有無が市民協働の成否に違いを生む——つまり，住民リーダー仮説が検証された——といえないでしょうか．このように，独立変数（住民リーダーの存在）の値が異なる事例を比較し，従属変数（市民協働の活発度）の値が異なることを示すのが差異法です．

このとき，実験について学んだ皆さんは，これでは不十分だと考えるでしょう．これだけでは，住民リーダーの存在以外の要因によって，A町とB町の市民協働の違いが引き起こされている可能性を排除できないからです．そこで必要となるのが，検証しようとする変数以外の独立変数を制御することです．といっても，実験ではありませんから，操作を加えることはできません．その代わりに，検証対象以外の変数が等しい事例を探して比較するのです．例えば，自治体の規模，都市化の度合い，首長の政治姿勢などは，市民協働の度合いに影響を与えると考えられます．規模が小さい方が住民との距離が近くて協力がしやすいと予想されますし（逆に大きな自治体の方が協働に予算や人員を割きやすいかもしれません），都市化が進むと住民は地域の問題に無関心になりやすいということもあるでしょう．首長が積極的なら協働事業が増えそうです．

図表 4-1　市民協働に関する住民リーダー仮説の検証（差異法）

		A 町	B 町	C 市
従属変数	市民協働	盛ん	低調	低調
独立変数 1	住民リーダー	○	×	×
独立変数 2	首長の政治姿勢	積極的	無関心	積極的
独立変数 3	人口規模	小	小	大

　A 町と B 町でこれらの条件が異なっていれば，リーダーの存在が作用したのか，規模などの他の要因が作用した結果なのか，結論できなくなります．したがって，住民リーダーの有無以外の条件は極力同じになるよう，同規模で都市化の状態も類似していて，首長はどちらも市民協働には無関心な町を探してくることが必要になるのです．

　これは実験のときと同じ考え方をとっています．しかし，実験のように無作為化によって条件を同じにすることができないので，類似した事例を探すことによって，実験に近づけるわけです．もちろん，すべての条件が同じ町を都合よく見つけられることは稀です．特に，独立変数の候補が三つ以上ある場合，困難さが増します．その場合は，図表 4-1 に示したように，事例の数を増やしていきます．例えば，A 町と B 町の比較によって，規模が同じでも市民協働に違いが生じることがわかったとします．このことから，規模は原因から除かれます．しかし，リーダーの有無と首長の政治姿勢のどちらが作用したのかは決められません．そこで，C 市の事例を加えて比較を続けるのです．C 市は首長が協働に積極的だが住民リーダーはいないという条件をもっており，市民協働は低調です．つまり，首長が積極的でも市民協働は盛んにならず，住民リーダーの存在が重要だと結論できるのです．

　差異法は実験と同じ論理を用いているので，注目する独立変数以外の条件が等しい事例を見つけることができれば，仮説が証明できたと結論することができます．現実には，そのような理想的な事例を見出すことは困難です．独立変数の数が増えるほど，条件の制御が難しくなりますので，事例の数を増やさなければなりません．そこでむしろ，同じ自治体の異なる 2 時点を比較したり，比較の単位を小さくして同じ自治体の中の地域どうしを比較したりする方が条件の制御がしやすくなります．自治体間比較にこだわらず，こうした方法を検討することも大切です．

一致法：うまくいった事例ばかりの比較

　一致法というのは，従属変数の値が同じ事例を選んで比較する方法です．例えば，市民協働がうまくいっている自治体ばかりを選びます．市民協働の秘訣を探るような調査では，これが普通の発想かもしれません．先進自治体をいくつか視察すると，どうすべきかが見えてくるというのと同じです．一致法でも，うまくいっている事例を集めて，そのどれにも共通の要因を探るのです．どの事例にも共通に住民リーダーの存在があったといえれば，とりあえず住民リーダー仮説が支持されたことになります．

　ただし，「とりあえず」というところに注意してください．10個のうまくいった事例でリーダーがいたとしても，11個目のうまくいっている事例で住民リーダーがいない可能性が否定できません．そのような事例が見つかった時点で，この仮説の信憑性は下がってしまいます．図表4-2に示したケース1のような場合です．また，すべてのうまくいっている事例にあたって，仮説が成り立つことが確認されたとしても，自分が気づかない別の要因が作用している可能性も否定できないのです．

　もっとありがちなのは，住民リーダーがどの自治体，どの地域にもいる場合です．どこにでもいるものなら，市民協働が成り立っている事例のすべてで見出せるのは当たり前です．市民協働が成り立っている事例のみを選んで観察すると，住民リーダーがいるのに市民協働が成立しない事例が存在することを見落とすことになりかねないのです．図表4-2のケース2がこれに該当します．実際にそのような事例が多く観察されるとしたら，住民リーダー仮説は疑わざるをえません．

図表4-2　市民協働に関する住民リーダー仮説の検証（一致法）

		10個のうまくいった事例				ケース1	ケース2
		A町	D町	E市	…… L町	M市	N町
従属変数	市民協働	盛ん	盛ん	盛ん	…… 盛ん	盛ん	低調
独立変数1	住民リーダー	○	○	○	…… ○	×	○
独立変数2	首長の政治姿勢	積極	消極	積極	消極	積極	消極
独立変数3	人口規模	小	小	大	小	大	小
未知の要因？		○	○	○	○	○	×

　先に「先進自治体をいくつか視察すると，どうすべきかが見えてくる」と述べました．しかし，実はこの視察というのも，気をつけないと一致法の落とし穴にはまる危険があります．例えば，自治基本条例の制定に先駆けて，いくつかの先進自治体に視察に行ったとします．その結果，どの視察先も，住民とワークショップなどを開いて協議を続け，時間をかけて行政と住民の両方が納得のいく条例を作っていることがわかったとします．だから自分たちも同じような手続を踏んで条例を制定しよう．そうすれば自治基本条例は機能する．こう結論してよいでしょうか．必ずしもその保証はありません．条例を機能させる別の要因を見逃しているかもしれないからです．例えば，どの先進自治体も住民との情報共有や住民参加による行政運営の長い積重ねがあり，その経験こそが自治基本条例を機能させる要因であったとしたらどうでしょう．丁寧な条例制定プロセスは，これまでに培われた住民と行政の関係の発現にすぎないことになります．それだけを表面的に視察して真似しても，条例がうまく機能するはずはありません．

　実験の考え方を敷衍した説明からは離れますが，最も異なる事例を比較することも考えられます．これは注目する独立変数 X だけを一致させ，残りの変数はすべて異なるように事例を選びます．そして従属変数 Y を観察して，同じ帰結が観察できたとすれば，X が Y を引き起こしているという仮説の信憑性が高まるというものです．この場合，検証したい独立変数以外の条件は異なる方がよいわけですから，隣町のような事例を比較の対象に選ぶのはうまくありません．色々な点が似ているはずだからです．むしろ，あなたの小さな町と比較するには，先に比較が難しいと述べた千代田区の方が望ましいと考えられます．先に「比較の仕方によってはありえます」と述べたのはこの意味です．

3　統計的な検証（多数の事例を比較する）

　差異法についての説明で，検討すべき独立変数が増えたときは，比較する事例の数を増やすことを勧めました．では，事例の数が 2 桁になったらどうでしょうか．図表 4-1 を拡張することで判定できるでしょうか．混乱してくると思います．まして，事例が 30 を超えたら，どうにもならなくなります．このよ

うな場合に，統計技法を用いて独立変数をコントロールするのです．

　また，従属変数・独立変数の値が，「ある」「なし」とか「大」「小」ではなくて，面積や人口などのように数値で得られる場合，どうしたらいいでしょうか．どこかで線引きして大小に区分けすることはできます．例えば，人口 5 万人以上を人口規模「大」，5 万人未満を「小」とするわけです．このように大小二つとか，大中小の三つとかのカテゴリーに分けることは，単純化されて扱いやすくなる反面，豊かな情報が失われてもったいないともいえます．そこで，数値としての情報をできるだけ活かして検証する方法が統計分析だといってもよいでしょう．

　第 3 章で紹介したように，最近はインターネットを通じて統計データが容易に入手できます．簡単なグラフを描いて指標の変化を追跡するだけでも，様々な発見があり，仮説を確かめることができます．さらに統計分析が使えれば，扱えるテーマの幅が広がりますし，仮説の検証を厳密に行えるようにもなります．また，皆さんがよく使う表計算ソフトには，基本的な統計分析の道具が標準装備されています．これを使えば，特別な統計ソフトがなくても，かなりの分析を行うことができます．本節ではマイクロソフト社の Excel を使ってできる基本的な統計分析の手法を紹介します．

　なお，統計を中途半端な知識で扱うと，リサーチを誤った結論に導きかねないことを注意しておきます．この忠告は皆さんの意欲をくじくためではありません．統計分析を本格的に使いたいと考える読者は，本書のたかだか 1 節の説明で満足せず，これを機会に基礎から体系的に勉強していただきたいと思うのです．そのためには，学生なら統計の授業を受けるのが一番です．実務家は，お金があれば近くの大学で統計科目だけを履修するとか，統計ソフト会社が開講する研修を受ける手もありますが，統計学の教科書で独習せざるをえない人が多いでしょう．その際，行政機関には統計を学んだ職員がいるはずなので，そうした同僚を先生役に迎えるとよいでしょう．皆さんが知らないだけで，実は大学で社会学や心理学，経済学を専攻した人はもちろん，技術系の職員にも統計——またはその基礎となる数学——を学んだ人がいるはずです．私は最終的に大学院で統計の講義を受けましたが，最初に手ほどきを受けたのは，職場で同期の技術職員と大学院で勉強してきた先輩でした．

基本統計量

さて，わが町の1万世帯に関して，構成員数，居住年数や世帯主の年齢や年収といったデータがあったとして，その特徴をとらえたり，概要を誰かに伝えたりするにはどうしたらいいでしょうか．1万件のデータを表にして渡しますか．それでは見る方も大変です．合計をとったり，平均を求めたりして，わが町の世帯の特徴を伝えるのではないでしょうか．このように，データを要約し特徴を示したものを**基本統計量**と呼びます．そのものずばり**要約統計量**ということもあります．

よく使われる基本統計量には，合計，平均値，分散，最大値，最小値，中央値などがあります．**分散**というのはデータのばらつきのことで，各データ（ケース）が平均値からどれくらい離れているか，平均値の近いところに集中して分布しているか，離れて分布しているかを数値で表すものです．**中央値**とは，データを大きさの順に並べたときの真ん中の値です．49個データがあったら，25番目の値が中央値です．50個だったら25番目と26番目の値の平均値です．

これら基本統計量の求め方ですが，Excel画面上部のリボンの「データ」タブから「データ分析」を選びます．分析ツールの中から「基本統計量」を選ぶと，設定を尋ねてきますので，入力範囲を指定し（入力範囲の右端のボタンをクリックすると，マウスで範囲指定ができる），「統計情報」にチェックマークを入れてOKします．これで前述したような統計量が簡単に求められます．なお，初期設定で分析ツールがインストールされていない場合（ツールメニューの中に分析ツールがない場合）は，アドインを選んで新規に導入してください．

色々なグラフとヒストグラム

平均，分散などの基本統計量をみただけで，専門家ならある程度データの分布を理解することができますが，直感的に特徴をつかむには，グラフを用いるのが有効です．グラフには様々なものがあります．項目ごとの量や度数を示す**棒グラフ**，測定値の変化を示す**折れ線グラフ**，割合を示す**円グラフ**などは，皆さんもよくご存知と思います．棒グラフにも，2以上のデータ系列がある場合

は，実数または割合を重ねる **積み上げグラフ** を使います．観測値の変化を積み上げで示そうとすれば，**面グラフ** もあります．こうした様々なグラフをExcelで作るには，グラフ化したいデータのセルの範囲を選択し，画面上部にあるリボンの「挿入」タブから描きたいグラフのアイコンを選択します．これで基本的な図が描かれますので，あとはレイアウト，データ範囲，グラフの種類などを適宜変更します．グラフの見栄えに関しては，各自で試行錯誤してください．

Excelの分析ツールには，ヒストグラムというグラフを描く機能があります．**ヒストグラム** とは，データを一定の範囲ごとに区切って，その範囲に標本がいくつあるかを集計しグラフに描いたものです．データの分布をみるのに使います．Excelでヒストグラムを描くには，分析ツールの中から「ヒストグラム」を選びます．ダイアログボックスで入力範囲を設定し，「グラフ作成」と「累積度数分布」の表示にチェックを入れましょう．これだけ指定すれば，あとはExcelが自動的にデータを区切ってヒストグラムを描いてくれますが，自分で区切りを指定したいときは，シートにデータの区切りの数列を入力して，その範囲をダイアログボックスのデータ区間に設定します．

図表4-3は町村の人口を1000人刻みで規模別にヒストグラムに表示したものです．人口5000人以上6000人未満の範囲の町村数が最も多く，残りの町村はその前後に集中して分布していることがわかります．

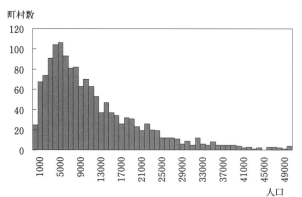

図表 4-3　ヒストグラムの例：人口規模別町村数
出所：2005年国勢調査に基づき筆者作成

散布図と相関係数

ここまでは，データの特徴を示す統計ですが，ここからは二つの変数の関係性をとらえるものです．したがって，因果関係に関する仮説の検証にも使えます．例として，体重と身長の関係を考えましょう．身長が高い人は体重も重いと考えられます．小太りな人とか，逆に痩せ型の人とか，色々な人がいますが，全体の傾向としては，背が高ければ，体重もそれなりにあるといえるでしょう．第2章で取り上げた，親子の身長の関係も同様です．このような関係をグラフで示すものが**散布図**です．

Excelで散布図を描くには，データ範囲を設定して，挿入タブから「散布図」を選択します．例えば図表4-4は，すべての市を対象とし，X軸に都市化の度合いを表す指標として第1次産業就業者比率（農林水産業に従事する人口の割合）をとり，Y軸に高齢化を表す65歳以上人口の割合をとったものです．このグラフは全体として右肩上がりとなっており，第1次産業就業者比率が高い，すなわち都市化の度合いが低いほど，高齢化が進んでいることが読み取れます．言い換えれば，「都市化度」という変数と「高齢化度」という変数の間には相関関係があるといえます（相関関係については，第2章で説明しました）．

このような関係の強さを数値で示したものが**相関係数**です．最もよく使われるのは，ピアソンの相関係数というもので，0〜1（または0〜−1）の値をとって，1（または−1）に近いほど両者の関係が強いことを意味します．これが

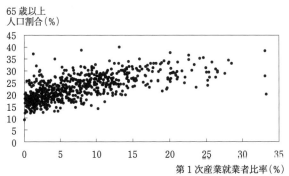

図表 4-4 散布図の例：都市化と高齢化

出所：2005年国勢調査に基づき筆者作成

正の値をとるときは 2 変数の間に**正の相関関係**がある，負の値をとるときは**負の相関関係**がある，0 に近いときは**無相関**であるといいます．相関係数が 1 というのは，グラフで示すと，ある傾きをもつ直線の上にすべてのデータが乗ってしまうことを意味します．現実社会でこのようなことはほとんど起こらず，図表 4-4 のようにばらけます．

　Excel で相関係数を求めるには，分析ツールから「相関」を選び，ダイアログボックスで入力範囲とデータ系列を設定します．図表 4-4 に示した都市化と高齢化の相関係数（r）を求めると，$r=0.68$ です．群馬大学の青木繁伸元教授のホームページによると，相関係数が 0.0～0.2 は「ほとんど相関関係がない」，0.2～0.4 は「やや相関関係がある」，0.4～0.7 は「かなり相関関係がある」，0.7～1.0 は「強い相関関係がある」と解釈しますので，相関係数 0.68 というのは，かなり相関関係があるということになります．なお，相関係数が大きくても，それは二つの変数の間に相関関係があることを意味しているにすぎず，両者に因果関係があるかどうかまでは保証しません（因果関係については，第 2 章を参照してください）．

　余談ですが，青木先生は疫学の専門家で，先生が開設しているホームページ（http://aoki2.si.gunma-u.ac.jp/）は，統計を学ぶ者にとって有名なサイトです．インターネットで統計に関する疑問点を検索すると，必ずといってよいくらいヒットします．まずは統計の入門書を読みたい人に，青木繁伸『統計数字を読み解くセンス：当確はなぜすぐにわかるのか？』（化学同人，2009 年）という本をお薦めします．

クロス集計表

　アンケート調査のデータ分析につきものなのが**クロス集計表**です．性別とか，市・町・村といった，**カテゴリーデータ**を用いて作ります．市町村の人口のようなデータは，5 万人未満，5 万人以上 20 万人未満，20 万人以上といったカテゴリーデータに分類し直して用います．

　図表 4-5 は，大学生に性別と車の有無を尋ねたアンケート結果のクロス集計表です（架空のものです）．一般に，表頭（車所有／非所有）を従属変数，表側（性別）を独立変数として，横方向にデータを集計します．従属変数と独立

図表 4-5　クロス集計表の例

	車所有	非所有	合計
女性	28	46	74
(%)	(37.8)	(62.2)	(100.0)
男性	44	32	76
(%)	(57.9)	(42.1)	(100.0)
合計	72	78	150
(%)	(48.0)	(52.0)	(100.0)

変数を逆にしたい場合は縦に集計し，最下段に100.0％がくるようにします．
図表 4-5 では，上段に観測度数（該当する人数），下段に括弧書きでパーセントを記してあります．人によっては，パーセントだけを書き，列の合計欄にのみ実数を書くこともあります．各セルのパーセントに合計の観測度数を掛け合わせれば，各セルの観測度数が求められるからです．

　クロス集計表では，独立変数となるカテゴリーに応じて，従属変数の割合が異なるかをみます．つまり，男女で車の所有・非所有割合が違うかどうかをみるのです．このとき，表側の合計欄（最下段）に％で示された全体の傾向と，独立変数の各カテゴリーが示す傾向が同じか異なるかをみるとよいでしょう（詳しい説明は省きますが，全体の傾向から期待される度数から，現実の観察がどれだけ乖離しているかをみる検定の考え方に沿っているからです）．具体例として図表 4-5 をみると，最下段に示された全体の傾向は車所有が48.0％，非所有が52.0％ですが，女性は車所有が37.8％，非所有が62.2％で，全体の傾向に比べて，車を所有する割合が小さくなっています．逆に男性は車所有者の割合が多いことが読み取れます．

重回帰分析

　上述した相関係数・散布図やクロス集計表は，2変数間の関係です．したがって，これらの分析だけでは，別の隠れた変数が作用して，二つの変数間に相関関係があるように見せかけている可能性を否定できません．そこで，独立変数を同時に二つ以上扱いながら，注目する独立変数の値は変動させ，それ以外の独立変数の値は一定に保つ——コントロールする——ことによって，観察したい独立変数が従属変数に及ぼす効果を測定する方法が必要になります．これまで紹介した方法の応用としては，偏相関係数や多重クロス集計表があります

が，最も多く使われる方法は，重回帰分析です．

重回帰分析 とは，実験や比較において注目する変数以外の変数をコントロールするのと同様の操作を，数学的に行おうというものです．重回帰分析を使いこなすには，統計学を基礎から学ぶ必要があります．ここでは重回帰分析を使えるようにする説明は行いません．しかし，政策や社会問題を研究する論文の多くで重回帰分析が使われています．まったく何も知らないと，その部分を読み飛ばさなければなりません．それは残念なことなので，論文などに書かれていることがある程度わかるように，以下では，重回帰分析で何が明らかにされるのか——特に，結果を示した式や表が何を意味しているのか——に絞って説明します．

さて，重回帰分析を行うと，従属変数と独立変数の関係——従属変数に対して個々の独立変数がどれだけの影響をもつのか（他の変数の影響をコントロールしたもの）——を明らかにすることができます．言い換えれば，重回帰分析は，複数の独立変数 x_1，x_2，…で，従属変数 y を予測するための技法です．最も基本となる重回帰分析は，y と x が線形の関係（グラフにすると直線で示される関係）にあることを想定し，

$$y = a + b_1 x_1 + b_2 x_2 \qquad \cdots\cdots ①$$

という **回帰式** をデータに当てはめて，a，b_1，b_2 という係数の値を求めます．独立変数の数は必要に応じてもっと増やすことができます．

重回帰分析の結果は，回帰式の形式か，後述する表形式で示します．式の形式では，a，b_1，b_2 のところに回帰分析によって求められた値を記載します．例えば，

$$y = 14.671 + 0.735\, x_1 + 0.342\, x_2 \qquad \cdots\cdots ②$$

といった具合です（数字は架空のものです）．y が市民協働指数（市民協働の度合いを何らかの指標で測定したもの），x_1 が人口1万人当たり NPO 数，x_2 が住民リーダーの有無（あり：1，なし：0）だとすれば，②式の係数の値から，

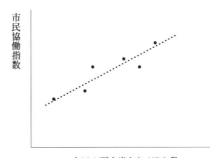

人口1万人当たり NPO 数

図表 4-6　散布図と回帰式の組合せ

　人口1万人当たり NPO 数が1増えると市民協働指数が 0.735 高くなり，住民リーダーがいる町では，リーダーがいない町に比べて，市民協働指数が 0.342 高くなると予測できるのです．

　政府機関の報告書などを読んでいると，図表 4-6 のように直線が引かれた散布図を目にすることがあると思います．これは独立変数をひとつだけ投入した回帰分析（単回帰分析）の結果を回帰直線として散布図上に表したものです．ここでは独立変数がひとつですから，回帰式は③式のようになり，b_1 は回帰直線の傾きとなります．

$$y = a + b_1 x_1 \qquad\qquad \cdots\cdots ③$$

　重回帰分析の結果を図表 4-7 のような形式で示した論文を目にすることも多いはずです．この場合の従属変数は，本文中で説明されたり，表のどこかに示されます．図表 4-7 は，「××××××」という従属変数を，表側に記載された五つの独立変数で推計した結果を報告したものということです．前述の①〜③式や図表 4-7 の独立変数の組合せを，**推計モデル**とか単に**モデル**と呼ぶことがあります．

　図表 4-7 の読み方を説明しましょう．B（標準化されていない係数）の欄に記載されている数値が，①式における a（定数）および b_1，b_2，…に該当します．上から2段目の 10.176 が独立変数1の係数ということになります．B の隣の**標準化係数**（ベータ）というのは，独立変数が従属変数に与える影響を相

図表4-7 「××××××」を従属変数とした重回帰分析

	B	標準化係数	t 値	有意確率
定数	9.635		.462	.645
独立変数1	10.176	.254	6.862	.000
独立変数2	.471	.275	7.512	.000
独立変数3	2.535	.086	3.097	.002
独立変数4	7.190	.128	4.432	.000
独立変数5	−.610	−.146	−4.627	.000
N	826			
R^2	.440			

出所：筆者作成．数字は巻末の演習例を利用

　互に比較できるようにしたものです．独立変数の値の単位はそれぞれ異なるた
め，各独立変数の係数（B）を比較しても独立変数1と2のどちらが従属変数
に与える影響が大きいかわかりませんが，標準化係数を比べると，独立変数2
の影響の方が大きいことがわかります．

　表の下方にある N は，この分析に用いたデータの数を示します．R^2 （**決定
係数**）というのは，このモデルが従属変数をどれだけうまく説明しているか
——回帰式がどれだけデータに当てはまっているか——を示します．R^2 が1
に近いほど，当てはまりがよいことを意味します．

　表の右端の **有意確率**（p）は，回帰分析で得られた係数が統計的にどれだけ
意味があるかを示す確率で，後述するように，係数の値がたまたま得られたも
のではないことを判別するための基準に使います．この確率が小さいほど，た
またまではない——すなわち，独立変数が従属変数に影響を与えている——と
結論できることになります．表記法としては，有意確率の欄を省略して，一定
の基準値（例えば，$p=0.01$）を下回る場合に，＊＊などの記号を係数の隣に
つけることもあります．t 値というのも，同じことを判別する目安ですが，こ
ちらは値が大きいほど（一定の値を上回ると）望ましい結果となります．

　有意確率というのはわかりにくいと思いますので，理解の助けになるよう，
以下に統計分析による検証の考え方を説明します．

帰無仮説と有意水準

　まず，用語の説明です．大学生とか，日本の町村とか，研究対象全体のこと
を **母集団** と呼び，母集団の中から検証に用いるために選び出したものを **標本**

（**サンプル**）と呼びます．標本が母集団の特徴を反映するように抽出されていれば，標本について成り立つ仮説は，母集団でも成り立つと考えます．これは，一定の法則に従って標本抽出した有権者に尋ねた世論調査が，日本の有権者全体（母集団）の傾向を示したものだとみるのと同じ考え方です．一般には，標本の数が多いほど，母集団の傾向に近づくといえます．世論調査で 1000 人とか 2000 人を標本とするのはこのためです．

　このことを踏まえると，仮説をたてて検証するという作業は，母集団に関して仮説をたて，それが成り立つかどうかを，標本を選んで検証していることになります．統計分析を用いる場合は，このことを明確に意識しています．事例研究（後述）や比較を用いる場合も，仮説が社会一般とか自治体全般に関して成り立つことを確かめようとする限り，暗黙のうちに同様の論理に従っているとみるのが社会科学の方法論の最近の潮流です．

　さて，統計分析による検証では，帰無仮説という考え方を用います．**帰無仮説** とは，検証しようとする仮説（H_A で表す）を否定する仮説（H_0 で表す）のことです．前出の市民協働の例でいえば，「住民リーダーの有無が市民協働指数に影響を与える」というのが検証すべき仮説です．回帰分析に引き付けて表現すれば，

　　H_A：住民リーダー変数の係数（b_2）≠ 0

となります．一方，帰無仮説は「住民リーダーの有無は市民協働指数に影響を与えない」であり，

　　H_0：住民リーダー変数の係数（b_2）＝ 0

と表現できます．統計的な検定によって，帰無仮説が棄却される（成り立たない）と判定されれば，検証しようとしていた仮説が支持された——少なくとも否定されない——という結論が得られます．すなわち，「住民リーダーの有無は市民協働指数に影響を与えない」という帰無仮説（H_0）が棄却され，「住民リーダーの有無が市民協働指数に影響を与える」という仮説（H_A）が支持さ

れたことになります．帰無仮説が棄却されるかどうかを判断するのは，今回の検証で使ったサンプルで「たまたま」起こったことなのか，それとも違うサンプルで何度試しても同じ結果が得られるのかに着目します．

　ここで有意確率（p）が登場します．有意確率は帰無仮説が「たまたま」成り立つ確率を表したものともいえます．例えば，有意確率が 0.03 なら，母集団から 100 回標本を抽出して調査すると，3 回は帰無仮説が成り立つことを意味します．有意確率が 0.1 なら，100 回のうち 10 回です．もし 100 回のうち 1 回成り立つだけなら，それはめったにないことだ——だから棄却できる——といえるでしょう．では，10 回ではどうでしょうか．どこかで線を引かなければなりません．統計を使った論文を読んでいると「5％の水準で有意」という表現や「$p<0.05$」といった記号を目にすることがあると思います．これは 100 回のうち 5 回を基準にしようと決めたことを意味します．「1％水準で有意」（$p<0.01$）なら 100 回のうち 1 回ですから，より厳しい基準を定めたことになります．このように，5％でよいことにしようとか，1％でよいことにしようと決めたものが**有意水準**です．有意確率が有意水準を下回っていれば，「仮説が成り立つ」と判断し，「統計的に有意である」と表記します．

　ここで図表 4-7 に戻ると，五つの独立変数のすべてで有意確率が 0.01 を下回っています．つまり，これらの変数の係数は統計的に有意であり，これらの変数に関してたてられた仮説が支持されたと結論できます．

　以上のような統計学の基礎や重回帰分析を学びたい方は，詳しい統計学の教科書，やさしく書かれた多変量解析の教科書などがたくさん出ていますので，それらをご覧ください．ちなみに，本節で紹介した統計技法や，重回帰分析を含む少し進んだ技法を学ぶためのテキストとして，増山幹高・山田真裕『計量政治分析入門』（東京大学出版会，2004 年）を挙げておきます．この本では政治学の研究例を中心に，補助金や公共事業など，政策的な事例も取り上げられていて実践的であるとともに，初学者にとって学びやすいと思います．

4　ひとつの事例の詳細な追跡

　実験，比較，統計分析といった方法はリサーチの優れたツールですが，因果

関係を探ろうと思ったときには，身近な事例や特徴ある事例を詳しく調べてみようというのが，最も自然な発想ではないかと思います．そして，ひとつの事例を詳しく観察するのは，仮説の検証方法としても有効な手段です．これを**過程追跡**という場合もあれば，単に**事例研究**と呼ぶ場合もあります．

これまで再三取り上げてきた市民協働の例でいえば，うまくいっている自治体に行って，その当事者——政策担当者や住民リーダーなど——に事情を尋ねることが考えられます．協働を誰が言い出し，誰が誰に働きかけ，どのように進んだのか．鍵になった人物は誰か．障害は何か．それはどのように取り除かれたのか等々．このような経緯を詳しく調べて整理する中で，自ずと協働を成功に導く要因が明らかになることが期待されます．

事例研究の検証のための使い方

このような事例研究は，様々な使い道がありえます．第一に，あらかじめたてておいた仮説を事例研究の結果と照らし合わせることで，仮説が正しいことを確認することもできます．特にこれは，原発事故の発生原因や対応の遅れの理由を探るような，事例の数は限られているが，社会に及ぼす影響が大きい問題を扱うリサーチに使いたい検証方法です．この方法の説得力を高めるには，理論に基づいて仮説をたて，予測の形式で仮説を表現します．すなわち，理論に基づけばこうなるはずだと予測しておいて，実際に観察した結果が予測のとおりであることを確認することによって，その仮説と基になった理論が正しかったと主張するのです．ただし，この方法では検証のための事例がひとつしかないので，比較や統計分析による検証に比べると説得力が低いとされることもあります．

第二に，事例がひとつであっても，それが豊富な情報を含む場合，複数の下位事例に分けられることがあります．大災害時の対策・対応などのように，いくつかの出来事が順々に，または並行して起こるような場合，それぞれの出来事や場面に分割するのです．そうした分割された事例を分析単位とすれば，差異法のような比較のデザインをとることもできます．ひとつの自治体を複数の地域や時期で区分して，それぞれを独立の分析単位として比較を行うのと類似した考え方です．

　仮に差異法のようなデザインがとれなくても，ひとつの事例を観察して得られた様々な情報——意思決定，行動，出来事などの観察結果——を矛盾なく説明できるかどうかで仮説の正しさをテストする，いわば状況証拠を積み重ねるような検証方法も用いられるべきでしょう．これが第三の方法です．これは政策過程論的な研究でよく用いられます．例えば，災害への対応として政府はなぜこのような対応をとったのかとか，外交交渉でA国はなぜ強硬姿勢で臨んだのかといった問いに答えるには，最終的には意思決定者の説明を聞かなければなりませんが，説明がないことも多いですし，説明があっても事実を述べているとは限りません．そのようなときに，意思決定に関する仮説をたて，外部から観察できた様々な事象を矛盾なく説明できるかチェックするのです．

　ひとつだけの事例による仮説の検証方法は他にもあります．四番目の使い道になりますが，その事例によって，基本的原理を示そうとするものです．その事例が特殊なものではなく，大多数を代表するものだといえれば，その事例を詳しく観察し，結果が発生する仕組みを示すことで，観察していない大多数の事例についても同様の原理で動いているはずだと主張できます．財政力で抜きん出た東京都が新しい政策を始めても，ほとんどの自治体はその例に従おうとはしませんが，規模や財政力が平均的な自治体が実施すれば，自分たちの市や町でもうまくいく可能性が高いと考えて，類似の政策を検討するでしょう．これと同じ考え方です．

　逆に，特殊な事例を選ぶ使い方が五番目です．理論的に最も成り立ちがたい事例を選び，それが仮説のとおりの仕方で成り立つことを示すことで，仮説の正しさを主張することができます．最も成り立ちにくい事例でさえ仮説が当てはまるのだから，他の事例に当てはまるのは当然だといえるのです．前段の例でいえば，あの小さな町が実行できているのだから，自分たちの市でできないわけがないと考えるのがこの方法といえるでしょう．

事例研究のより広い使い方

　このほかにも事例研究は様々な形で用いられ，中でも重視されるのが，仮説をたてるために用いることです．事例研究から仮説を導く方法は，第2章で述べました．社会科学の方法論を説くテキストでも，事例研究の意義として，因

果関係に関する仮説や理論を作ることが強調されます．これが六番目です．

　第七に，事例研究は反証としても用いられます．**反証**とは，理論が当てはまらない事実を提出すること，またはその事実そのものをいいます．これも検証の一種ですが，特に理論に修正を迫ったり，新たな理論の必要性を訴えたりするために行います．例えば，2009 年のノーベル経済学賞を受賞したエリノア・オストロムは，コモンズの悲劇という「理論」に対して反証を挙げました．**コモンズの悲劇**とは，コモンズ（共有牧草地）という喩えを用いて，誰でもアクセスでき利用できる財・資源は，誰もが利用可能であるがゆえに，財・資源を維持管理する努力は人任せとなり，過度に利用され，回復不能なまでに収奪され破壊されてしまうということを示した理論です．水産資源や地下水・温泉などでは，この理論が予測する結果が現実のものとなっています．これに対して，オストロムは伝統的社会における灌漑などの例を挙げ，共同利用される資源であっても，利用者が利用を一定限度に抑え，維持管理に投資する，持続可能な仕組みを築き上げている例が豊富に存在することを示しました．そして，複数の事例を観察することで，コモンズ（コモン・プール財）を持続させていくことが可能になる条件を抽出したのです．

　第八に，事例研究・過程追跡は，変数が具体的にどのように関連するのかを突き止めるために使います．これを単独で用いることもあれば，検証の一部にも用います．比較や統計分析で X と Y の相関関係が強いことがわかったとして，X がどのように作用して Y が引き起こされるのか，本当に X と Y の間に因果関係があるといえるのか，事例を追跡することで確認するのが後者の使い方です．

　第 2 章で述べたように，X と Y の相関関係が確認されたからといって，X が原因となって Y を引き起こしているとまではいえません．因果関係が逆の場合も，擬似相関の場合もあるからです．第 2 章では，X が Y よりも先に起こっていることを想定するにとどめました．本当に想定どおりなのかを確かめるのも事例研究の役割です．上述のように，X がどのように Y を引き起こすかが突き止められれば，仮説はより強く支持されるといえるでしょう．

　第九に，第 2 章で紹介した方法ですが，理念型を設定し，そこから事例研究の結果がどれだけ逸脱しているかをみて，仮想的に原因を推論する使い方があ

ります．これは比較の一種といえますが，実際に観察している事例はひとつなので，ここに加えることができるでしょう．

事例研究の記述法

　事例研究は統計分析と違い，もっぱら文章による記述によって表現されます．もちろん，事例の記述の中に地域の人口や個人の年齢などの数値データを含むことはありますし，場合によっては，表やグラフ，記述統計などを含んで 1 個の「事例」を構成することもあります．しかし，中心を占めるのは文章による記述です．

　事例をどう記述するかは，正解がない，難しい問題です．事例の特徴を正確に描こうとすれば，情報がある限り，いくらでも長く記述できるからです．また，豊富な情報の中からどれを選択して記述するかは書き手に任されているからでもあります．前項・前々項で述べた利用目的にも左右されます．ここでは三つの論点を考えてみます．第一に，長さはどのくらいか．第二に，どのような情報を記述するか．第三に，情報をできるだけ選択せずそのまま伝えるべきか，仮説検証に要する情報に限るかです．これらの論点は相互に関係しますので，特に区分せずに説明します．

　実は多くの場合，記述の長さは，論文の字数制限によって自ずと決まります．この制約と，事例の数によって，個々の事例に割ける分量が決まってきます．本節で扱っている単一事例の場合は，かなりの分量が事例に費やせますが，ひとつの事例の中で因果関係が発現する過程を丁寧に記述するのですから，それなりの分量が必要となるはずです．複数事例を用いて比較を行うときは，事例の記述よりも比較分析に重点がありますから，事例記述に使える全体量が少ないはずです．それをさらに分割して個々の事例を記述しますから，要点を押さえた簡潔な記述が必要になるでしょう．このほか，事例を示すこと自体に目的がある場合には，記述が長くなってよいでしょうが，仮説検証や分析に主眼をおくなら，事例記述に割ける分量は少なくせざるをえません．

　ちなみに，ひとつの事例の詳細な追跡は，政策過程論的研究でしばしば用いられます．情報の整理・分析法は，草野厚『政策過程分析入門』第 2 版（東京大学出版会，2012 年）を参考にするとよいでしょう．

5　仮説が検証されるとは

　ここまで仮説を検証する方法を紹介しました．それでは，どのような結果が出れば仮説が検証されたといえるのでしょうか．例えば，「住民リーダーがいると，市民協働が盛んになる」という仮説を検証することを考えてみます．第2節で説明した差異法を用いて，図表4-1（p. 105）のような結果が得られたとしましょう．これは，住民リーダーの有無だけが市民協働の活発度を説明でき，他に市民協働に影響を与えると考えられていた首長の政治姿勢や人口規模は無関係だということを意味します．これは仮説が予測したとおりの結果ですから，仮説は検証されたといえます．ただし，検討しなかった未知の要因の作用がありえることは忘れないでおきましょう．

　もうひとつ，統計手法を用いた検証を考えましょう．「NPO（人口当たり）が多いほど，市民協働が盛んである」という仮説を検証するものとします．市民協働の度合いを何らかの指標で測定し，散布図を描いたところ，図表4-6（p. 115）のような結果が得られたとします．厳密な検証を行おうとして，人口規模や都市化の度合い，首長の政治姿勢，住民リーダーの有無や熱意といった他の独立変数を制御し条件を同じにするには，重回帰分析などの手法を用いる必要があります．しかし，図表4-6の散布図でも人口1万人当たりNPO数と市民協働指数に相関関係があることがわかります．したがって，仮説に沿った結果が得られたといえます．

　仮説が相関関係だけを述べていれば，これで仮説が検証できたと主張してよいでしょう．もし，NPOの多いことが市民協働を盛んにするという因果関係にまで仮説が踏み込んでいれば，前節で述べたような事例研究を行って，原因が先行することを確認し，原因が結果を引き起こすメカニズムまで明らかにしてはじめて，仮説が検証されたと結論できます．

　なお，統計的な検証を行うときは，前述した帰無仮説の考え方を用います．また，統計分析では慎重な表現が好まれますので，仮説が「支持された」と表します．これは，少なくとも反証が出てくるまでは，仮説が「検証された」という意味です．

　検証結果に基づき仮説が支持されたと結論するときには，検証作業に入る前に行った操作化の手続を思い出しましょう．操作化は第 2 章で説明しましたが，仮説を構成する概念を観察し測定できるようにする手続でした．検証作業の後に再び仮説に戻って議論するときは，（頭の中で）操作化の反対を行っていることを意識しておくと，仮説が適用される範囲についての考察などで，無用な混乱や飛躍が防げるはずです．

　わかりやすい例でいうと，都市化の度合いが低い地域ほど高齢化が進んでいるという仮説を検証するために図表 4-4（p. 111）の散布図を用いたとしましょう．このときやっていることを厳密にいえば，「都市化」という概念を操作化して，「都市的産業に従事する人口の割合が多い状態」に置き換え，その指標として第 1 次産業就業者比率を使っていることになります．これは都市化が進めば値が低くなる指標です（わかりにくい人は，第 2 次産業就業者比率と第 3 次産業就業者比率の合計に置き換えてください）．図表 4-4 では，この指標と高齢化率との相関が見出せたわけですが，あくまでも相関が確認されたのは，高齢化率と第 1 次産業就業者比率との間についてです．厳密には，第 1 次産業就業者比率が都市化の度合いを代表しているので，都市化と高齢化との間にも関係があると論理を進めて，仮説が成り立ったことになります．

　なお，都市化を表す指標としては，人口集中地区の人口の割合を使うこともありますし，これらに人口や事業所統計や様々なデータを加えた合成指標を使うこともあります．このことを踏まえて，第 1 次産業就業者比率では適切に都市化度を代表していないので，結論は正しくないと批判されることもありうるのです．

6　検証結果をどう扱うか：一般化と解釈

　仮説を検証したとして，その結果はどのように扱えばよいでしょうか．また，比較や統計分析によって検証された仮説は，どの範囲にまで当てはまるといえるのでしょうか．再び図表 4-6 による検証の例について考えてみると，散布図を描いたデータに含まれる自治体について「NPO 仮説」が成り立つということは問題ないとして，それでは検証に使った以外の自治体についても成り立つ

といってよいでしょうか．仮説の適用範囲はどこまで広げることができるで
しょうか．同様に，図表4-1の差異法によって検証された「住民リーダー仮説」
は，どの範囲の自治体にまで当てはまるといえるのでしょうか．

　このように，検証の結果得られた結論が，検証に使わなかった事例にも適用
できると推論することを**一般化**といいます．ここで一般化について考え，さら
に検証結果の扱い方についても説明します．

仮説が適用できる範囲

　実験のロジックは，ある種の植物，失業している若者など，調査対象になっ
た人や物に一般的に成り立つ法則を確認しようというものでした．ブロッコリ
ーを対象とした実験で肥料に効果があることが確認できれば，その肥料は別の
畑で栽培されているブロッコリーに用いられても効果をもつことが推測されま
す．もちろん，この実験結果は，当該肥料がカリフラワーにも効果をもつこと
は保証しませんし，ブロッコリーにも色々な種類がありますから，この肥料が
効かない種類のブロッコリーがあるかもしれません．また，実験で想定したの
とはかけ離れた条件で栽培したブロッコリーには効かないこともあるでしょう．
例えば，水や日光が十分に与えられなければ，いくら肥料を与えても植物は育
ちません．

　比較による検証についても，実験のロジックを応用したものですから，適切
に他の変数が制御された比較によって導かれた結論は，比較に用いた事例だけ
でなく，理屈上は同種の他の事例にも当てはまるはずです．しかし現実には，
条件を実験のように理想的に制御することは困難ですので，検証結果をどの範
囲まで適用できると主張するかは慎重に考慮する必要があります．例えば，A
町，B町，C市の事例では図表4-1のような結果が得られたが，さらに人口規
模の大きなD市，E市，F市を調べたところ，いずれも市民協働のレベルは
高いのに，住民リーダーはいたりいなかったりだったということはありがちで
す．この場合，大規模自治体の財政の余裕が住民リーダーの不在を補っている
のかもしれません．そうだとすると，住民リーダーの存在が協働に違いを生む
のは，規模が小さな自治体に限って成り立つことだというように適用範囲を限
定すべきでしょう．

　統計分析による検証結果の扱いについては，すでに第3節で説明しました．母集団からの標本抽出が適切になされていて，検証に用いた標本が母集団の特徴を反映していれば，標本で成り立つ仮説は，母集団にも当てはまると考えるのです．標本で仮説が成り立つ（帰無仮説が棄却される）のが偶然かどうかを判定する基準として有意水準があることも説明したところです．

仮説が検証されなかったら：検証結果の解釈と仮説の見直し

　リサーチにおいて，まったく期待したとおりに仮説が検証できることは少なく，仮説が部分的に支持されるだけだったり，別の仮説を支持する結果が混じったり，正反対の結果が出たりします．そのような場合，検証結果を解釈することが必要になります．検証結果の**解釈**とは，なぜそのような結果になったかを考察し，仮説が支持された部分と支持されなかった部分を統一的に説明できないかを考える作業です．このとき，必要があれば仮説を修正することもありますし，場合によっては文献リサーチの結果とも再度突き合わせながら，仮説を導出する際に援用した理論に遡って検討し直すこともありえます．

　検証段階において期待した結果が出ず，解釈によっても補うことができないときは，どうすればよいでしょうか．まずは検証方法が適切だったのか，データが適切に集められたのか，操作化が適切であったかなどをもう一度点検します．それらが問題ないとなれば，仮説をたてる段階に戻ってリサーチをやり直すか，そのままリサーチを終えることになります．いずれの場合でも，結果を記録に残すことは重要です．仮説が検証されなかったという事実も，適切な手続を経て確認されたものであれば，重要な貢献となります．本人も次に続く者も，そこを出発点として，違う仮説にチャレンジできるからです．

　学部生にとっては，適切な手順を踏んでリサーチをやり遂げる過程が重要です．そこに十分な労力を投入し，論理的に物事を探究する道筋を学ぶことができれば，仮に結果が期待に届かなくても，十分評価に値すると私は考えます．このことが評価者（指導教員など）に伝わる――言い換えれば，努力の跡がにじみ出る論文を書く――ためには，まとめの作業をきちんと行うことです（その方法は第5章で述べます）．実務家についても，自己研鑽のためにリサーチを実行するのであれば，同様の考え方をとってよいと思います．

　大学院生の場合は一般に，結果が出なかったリサーチを基に論文を書いて終わりというわけにはいきません．しかし，思うような検証結果が出ないからといって，落ち込むことはありません．もう一度，仮説導出段階に戻って考え直してみましょう．それこそが独創的な仮説の生成に至る道筋です．最初の仮説は私たちの常識や既存の理論に基づいているものなので，それが成り立たないというのは，既存の理論の見直しと，新たな理論の構築につながる機会だと前向きにとらえましょう．

検証結果とリサーチ・クエスチョン

　政策リサーチの最終目的はリサーチ・クエスチョンに答えることでした．ここまでの手続で仮説が検証されたとして，検証された仮説はリサーチ・クエスチョンの答えだと結論づけてよいでしょうか．これはリサーチ・クエスチョンのたて方にも，仮説のたて方にもよるものですが，概ね次のように考えればよいでしょう．

　リサーチ・クエスチョンが事例に即して具体的につくられ，仮説もその問いに直接的に答えていれば，検証された仮説がそのまま答えになります．これを結論としてよいでしょう．一方，おおもとのクエスチョン（タイプＡ）が抽象的・包括的な問いとなっていて，これをいくつかのタイプＢクエスチョンに分割したうえでリサーチを実行したような場合，検証されるのはタイプＢクエスチョンに対する答え（仮説群）ですから，それがそのまま最終的に知りたいクエスチョンの答えとはなりません．そこからさらに１ステップ昇るために，いくつかの仮説を統合し包括的なものとし，必要に応じて抽象度を高めて，タイプＡクエスチョンへの答えを導く作業が必要になるでしょう．わかりやすくいえば，タイプＡからタイプＢへと問いを分割し，事例に即して具体化したのですから，今度はその道順を逆にたどって，答え（仮説群）を統合し抽象化する必要があるわけです．

7　まとめ：どの方法を選ぶか

　以上，仮説の検証方法として，実験，比較，統計分析，ひとつの事例の追跡

（事例研究）という四つの方法を説明してきました．実際の政策リサーチにおいては，これらの方法をどのように選択すべきでしょうか．検証方法をどう選択するかについて説明して，本章のまとめとします．

どの方法を選ぶかについて決まりはありません．厳密な統計手法を使った多事例分析を行うべきだと主張する研究者がいる一方で，少数事例の比較やひとつの事例の追跡でも十分だと主張する研究者もいます．専門家の間では現在も論争が続いており，結局のところ正解はないのだと私は思います．もし可能なら，複数の方法を併用することが望ましいと考えます．パットナムの研究も，それをお手本にした私の研究（前掲）も，事例研究，比較，統計分析といった手法を組み合わせています．

使える方法は，様々な条件によって制約されます．例えば，テーマによっては，事例がひとつしかない，統計データが入手できないといった制約があります．また，どのようなリサーチ・クエスチョンをたてたのか，どのような仮説をたてたのかなどによって，適切な検証方法が定まってきます．その研究をやる人が何を得意とするか——Excel を使うのが得意とか，大学時代には社会学の勉強をしていてアンケート調査ができるとか——によっても使える方法は左右されるものです．逆に，何を習得したいかによって，使うべき方法を先に決めて，それに適したテーマを選ぶこともありえます．例えば，統計分析を学びたい人は，統計データが公開されている政策分野に関するリサーチ・クエスチョンをたてるとよいでしょう．要するに，各自の必要性に応じて手法を選べばよいのです．

それでも何かアドバイスが欲しいといわれるなら，私がお勧めしたいのは，リサーチ・クエスチョンを大切にするということです．自分が最も知りたいことは何なのかをしっかりもって，その答えを得るために最も適切な方法を選ぶのです．したがって，文献リサーチで信憑性のある答えが得られれば，それで十分ですし，統計を使って検証することがふさわしいクエスチョン——例えば，住民の行動に関するものなど——であれば，統計を使いこなせるよう努力することになります．

もうひとつ助言に加えるなら，政策立案に役立つだけの論理性を身につけたいという場合，少数事例の比較を行ってみるのが効果的だと思います．どのよ

うな独立変数に着目し，他の変数にはどのようなものがあって，それらを制御する——条件を同じにする——には，どの事例とどの事例を比較すべきか，予想される反論はどのようなものかと考えていくのは，論理的なマインドを養うよいトレーニングになるでしょう。

　実務家に限定したアドバイスとしては，すべてをマスターして使えるようにするというよりも，基本的な考え方を理解することを目標にすることを提案します。もちろん，実際にやってみることは重要です。説明を読んだだけでは理解できなくても，実際にやってみるとすぐわかることもあります。統計分析などは，パソコンを扱うのが好きな人なら，どんどんやってみてほしいと思いますが，苦手な人は考え方を知っておくだけでも十分です。皆さん自身がやらなくても，コンサルタントにアンケート調査などを委託する際，統計の見方をわかっているかどうかで，委託の成否に大きな違いが生まれます。同様に，比較によって結論を導く論理を理解していることは，日常業務の中で直面する問題を検討するための助けになるはずです。

第5章 │ リサーチ結果をまとめ，伝える

プレゼンテーションの技法

　仮説の検証が終わったら，直ちに解決策の立案（第6章）に進むか，いったんリサーチを終了し，因果関係に関する発見を中心にプレゼンテーションを行うかのいずれかとなります．どちらに進むにしても，ここで「リサーチ結果のまとめ」を行いましょう．

　まとめの作業では，ここまでの手順で生み出した材料を整理し，検証結果の解釈，想定した因果関係の確認や修正，リサーチ・クエスチョンに対応する形での結論の明示と意義づけなどを行います．これらの作業は，ここまでに頭の中で繰り返し行ってきたはずですが，「まとめ」として意識的に行うことが有益です．特に，論文執筆や発表を行わずに解決策の立案に進む場合，ここまでの結果をまとめ，考察を加えて，問題の因果関係を特定しておくことは，リサーチ結果を解決策に反映させるために必須です．

　多くの人にとって，論文を書き，または発表を準備する中で，リサーチ結果を整理し，自分がたてた論理を再確認しながら結論を導くのが普通のやり方でしょう．しかし，本章ではあえて，「結果のまとめ」を独立した作業として扱います．その理由の第一は，直ちに第6章の政策化のステップに進みたい読者にとって必要だからです．第二には，政策リサーチの手順に従っていれば，結論を導くための材料のほとんどが既に手元にあり，結果のまとめが余分な手間をかけずにできるからでもあります．第三に，結果をまとめ，手元にある材料を整理しておけば，それに基づいて論文を書き，発表スライドを準備することが容易になるからです．特に学部生の論文では，調べた結果が十分に活かされていないことが多いので，それを避けるためにも，執筆前に結果をきちんとまとめておくことを推奨します．

　本章ではまず，簡便なまとめの方法を紹介し，続いてプレゼンテーションの技法を説明します．**プレゼンテーション**には，口頭発表だけでなく，論文や報

告書の執筆を含みます．論文等の執筆も他者に成果を伝えることに違いはない
からです．

1　リサーチ結果のまとめ

　第1章から第4章までの手順を終えると，結果として雑多な材料が手元に残
ります．それらを思いつくまま挙げてみると，リサーチ・クエスチョンや仮説
を書き記したメモ，文献リサーチで集めた論文類のコピー，文献リスト，先行
研究からの抜書き，行政資料やデータ，インタビュー記録，因果関係を示した
ダイアグラム，比較の結果を記した表，統計分析結果のプリントアウトなどで
す．これらは記録として整理されていませんので，リサーチに慣れていない学
部生や実務家にとって，そのままの形で考察し結論を導くのは難しいものです．
そこで，まずは何らかの形で材料を整理するわけですが，このときお勧めする
のが論文に盛り込むべき項目に沿って整理する方法です．

　学術論文の標準的な記載項目は，次の①〜⑩に挙げたとおりです．括弧内に
示したのは，本書で説明した章番号です．各項目には，当面のまとめと論文執
筆に関して簡単な説明をつけておきました．

論文に盛り込む10項目

　①リサーチのタイトル（第1章）・興味を惹くようなイントロ　タイトルは研究
の内容と発見を的確に示すものであること．副題をつけてもよい．研究テーマ
を使ってもよいが，「○○町の市民協働について」のように面白みに欠ける傾
向がある．リサーチ・クエスチョンをアレンジして名づけてみるとうまくいく
ことがある．仮説や独立変数が売り物であれば，それらをタイトルの一部に用
いるのもよい．最後につけるのは難しくなるので，リサーチの最初からタイト
ルをつけておき，方向転換のたびに変更する．読者に読んでみたいと思わせる
イントロは，論文を書くときに必要になる．

　②リサーチ・クエスチョン（第1章）　ノートに一行だけ記されているだけか
もしれないし，ブレイクダウンされた，A・Bタイプのクエスチョンが書かれ
ているかもしれない．研究計画の形で残されているかもしれない．当面のまと

めには，いずれの形式でもかまわない．論文を書くときには，クエスチョンに
付随して，問題意識，その問いを探究する意義，問題の背景なども説明する．
こうした情報は，文献リサーチによって得られたはず．

　③先行研究の概要と問題点（第3章）　当座のまとめとしては，集めた文献，
それらを読んで抜粋したメモ類，問題の背景や法制度の情報，経過を年表にま
とめたものなど．つまり，文献リサーチの成果．先行研究の到達点と限界を検
討し文章にまとめていれば，それらも含む．論文では，文献リサーチの成果を
コンパクトにまとめて文献レビューとする．

　④仮説の提示と鍵概念の定義，操作化された変数（第2章）　仮説はリサーチ・
クエスチョンに対応してひとつかもしれないし，いくつかを組み合わせた仮説
群かもしれない．従属変数と独立変数の関係も明確にして，因果関係を図示し
たダイアグラムを作っていればそれも含む．頭の中で考えているだけでなく，
文章や図にしておくことが大切．論文では，仮説は先行研究の検討（項目③）
と一体で示されることもある．

　⑤分析方法と使用したデータ（第4章）　事例研究か，比較か，統計分析か．
どの方法を選んだのかとその理由．事例研究なら事例の概要，事例選択の理由．
聞き取り調査を行ったときは，相手および実施時期等の情報．統計分析なら使
用したデータの出典や統計表名，アンケート調査なら質問文と調査票回収方式，
実施時期，回収率など．

　⑥分析の内容と結果（第4章）　比較の結果を示した表，事例の経過を示した
年表や図，統計分析の結果を示したグラフや表など．当座のまとめとしては，
これらのプリントアウトやメモでよいが，論文には図表を載せるとともに文章
での説明が必要となる．

　⑦討論（第4章）　分析結果の解釈や説明，仮説が検証されたかどうかの判定，
結果がどこまで一般化できるかの推論など．予想される批判とそれに対する反
論など，結果のまとめが終わってはじめてできる考察が残っているが，実際に
は仮説導出，因果関係の検討，検証などの最中において繰り返し考察している
はずであり，材料はまとめの時点で十分に揃っているはず．

　⑧発見の含意と政策提言（第6章）　含意（インプリケーション）とは，発見
にどのような社会的意義があるか，どのような学術的貢献ができたか，今後の

研究の発展にどのように役立つかなど．政策提言は，あくまでも研究成果を踏まえたものであるべきで，研究内容と無関係な思いつきを並べてはならない．どのようにリサーチ結果を政策提言に結びつけるかは，第6章で説明する．

⑨**インパクトのあるまとめの言葉（必要に応じて今後の課題）**　当座のまとめには不要だが，論文を書くときに必要となる．

⑩**参考資料（第3章）**　当座のまとめとしては，文献リスト，インタビュー記録（録音やメモから聞き取り内容を再現したもの）など．論文の**参考文献**リストには，文献リサーチの際の文献リストが転用できる．**引用文献**リストとするなら，本文中で引用した文献だけに絞る．

どうまとめるか

　学術論文は研究の最終成果物の代表ですから，それに盛り込むべき項目を網羅すれば，リサーチ結果の当座のまとめとしては十分でしょう．しかも，10項目のリストを一見すれば，ほとんどが第4章までの作業で生み出された情報・材料でまかなえることがわかるはずです．新たに加えるべきは，⑦討論の一部ですが，これは材料すべてを見渡して考察した結果生まれるものですから，残されていて当然です．

　まとめとして材料をどう整理するかは，自分が好む方法をとればよいでしょう．ノートに箇条書きしてもよいし，ワープロソフトのアウトラインモード（後述）やプレゼンテーションソフトのスライドに書き付けて，直ちに論文・スライド作成に移れるようにしてもよいでしょう．私自身は，研究の性質上，インタビュー記録や統計分析のプリントアウトが多いので，書きなぐったメモや取材で集めた資料と一緒にして，それらを大まかな項目別に個別フォルダーに振り分け，ファイルボックスに放り込んでいます．あまり自慢できた整理法とはいえませんが，ファイルボックス数箱とリサーチの流れを記したメモが「まとめ」ということになります．

　以上のように，リサーチで生み出した材料の全体を見渡せるようにしておいて，項目⑦（討論）を完成させます．この作業の中心となるのは，仮説が検証されたかどうかを判定し，リサーチ・クエスチョンの答えとなる結論を導くことです．「なぜ……なのか」というクエスチョンに呼応するのは，「……だから

だ」という，原因の特定です．しかし，実際のリサーチでは，唯一の原因が特定されるというより，ダイアグラムに書き起こさなければわからないような複雑な因果関係の一部がようやく特定できた（らしい）といった結論になるのが普通です．したがって，結果をどう解釈するかが大切になります．具体的には，検証結果はどの程度確からしいか，どの範囲にまで適用できるか，先行研究との関係でどう理解されるべきか，仮説が部分的に支持されたのだとしたらどのように解釈すべきかなどについて考察します（これらについては，第4章で詳しく説明しました）．さらに，仮説を導いた論理は破綻していないかを再確認し，自分の議論が批判に耐えられるものであるかについても検討します．

　前述したとおり，項目⑦を完成させる作業は，論文執筆や発表の準備の中で行うことができます．プレゼンテーション（本章第2節以下）に進む人は，そのようにしてもかまいません．他方，検証結果の政策化を急ぐ人は，まとめと討論を行って，因果関係を特定してから第6章に進んでください．なお，まとめの作業は，リサーチがひととおり終わるのを待つ必要はありません．もっと早い段階で中間まとめを行い，それを随時修正していく方法をとれば，一層望ましいと考えます．

2　論文・報告書の執筆

　リサーチ結果をまとめたら，それを文章に書き起こしましょう．ここまで文献リサーチや仮説検証を行ってきたとはいえ，結論に至るまで——すなわちリサーチ・クエスチョンの答えが出るところまで——論理を組み立てていくのは簡単ではありません．これを頭の中だけで行っていたのでは，ところどころに飛躍や綻びが生まれます．文章に書き起こし，何度も読み直すことで，そうした論理の破綻に気づくことができます．論文を書いてみてはじめて，重要な変数が欠けているとか，仮説が支持されたと主張するには証拠がひとつ足りないとか，甚だしいときには，仮説を導いた前提が疑わしいといった問題点に気づくのも珍しいことではありません．だからこそ，リサーチの結論を得るためには，卒論が必修でなくても，公表の義務づけがなくても，論文を執筆することが望ましいのです．

　なお，上述のような問題に気づいたら，可能な限り前の手順に戻って補充調査を行い，それが無理なら，自分のリサーチの限界を明示し，そこから導かれる結論の適用範囲を限定しておきます。

　論文に盛り込むべき標準的な項目は第1節で紹介しました。この10項目で，学術論文を書くときに盛り込むべき内容をほぼ網羅しています。これらがきちんと書き込まれていれば，学会誌に投稿しても，門前払いはされないでしょう。

　学部生の政策レポートや卒業論文であれば，10項目すべてを揃える必要はありません。自分なりの発見があれば，先行研究の検討（項目③）を欠いていてもよいでしょう。逆に，独自のデータによる分析（項目⑤や項目⑥）なしに文献リサーチから結論を導くだけでも，論文として成立するかもしれません。この点は指導教員の評価基準によります。本格的な学術論文であっても，力点のおき場所によって，10項目のいくつかは略すことも，逆に別の情報を加えることもあります。

　ここで特に注意しておきたいことは，10項目を並べたからといって，それで論文になるわけではないことです。これらが有機的に結びついて，ひとつの一貫した主張となり，それが読者に正確に伝わることが大切です。学生の論文を読んでいていつも感じることは，材料はあるのに，しっかり論じられていないことです。材料をただ並べている印象が強いといったらよいでしょうか。一貫した論理的な文章を書くためには頭をしっかり働かせることですが，そのための技法のようなものもあります。以下には論文執筆のコツを述べましょう。

文章の書き方：読者の予測を裏切らない

　論文執筆で大切なことは，論旨一貫した文章を書き，研究結果と自分の主張を読者に正確に伝えることです。そのためにはどうしたらよいでしょうか。何度も読み直して，論理の流れに一貫性があるか，飛躍がないかをチェックすることが第一です。学生の中には，締切りに追われて論文を一度も読み返さない人がかなりいると感じますが，余裕をもったスケジュールをたてて，自分では「完成したつもり」の原稿を何度も読み返し，修正しましょう。

　これに加えて第二に，ひとりよがりにならないことです。論文執筆も読者とのコミュニケーションであり，自分のリサーチ結果を文書でプレゼンテーショ

ンすることなのです．読者と意思疎通するためには，読者の予測を裏切らない
よう心がけることが大切だと私は考えます．読者の予測は，書き手と読み手が
共有する了解事項に基づくか，常識的な判断に基づいてたてられます．順に説
明しましょう．

　まず，書き手と読み手の了解事項についてですが，前述の学術論文に盛り込
むべき 10 項目に沿って書くことは，その一例です．読み手は，論文の中で仮
説が登場すれば，次は検証の方法，検証結果，解釈・討論と続くだろうと予想
して読み進みます（冒頭で別の構成が予告されれば，それに従います）．予測
や予告のとおりに書かれていれば気持ちよく読み進めますが，例えば検証に入
る前に検証方法の説明がなければ，おやっと思い前後をうろうろと探し回るか
もしれません．したがって，皆さんが論文を書くときは，前述の項目のような
共通理解に従って書くか，論文の書き出しで構成を明示し，それに沿って書く
のがよいのです．

　次に，常識的な判断に基づく予測とは，より一般的な文章の書き方に関わる
ことです．最初に問いかけがあれば，近くに答えが示されることを読者は期待
しますし，初めに結論が示されれば，次に理由がくるだろうと予測します．抽
象的な話から始まれば，次に具体的な説明や例が示されることを期待するで
しょう．また，問題の経緯を説明するときは，時代が古い事柄から始めて新しい
事柄へ向けて順に記述するのが普通です．こうした予測に応えるように書いて
いくのが，読者に主張を円滑に伝えるコツといえます．

　一般的な文章作法に従うのはどうでしょうか．日本語には古くから，起承転
結という作法があります．書き出し（起）を受けて（承），おやっと思わせ
（転），話をまとめる（結）という書き方です．残念ながらこの作法は，多くの
人に共有されているとはいえず，予測を助けることには役立ちません．そもそ
も「転」で予測不能にさせるというテクニックを用いるため，読み手を惹きつ
け感心させるためには有効でも，正確な伝達を旨とする論文には不向きだと思
います．

英語の文章作法を参考に

　文章作法で参考にするとすれば，英語の作文技法（パラグラフ・ライティン

グ）です．これは直線的な思考法に沿って，常識を裏切らない書き方をするので，面白みはありませんが，論文執筆に適しているといえます．厳密に調べたわけではありませんが，日本語の論文でもこの書き方に則っているものが多いと感じます．これは学術論文が英語で発表されることが多いため，英文の書き方が標準になっているからかもしれません．

英文の作文技法は，いくつかの文を組み合わせて**段落（パラグラフ）**を作り，その段落を基本単位として組み上げて，論文（または章）を構成していくという考え方をとります．まず，基本単位となる段落の構成を説明しましょう．

段落は，**トピック・センテンス**を中心に組み立てます．トピック・センテンスとは，その段落で最も伝えたい内容（トピック）とそれを論ずる範囲や視点（controlling idea）を表す文です．何をどのように論ずるかを示す文と言い換えてもよいでしょう．トピック・センテンスが段落のどの部分にあるべきかの決まりはありませんが，冒頭にくるか，第一文がつなぎの文のときは第二文あたりにくるのが普通です．それ以降の文は，トピックを支持・展開する文（**サポート・センテンス**）となり，トピックの説明，例示，トピックを補強する材料の提示などの役割を果たします．トピック・センテンスで結論的な内容が示されれば，サポートとして理由を示しますし，抽象的なトピックなら，サポート・センテンスでは具体的な説明や例示を行います．このような書き方は，前項で述べた常識的な予測にかなっているといえるのです．段落の最後には，まとめとしてトピックが表現を変えて繰り返されることもあります．

次に論文の構成です．長い論文や本の章（または節）も段落の書き方に準じます．段落は文を単位として組み立てましたが，論文や章を書くときは，図表5-1に示したように，段落（図中の箱）を組み立てていきます．最初に導入（イントロ）の段落があり，通常はその最後尾に自分の最も重要な主張を述べる文（**主題文**＝thesis statement）をおきます．それ以降の段落は，主題文を根拠づける役割を果たします．各段落は前述のとおりトピック・センテンス，サポート・センテンス，まとめの文という構成で作られます．これらの段落を全体として**本論**（body）と呼び，段落の中のサポート・センテンスと同様，主題の説明や例示，分析，証拠の提示などを段落単位で行います．最後に結論の段落で内容を要約し，自分の主張を別の表現で繰り返してまとめとなります．

論文題目（タイトル）

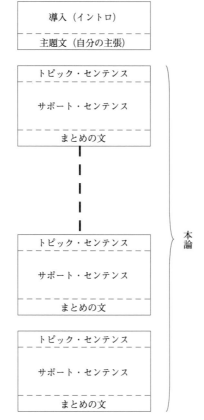

図表 5-1 英語の論文構成のイメージ
出所：Boardman, Cynthia A., and Jia
Frydenberg. 2008. *Writing to Communicate
2: Paragraphs and Essays*, 3rd ed. White
Plains, N.Y.: Pearson/Longman, p. 53 の図
を簡略化

　このような文章作法を実践した文章では，各段落のトピック・センテンスを
拾ってつなげるだけで，全体の論理構成を把握できることになります．章の構
成は作法どおりに作られていない場合も多く，主題文を見つけることが難しい
ときもありますが，よい文章では冒頭に何を述べるのかを示しておいたり，ど

こかで内容を要約した段落を置いたりしてくれているものです．それらをつなげれば，論文全体，本全体の要旨をつかむことができます．

　皆さんが論文を書くときは，以上の作法を厳密に守る必要はありませんが，トピック・センテンスの考え方を意識しておくとよいでしょう．各段落のトピック・センテンスがどれかを意識して書いていれば，文章全体の構成を考えるとき，トピック・センテンスをつなぎ合わせてみて，一貫した論理が成り立っているか確認することができるのです．トピック・センテンスではなく，各段落に小見出しをつけてみてもよいでしょう．ワープロソフトの**アウトラインモード**を使えば，簡単に小見出しをつなぎ合わせる作業を実行できます．

　段落の組み立て方については，第1節で示した論文の10項目に従って書く限り，意識する必要はありません．そもそも10項目自体が英語の作文技法に近い構成になっているともいえます．すなわち，リサーチ・クエスチョンという主題を示し（仮説も主題に含まれるかもしれません），その後に検証結果を示して根拠づけ，反論も想定しながら自分の主張を補強するなどのサポート部分を経て，結論に至るという構成になっているのです．

　博士論文のような，もっと長い論文を書く場合，章だてが必要になります．このとき，章の候補としては，ブレイクダウンされたリサーチ・クエスチョンがあります．つまり，第1章で紹介したダールの研究のように，リサーチ・クエスチョンをひとつひとつ解き明かしていく形式をとるのです．パットナムのように，従属変数に1章，独立変数の測定と由来にそれぞれ1章，両者の関連に1章といった構成をとることもありえます．これらもリサーチの流れに沿っていて，読者が理解しやすい書き方だといえます．

　繰り返しますが，重要なことは伝えたい内容が読者に正しく伝わることです．上述した作法は参考程度にとどめればよいことなので，まずは何度も読み直し，伝えたいことが正確に書かれているか，論理に飛躍がないか，常に確認するよう習慣づけてください．

つながりに気をつける

　文の構成と並んで重要なのが文と文，段落と段落のつながりです．論理が正しく展開されていることが重要なのはもちろんですが，その論理を読者に誤解

のないように伝えるためには，接続詞やつなぎの言葉を適切に使わなければなりません．接続詞やつなぎの言葉とは，前の文の理由を示すなら「なぜなら」，原因に対する結果を示すなら「その結果」，前の内容を要約するなら「要するに」とか「以上をまとめると」といった具合です．これらをどれだけ使うかは，好みの問題や文体の問題ですが，私はできるだけ使って論理のつながりを読者に明示するのが親切だと考えています．これらの言葉は，読者が論理の展開を予測しやすくする役割も果たすからです．

文や段落を短くするのも重要です．ひとつの文がだらだらと長くなると，論理がどうつながっているのかわからなくなります．短くすれば，文と文の間のつながりを示さなければならないので，つなぎの言葉を使うことになり，その分，論理展開が読者にわかりやすくなるはずです．

主語を明示し，受身形をできるだけ避けることも，研究結果と自分の主張を読者に正確に伝えるために大切です．行為者が誰かは，リサーチでは多くの場合，最も重要な情報です．もともと日本語は主語がなくても文が成立する言語ですから，常に気をつけていないと，必要な情報を欠いた文章になってしまいます．文としては成り立っているので，すんなり読めてしまうのに，気をつけて読んでみると意味が通じない，論理が飛躍しているということがあります．主語は何か，誰がこれを決断したのかと問い詰めていくと，学生が調査を手抜きしたことを白状するといったことは珍しくありません．言い換えれば，しっかり調査してはじめて，主語が明示された文章が書けるということです．

わかりやすく具体的に書く

ここまで，段落や文の構成，文と文のつながりについて述べましたが，読者に自分の意図を正しく伝えるためには，わかりやすい言葉遣いも大切です．できるだけ平易な言葉を選んで文章を書くよう心がけましょう．難しい言葉を連ねて勉強の成果を誇っても，自分の意図するところが読者に伝わらなければ意味がありません．観察した事実やそれを説明する概念，それらの関連を正確に記述するためには，専門用語を使うことは避けられません．しかし，そのために論文が難解になることは，ないはずなのです．

論文や本を読んでわからない場合は，二つの可能性があると私は思っていま

す．ひとつは，使われている用語や背景に関する知識が読む側に乏しくて理解できない場合です．これはある程度は仕方ありません．勉強が進むうちにわかるようになってきます．ただし，一般の読者も読むことが想定されていれば，難しい専門用語を文中で説明するなど，わかりやすく書くことはできるはずです．もうひとつは，文章の書き方が悪くて理解できない場合です．学術論文の中にも，これに分類できるものがかなりあります．例えば，大学院生や大学院を終えたばかりの教員が師匠に命じられて教科書の一章を担当するような場合です．勉強したての，自分自身もよく理解できていない内容を書こうとすると，非常にわかりにくい文章になることがあるのです．

　専門用語を連ねると，書いている方はなんとなくわかったような気になるものです．また，読む方は難解な用語が使われているので，自分の知識が足りなくてわからないのだと納得してしまいます．皆さんが論文を書くときも，同様の罠に陥る可能性が大いにあります．言葉の難しさに目がくらんで論理のつながりの確認がおろそかになるのです．この点，平易な言葉で書かれていれば，論理が無理なく積み重ねられているかは容易に追うことができます．書く内容を書き手が理解していなければ，平易に書くことはできないのであり，難しく書くより，やさしく書く方が困難だということを頭において執筆してください．

　わかりやすく書くためには，言葉遣いだけでなく，具体的に書くことも大切です．抽象的な言葉だけで書こうとすると，どうしても文章が難解になります．抽象的な概念を使ったら，必ず具体例を挙げて説明しましょう．これは書き手自身のためにもなることです．論文の中で抽象的な概念を扱うとき，常に具体的な問題に引き付けて考えていれば，論理が正しく展開していることを確認できるからです．ただし，私はこの点はあまり心配していません．政策リサーチの実践者は，もともと具体的な問題に取り組んでいますから，抽象的な議論ばかりにはならないはずです．

引用の作法

　論文や口頭発表においては，必ず引用元や出典を明示しなければなりません．引用の方法は学問分野によって異なりますが，大きく二つに分かれます．ひとつは，注をつけて，その中に文献の著者名などの情報（詳細は第 3 章）を示す

方法です．法学や行政学系の学会誌，実務家が比較的手に取る書籍や雑誌（例えば『ジュリスト』や『都市問題』など）は，この方法をとるものが多いと思います．もうひとつは，本文中の引用箇所に（伊藤 2006）のように著者名と出版年を示し，論文末や巻末に引用文献一覧を挙げる方法です．引用文献一覧は，伊藤修一郎 2006『自治体発の政策革新：景観条例から景観法へ』木鐸社，といった形式のリストになります．引用元の文章をそのまま書き抜いたときには，該当部分をカギ括弧で特定し，（伊藤 2006：18）のように本文中の丸括弧内にページ数を示します（前述の注による方式では，注の中に該当ページを示します）．

　引用の具体例は，専門書や学会誌を参考にしてください．なお，新書や教科書——本書もそうです——のような読みやすさを重視する著作の場合は，本文中で引用箇所を特定せずに，最後に参考文献として一括して掲げる方法を用いますが，研究論文ではそのような方法は避けるべきです．

　引用をおろそかにすると，アイディアの盗用という誹りを免れません．学術研究は独創性を競い合うものです．他方で，先行研究の成果を踏まえなければ，知識の蓄積はありえません．いつまでも同じところを堂々巡りすることになってしまいます．そこで，自らが依拠した研究を明示し，どこまでが先人によってなされた研究成果であり，どこからが自分の独自の研究であるかを線引きするのです．つまり，引用を明記することは，自分のオリジナルのアイディアがどの部分かをはっきりさせることでもあるのです．一部でも盗用が疑われると，研究のすべてが盗用だと思われても仕方ありません．

　第 3 章で述べたように，インターネット上の文章の引用も同様です．大学生や大学院生の中にも，出典を示さず引用しながら，悪いことをしているという自覚がない者が見受けられます．これは**コピー＆ペースト**があまりに安易にできるためだと思われますが，自覚がない分，紙媒体からの盗用以上に問題といえます．

　これは実務家にとっても他人事ではありません．例えば，自治体では昔から報告書を新聞や国の白書からの切貼りコピーで作ってきたため，図表などの出典の記載がずさんです．国の審議会の報告書と同じ図を，出典も示さずに総合計画に載せていることも珍しくありません．研究者の論文などからこれをやれ

ば，大きな問題になりかねません．本書の読者は，このようなことをしないでください．

3 口頭発表の方法：準備のための一般的な心構え

論文を執筆したら，次は口頭発表です．口頭発表では，通常，持ち時間が短く設定されますので，豊富な内容を制約の中で伝え切る方法が求められます．本節では，発表の様々な形式を紹介した後，発表をどのような心構えで準備すべきか説明します．

なお，論文執筆の後に発表という順序を本章が想定するのは，これが学部や大学院でよく行われる流れだからです．しかし，逆の順序をとる場合もあります．研究者は学会や研究会で発表して，同業者の批判を仰いだうえで論文執筆にとりかかります（それをまた発表して，内容を練り上げていきます）．また，実務家の政策形成研修などでは，論文執筆なしに，発表だけを行うこともあるでしょう．発表が先にくる場合は，第1節で説明した結果のまとめをしっかりやるようにしてください．

発表の形式

口頭でのプレゼンテーションは，(1)論文・原稿の朗読，(2)配布資料による説明，(3)プレゼンテーションソフトのスライドによる発表が主なものです．順に説明します．

第一の論文・原稿を朗読する方法は，非常にフォーマルな学会発表などで行われます．この形式の長所は，内容が正確に伝わることです．他方，聞く方は退屈しがちです．棒読みになるからでしょうか，後で読めばわかると思うからでしょうか．もちろん，時間制限がありますし，論文一本を丸々読むことはありません．論文にマーカーを付けておいて，メリハリをつけながら読んでいきます．聴衆の方は論文を見ながら聞きますが，そのうちどこだかわからなくなってくることもあります．

第二の配布資料による説明が最も多く使われる形式です．配布資料としては，概要やキーワードなどを箇条書きにした1，2ページの **レジュメ** が用いられま

す．レジュメの書き方はゼミなどで教わるでしょうから，ここでは説明しません．役所の会議などでは，表や図の形式で情報を整理した資料が多用されます．この発表形式も比較的正確性が高く，長所としては聞き手の手元に資料が残ることがあります．短所としては，聴衆が下を向いてしまって，話し手に注目してくれないことが挙げられます．また，うつむいた姿勢のままで長い説明を聞かされている側は，どうしても眠くなってしまいます．

　第三がスライドを用いた方法です．かつては透明のシートに図や文字を印刷してOHP（オーバーヘッド・プロジェクター）で投射する方法が用いられていました．透明シートのOHPには，説明しながらサインペンで書き込めるという利点がありました．プロジェクターに教材提示装置が付属していれば，紙の資料を用いて同様の効果が得られます．

　最近のプレゼンでは，プロジェクターにパソコンをつないで，マイクロソフト社のPowerPoint（パワーポイント）というソフトウェアで作成したスライドを投射する方法が使われます．この形式の長所としては，聴衆に顔を上げて聞いてもらえることがあります．レジュメの短所を補えるわけです．これによって，聴衆とアイコンタクトをしたり，問いかけをしたり，身振りで強調したりといった，メリハリのある発表がしやすくなります．また，IT時代にふさわしい，見栄えのあるスライドが作れます．紙代やコピー代を気にせずに，図やグラフによって大量の情報を伝えることができるのも長所です．

　短所としては，資料を配布しない限り，どんどんスライドが流れていきますので，聞き手がついてこられないとか，ノートがとれないといったことが挙げられます．競争が激しい学会などでは，自分の発表の細かいところを相手に知られないために，あえてスライドだけで発表することもあるそうですが，聞き手の方もそれに対抗して，デジカメを持ち込んでスライドを撮るのだという話を聞いたことがあります．

　私たちのリサーチでは，そんな秘密はないので，PowerPointを利用しつつ，資料も配るのがよいでしょう．配布資料は，PowerPointの印刷メニューで「配布資料」を選んで，1ページに4枚または6枚のスライドを印刷したもので十分ですが，スライドとは別のレジュメを作るべきだと主張する人もいます．また，細かい表やグラフは，スライドに収めたのでは小さすぎて読めませんか

ら，別途印刷した方がよいでしょう．

　スライドを使った口頭発表については，第4節で詳しく説明します．その前に口頭発表全般に適用できる発表準備のポイントを説明します．

発表準備のポイント

　プレゼンテーションの教科書やマニュアルでは，情報収集と内容の作成に多くのページが割かれています．しかし，私たちは，第4章までで十分すぎるくらいの内容を作ってきたわけですから，むしろ必要となるのは，論点の絞込みと構成です．

　論点を絞り込まないといけないのは，前述したように，口頭発表には時間制限があるからです．卒業論文などは，一般に字数制限が緩く，比較的自由に執筆することができます．学術誌への投稿論文などには字数制限がありますが，リサーチ結果を表現するには十分な分量が与えられます．これに対して，口頭発表の時間は短めに設定されます．例えば，学会発表の多くは20分から30分程度です．制限時間が近づくとベルが鳴らされたり，司会者からメモが届いたりして，厳しく進行管理が行われます．卒業論文の発表会などでは，人数も多いので10分発表，5分質疑といったフォーマットが使われます．したがって，内容を絞り込み，構成を練って，短い発表時間の中に伝えたい内容を収める作業が必要になるのです．

　それでは，プレゼンテーションはどのように準備すればよいでしょうか．自分がうまく説明できて，聞き手に正確に伝われば，どのようなやり方でもかまいませんが，そのために役立つ四つのポイントを挙げておきます．

　聴衆は誰か　第一に，プレゼンテーションの準備をするにあたっては，聴衆が誰かを把握することが重要です．通常，学生にとって聴衆は，教員と同僚の学生です．実務家にとって最も多く想定される聞き手は，行政職員や審議会のメンバーでしょう．このような聞き手に対しては，ある程度の知識や言葉を共有しているという前提で話をすることができます．それでも，専門用語やリサーチの中で自分たちが定義した概念については，あらかじめ丁寧に説明しておくことが，発表内容を理解してもらう鍵です．そうしないと，質疑がかみ合わず，がっかりすることもありえます．

　実務家がプレゼンを行う機会としては，住民相手の説明会，一般の聴衆を前にした講演会，高校や大学への出前講座なども考えられます．こうした聴衆には，基礎的な用語から丁寧に説明する必要があります．行政の現場では当然と思っている技術用語や法律用語には特に注意するべきです．できるだけ日常の言葉に置き換えるよう配慮が必要です．役所の「文法」や論理も，一般常識に「翻訳」しておきましょう．そうしないと，一生懸命話をしても伝わらないことがありえます．聞き手に応じて，発表の内容，構成，話し方や進行など，柔軟に変える心構えが必要なのです．

　目的を明確に　第二に，発表の目的を明確にすることです．タイトルは大切です．発表全体を表すようなよいタイトルを選んでください．そして，リサーチ・クエスチョンをうまく使いましょう．自分たちのリサーチ・クエスチョンが何かをはっきりと示せば，発表の目的が明確になります．例えば，「なぜわが町では市民協働がうまくいかないのか探究しました」とか，「どうやったら市民協働が盛んになるかを研究しました」と冒頭で述べるのです．

　リサーチ・クエスチョンが明示されると，聴衆はそのクエスチョンを念頭に話を聞くようになり，それに対する答えが出ているのかに注目しますので，どこかの時点で明快に答えが示されるような構成が必要になります．

　要点は前へ　通常，プレゼンテーションに与えられる時間は限られています．そこで第三のポイントですが，発表の要点や最も伝えたい内容は，早めに示すことが肝要です．最も伝えたい内容とは，リサーチで明らかにしたこと，すなわちリサーチ・クエスチョンの答えです．「なぜ」の疑問を探究したなら，問題の原因やメカニズム，そしてその根拠となる事実でしょう．「どうすればよいか」と問うリサーチならば，提言の内容が最も重要でしょう．リサーチによって，何を最も伝えたいかは自ずと明らかなはずです．

　学生の卒論発表会などでは，時間配分の失敗をよく見かけます．文献リサーチの結果，すなわち，あの論文ではこう書かれていた，この本ではこう述べられていたという話を延々と続けた挙句に，「あと3分です」といわれて，ようやく自分の研究の話に入り，最後は駆け足で結論だけをいうような発表が珍しくありません．大切なことは，自分たちのリサーチで解明した独自の発見なのであり，それを説得力をもって伝えるために，その証拠となるものを過不足な

く盛り込むことなのです．

話す分量は控えめに　用意する分量は，やや控えめにするのがよいでしょう．本番になると緊張して早口になる人もいるのですが，練習よりも時間がかかることが多いですし，スライドショーの準備などで時間をロスすることもあります．このため，分量は少し控えめにしておいた方がよいのです．逆に早口になりがちな人は，時間が余ったときのために，予備のスライドを用意しておいて，説明を付け足すことも考えてみるとよいでしょう．

4　PowerPointを用いたプレゼン：スライドの作り方

それでは次に，前述の三つの発表形式のうち，PowerPointのスライドを用いた口頭発表の方法について説明しましょう．この形式で発表を準備するには，スライドをどう作るかが大切になります．

PowerPointでは，リボンの「デザイン」タブでスライドの色（テーマ）やサイズを選べます．カラフルなデザインが用意されているので上手に利用しましょう．スライドのレイアウトをどうするか，内容をどう表現するかは，皆さんの個性によりますから，こうでなければならないという決まりはありません．私自身は，冒頭にタイトルと発表者名を記載するスライド（タイトルスライド）を使い，2枚目以降はスライドタイトルの下にテキストが箇条書きで表示されるスライドで統一しています．表やグラフを挿入するときだけ，タイトルのみのスライドか，白紙のスライドを使います．スライドには，テキストと一緒に矢印や図形を書き込むことも可能です．リボンの挿入タブやスライドのテキスト入力箇所に図表やグラフのメニューやアイコンがありますので，これを使います．

スライドの枚数・盛り込む情報は少なめに

前節で発表のために用意する分量は少なめにすることを勧めました．そのためには，1枚のスライドに盛り込む情報を少なめにすることです．たくさん盛り込むと，全部は説明できない事態が生じます．聞いている方は，説明されない語句や図表，説明されないスライドほど気になります．時間配分の失敗だと

受け取られるおそれもあります．それで後から説明しなかったスライドについ
ての質問が出たりするのですが，できるだけそういう事態は避けた方がよいで
しょう．スライドに書いた内容には少しでも触れるとすると，時間制限の中で
盛り込める情報は自ずと限られてきます．

　スライドの枚数も少なめにした方がよいでしょう．1枚のスライドを説明す
るのは，思ったよりも時間がかかります．プレゼン・マニュアルなどでは，1
枚1分などと書かれていることもありますが，20分の発表で20枚のスライド
は少し多すぎるというのが私の感覚です．しかしこれは，スライド1枚にどれ
だけの情報量を盛り込むかによりますので，一概にはいえません．最初のうち
はとにかく少なめにするのがよいでしょう．なお，1時間を超える講演などの
場合，早口になることもありますから，早く終わったときの時間調整のための
予備のスライドがあると安心です．予備スライドは，質疑応答でも使えます．

内容の絞込み

　前述したように，口頭発表には制限時間が定められます．他方で，政策リサ
ーチをやり遂げていれば，話したい事柄は豊富にあるはずです．したがって，
話す内容は相当に絞り込む必要があります．リサーチ結果のうちのどの部分を
捨て，どの部分を中心に発表したらよいでしょうか．

　まず，リサーチ・クエスチョンは必須です．クエスチョンの形式でなく，研
究テーマとか，問題関心とかでもよいのですが，リサーチで何を明らかにしよ
うとしたのかを端的に示すには，リサーチ・クエスチョンを使うのがよいでし
ょう．同じく必須なのは，自分が何を明らかにしたのか，すなわちリサーチ・
クエスチョンの答えです．さらに，その答えの根拠を示す必要もあります．根
拠を示すには，仮説を提示して，検証方法と検証結果を見せる方法もあれば，
検証結果だけを示す方法もあるでしょう．その後に，自分の発見の意義や含意
を説明します．

　以上の内容が発表の核になります．あとは持ち時間の許す限りで肉づけをし
ます．リサーチ・クエスチョンの後に，問題の背景を述べるもよし，先行研究
を紹介し批判するのもよいでしょう．先行研究を紹介したら，自分の発見の意
義を述べる際に，関連づけるようにすると説得力が増します．また，意義や含

意を論ずる際に，批判を予想し，反論を用意しておくのもよいでしょう（慣れてくれば，予想するだけにして，質問がくるのを楽しみに待つこともできます）．第6章（政策化の段階）に進んでから発表を行う人は，政策提言を加えたいと考えるはずです．このとき提言は，リサーチの結論・発見から必然的に導かれる内容とすべきでしょう．

　実際に内容の絞込みを行うときは，リサーチで発見したのは何であったか，聴衆に最も伝えたい事柄は何かをよく考えてください．その結果をスライドの構成に反映させます．何より政策提言を伝えたいなら，問題の状況を示してすぐ政策提言に入り，十分に時間をかけて説明する構成も考えられます．提言に説得力をもたせるためには根拠を示す必要がありますが，それは後から時間が許す範囲で行うこととし，まずは提言の迫力で聞かせるというやり方もあってよいと思います．要は自分が何を伝えたいかが大切なのです．

「見た目」を重視

　スライドの見た目は重要です．ただし，ここで重視する「見た目」とは，見栄えのよさや美しさではなく，見やすさであり，内容がいかに正確に伝わるかです．そのための第一は，文字を大きくすることです．私か普段使うスライドでは，タイトルのフォントが44ポイント，テキストが32ポイントとなっています．PowerPointの初期設定より大き目です．後方の座席の聴衆にも見やすく，また配布資料の文字を読みやすくするためには，このくらいの文字の大きさを維持することを推奨します．この大きさの文字では，文章を書き連ねることはできません．キーワードを箇条書きするようにします．

　第二に，後述しますが，図や表を使いましょう．図表は大量の情報をコンパクトに伝えるのに有効です．分析・検証に用いた図表，中でも結論にたどり着くのに役立った図や表は，スライドで見せるよう工夫しましょう．スライドに収まらなければ，資料として配ります．

　図や表はインパクトがありますから，リサーチによる発見を特に印象づけたい箇所で使いましょう．自分で作ったオリジナルのものが望ましく，借り物は避けるべきです．貴重な発表時間を他人の発見の紹介に費やすのは，賢いやり方とはいえません．どうしても重要な図表があって，引用が避けられない場合

には，必ず出典を明記してください．これは論文執筆のところで述べたとおりです．

なお，ビジュアルに凝りすぎないよう注意しておきます．PowerPoint には，アニメーションという機能がついています．これを使うと，スライドインとか，フェードアウトとか，ちょっとずつ文字を出したり消したりできます．自分が重要視する，最も伝えたいような言葉を表示するときに利用するのはよいかもしれません．しかし，あまりに凝ったものを見せられると，発表内容に集中できません．好みの問題ではありますが，使うにしてもここぞという場面に限定して，ほどほどにするのがよいでしょう．なお，吹き出しなどを後からテキストに重ねる機能を使うと，配布資料では情報が重なって文字が読み取れないといった問題も生じます．クリップアート，動画やサウンドなど，デジタル時代のコンテンツを上手に使うことは妨げませんが，政策リサーチの実践者は，まずはリサーチの中身で勝負してほしいと思います．

情報の縮約と提示：図表，キーワードの利用

図や表を用いた情報の縮約について，もう少し詳しく説明します．たくさんのデータがある場合には，平均とか，合計とか，基本統計を使って示すことを第 4 章で説明しました．このような統計量で示すことはよいのですが，生の数字を読み上げるより，グラフや表を利用すると，もっと聞き手に伝わりやすくなります．例えば，経年変化なら折れ線グラフ，割合なら円グラフを使うといった具合です．表もよいのですが，細かい数字はスライドに投影して見せるのに不向きなので，別に資料を配布して，それを参照してもらいながら説明します．

リサーチによって明らかになった事実，それを記述する鍵概念，検証された仮説，それに含まれる論理やアイディアといったものを効果的に伝えるにはどうしたらよいでしょうか．キーワードを使うことがお勧めです．正確に定義された概念や観察対象の特徴を適切に反映した類型名は，そのままキーワードとして使えます．因果関係を示した仮説の内容や理論に名前を付けることも考えられます．市民協働の例でいえば，「住民リーダー仮説」とか，「NPO 仮説」といったものがこれにあたります．「ソーシャル・キャピタルが民主的政府を

図表5-2 発見をアピールするダイアグラム

機能させる」などというのも，キャッチフレーズ風ではありますが，研究の結論，論理やアイディアを縮約し表現したものといえるでしょう．もちろんこれらはスライドに強調して載せましょう．きちんと説明することも必要です．

　重要な変数やキーワードがどのような関係にあるかを，矢印などを使って図示するダイアグラムの利用も効果的です．ダイアグラムは第2章の説明に従って仮説をたてる段階で一度作成しているはずです．これを活かして，仮説をたてた時点での（理論上の）ダイアグラムと，検証作業を経て修正された（現実の）ダイアグラムを対比して示すことも有効でしょう．例えば，原因Aと結果Cとの間に，何か関係があることがわかっていて，両者を媒介する要因Bがあることが理論から導かれるが，検証の結果，新たにDという要因を発見したとしましょう．このことを強調するために，図表5-2のような示し方をしてはどうでしょうか．アニメーションを使うならこのような場面です．最初に白矢印の流れだけを見せておいて，新たな媒介要因Dと網掛け矢印が後から表示されるよう設定するのです．

　以上の方法はあくまでも例示にすぎません．皆さんの腕の見せ所です．

5　リハーサルと本番の心構え

　プレゼンテーションが上手になる秘訣は何でしょうか．緊張するプレゼン本番をどのように乗り切ったらよいでしょうか．学生から多く寄せられる質問です．答えは，よく準備することです．準備には，よいスライド，よいレジュメを用意することだけでなく，何度もリハーサルをすることを含みます．以下では，そのための注意点を挙げておきます．

リハーサル：成功の秘訣

　とにかくリハーサルを繰り返すというアドバイスは，私がアメリカの大学院で勉強しているときに，先生がクラスの全員に対して与えていたものです．アドバイスというより，時間を計ってしっかり何度も練習しなさいと厳しい口調で命じていました．小さい頃から場数を踏んでいて，プレゼン上手なアメリカの大学院生でも練習するのですから，人前で話すことが苦手だという自覚がある人は，一層の練習が必要でしょう．

　リハーサルは，時間を計りながら，スムースな流れで発表できているか確認することに重点をおきます．リハーサルの第1回目では，説明がうまくいかないところが必ず出てきます．話が途切れたり，説明に無理が生じたりするのは，構成に問題があるからです．その場合にはいったん止まって，スライドの順番を入れ替えてみる，スライドの中のキーワードや項目を入れ替える，削る，言葉を補うなどの修正を施します．再開して，つっかえたところでまた修正を加え，最後まで行ったら，最初からまた時間を計ってリハーサルを始めて，うまく流れない箇所の構成を直すという手順を繰り返します．これによって，決められた時間の中にきっちりと収まるようになればOKというわけです．

　以上のような，リハーサルを通じた構成の手直しを1回でもやっていれば，話す内容がどのくらいの分量かは把握できます．発表が長すぎて肝心の内容を話し切れなかったとか，短すぎてせっかくの機会を活かせなかったということはなくなります．また，リハーサルを繰り返すことで，あがらなくなるとはいいませんが，人前で話すことが苦手な人でも緊張が軽減されます．事前の準備をすることで，なんとかやれそうだという自信が培われ，それが支えとなって心を落ち着かせることができるのです．また，プレゼンが始まってしまえば，あとはスライドによって次に何を話すべきかが順に示されるわけですから，集中してさえいれば，ほとんどしくじる心配はありません．大切なことは，論理の流れがスムースになるようスライドが構成されていて，その流れに沿って説明ができることなのです．「緊張してだめだった」と嘆いている人ほど，よく聞いてみると事前の準備やリハーサルができていないものです．

　それでも何かのきっかけで頭の中が真っ白になることはありえます．例えば，意地悪な教員や上司が質問を差し挟むといったことです．しかし，それに何と

か対応できれば，またスライドに沿って再開すればよいわけですから，持ち直せるものです．

本番の心構え：自信をもって大きな声で

　リハーサルが済めば，あとは本番に臨むだけです．本番の心構えとして大事なのは，自信をもってやることです．自信がない，どうも発表の内容が足りないと思う人ほど，あえて堂々と大きな声で話しましょう．

　ほとんどの人はご存知だと思いますが，PowerPoint の操作は，キーボードの上下矢印を使うと前にも後にも進めることができるので，いざというときマウスより対応しやすいはずです．レーザーポインタとセットになったリモコンを使うのもよいでしょう．以下は本番の心構えのあれこれです．しっかり準備をすれば十分なのですが，頭に入れておくと役立つこともあるでしょう．

　言い訳をしない　いわゆる「つかみ」として，ジョークや気の利いた前置きをいうことを勧める人もいます．可能ならそれもよいでしょうが，無理することはありません．発表に中身があれば，聞き手は自ずと本気になってくれます．むしろ気をつけたいのは，「お粗末な内容ですが」といった，謙遜や言い訳をしないことです．自信のないときほど，してはいけません．発表がだめかどうかは，聞き手が決めることです．英語のスピーチの前に，日本人お得意の自分は英語が下手だという前置きをすべきでないのと同じです．聞き苦しいですし，時間の浪費でしかありません．

　アイコンタクト　話す態度として，アイコンタクトやジェスチャーなどを勧めるマニュアルもあります．アイコンタクトというのは，聴衆のうちの誰かひとりを決めて，その人に説明をするように話すと，聴衆全体に対しても説得力が出るというものです．私も試みたことがありますが，うまくいきません．その人の動きが気になってしまい，話す内容を忘れてしまいそうになるのです．聞いている人よりも少し上を見て話すという方法もあるようで，こちらの方が私はやりやすいと感じました．いずれにせよ，少なくとも原稿を読むように下だけをじっと見詰めて話すことだけはやめましょう．原稿やメモを見ながらでもよいのですが，時折顔を上げて話すようにしましょう．慣れてくれば，聴衆の反応も確認できるようになってきます．

疑問形を使って聴衆に質問を投げかけ，少し間をおくことで，話に聴衆の注意をひきつけるテクニックもあります．余裕があれば試みてもよいでしょう．たっぷり時間があれば，誰かを指名して答えてもらうこともできます．予期しなかった答えが出たときに，うまくいなすような技術も必要になりますから，時間がたっぷりあるときに限定されます．

時間の確認　発表の中間点と終盤で時間を確認することも大切です．少し予定よりも時間がかかっていると思ったら，大事な内容のスライドだけは必ず話せるように，スピードアップをするか，重要でない項目の説明は省くことも必要になります．ただし，事前の準備によって，最初の方にとにかくいいたいことが話せるような構成になっていれば，心配ないはずです．最後の方のスライドは飛ばせばよいのですから．

聞き手を迷子にしない　長い時間話すときは，ときどき今どこにいるのか，リサーチ・クエスチョンに答えるうえでどのような作業をしているのかを伝えて，聞き手が迷子にならないようにすることも必要です．20分程度であれば，冒頭で発表の構成を示したあとは，一気に話しても平気ですが，もっと長い時間話をするときには，ここまではこういう話をしました，これからこういう話をしますということを，ときどき伝えるとよいでしょう．

質疑応答：難しい質問にも何か答える

プレゼンテーションを終えたら，通常はそのまま質疑に移ります．このとき質問は大歓迎という気持ちで臨んでください．何も反応がないことほど寂しいことはありませんし，厳しい指摘ほど研究の内容を向上させてくれるものです．ときには，その場では答えが出せないような質問とか，研究の根本を覆すような厳しい批判が出て立ち往生することがありえます．そのような場合でも，何とか一度は回答なり反論なりを試みてください．

学生のプレゼンを聞いていると，ちょっと鋭い質問を受けただけで固まってしまい，質疑時間が終わるまで「解凍」できなかったなどということが起こります．そのようなときは，「あー」でも「うー」でもよいので何か喋ることをお勧めします．英語では，"Good question"といって時間稼ぎをします．最近はテレビ解説者の影響か，日本語でも「いい質問ですね」というようです．

見当違いでも必死で答えていると，質問者も察して許してくれるものです．どうしても場当たり的な回答が許されず，さらに追及された場合には，脱帽して今後の検討課題にすることを約束します．なお，実務家が事務局を務める審議会や住民説明会など，正確さが求められる場面では，難しい質問に無理に答えず，後日回答することにすべきでしょう．

　通常はプレゼンテーションが終わってから質問をすることになっており，質疑の時間が設けられています．しかし，学会や学問分野によっては，話の途中でおかまいなしに質問が飛んでくることがあります．これにどう対応するかは難しいところです．私が所属する政治学や行政学の学会ではほとんどないので，私もどう対応すべきか断言できませんが，一応の見解を述べておくならば，次に論理を展開するために必要となる前提を確認する質問には簡単に答えるべきだと思います．しかし，脱線気味の質問が次々に発せられる場合には，その議論はあとで出てくるといって受け流すとか，それは本筋から外れるのであとにしてくれとか，質問をさばいていくような対応もやむをえないでしょう．どの学問分野かは控えますが，修士論文発表会で発表者が質問にまともに答えていたら，用意した発表内容の最後まで時間内にたどり着けなかったという気の毒な例をみたことがあります．口頭発表は話し手と聞き手のコミュニケーションですから，聞き手に対しても必要なところでは協力を求めてよいと考えます．

6　まとめ：プレゼンテーションのすすめ

　本章では，政策リサーチの結果をまとめ，それを論文に書き起こし，さらにその内容を絞り込んで口頭発表を行うという流れを想定し，それぞれの場面で役立つ技法を紹介してきました．最後に論文執筆と口頭発表の意義を強調してまとめとします．

　まず，論文執筆についてです．論理的思考の訓練のためには，ともかく論文を書くことをお勧めします．これは学生にも実務家にも当てはまります．

　政策リサーチに取り組む学生の多くは，政策レポートや卒業論文の提出を求められると思います．そうした義務づけがない学生にも，論文を書いてみることを勧めます．社会に出てから，いきなり文章を書けといわれてもすぐにはで

きないものです．この機会に経験しておくことを強くお勧めします．

　政府・自治体の職員も，仕事の中で長い文章を書く機会は限られます．日常書く短い文書のほとんどは，許可書や起案文書の鑑（表紙）のような定型文です．これでは長い文章を書けなくなりますし，論理を組み立てる経験を積むこともままなりません．私自身がその典型で，6 年間の許認可・法務部門の後に企画部に配属されたときは，調査や資料作成を命じられてもどうしてよいかわからず，途方にくれました．公務員は，いつそのような異動があるかわかりません．上司は「てにをは」を直してくれるだけですから，自分で努力するしかないのです．そのための訓練がリサーチ論文の執筆です．

　短い文章を書くことと，まとまった長さの文章を書くことは，量的だけでなく質的にも異なります．一文一文順を追って論理を積み重ねていく緻密さと同時に，全体として何を主張するかを見失わない構成力が求められます．これには一定の経験が必要です．一方で，まとまった文章を書くことは，一度経験しておけば，恐れるほどのものではありません．特に研究論文には，構成の型や執筆のコツがありますので，本章で説明してきたことを理解すれば思ったよりも難しくないと感じてもらえると思います．また，長いとはいっても，政治学や行政学の学会誌に掲載されるような学術論文でさえ，2 万字前後です．A 4 で 40 字×30 行として，16 ページ強にすぎません．一連のリサーチを完結した場合，盛り込みたい内容がたくさんあって，とてもこの字数では足りないと感じると思います．学生の卒業論文でも 30〜50 ページ，放っておくと 100 ページ近い論文を出してくる強者もいます．書いてみれば意外に書けてしまうものです．億劫がらず，ぜひトライしてみましょう．

　次に口頭でのプレゼンテーションについてです．学生にとって，ゼミでも授業でも口頭発表が求められる機会は多いので，この技法を身につけることは，学生生活を生き抜くうえで必須です．さらに，社会に出てからも，上司への企画説明，顧客への売込み等々，プレゼンの機会はいくらでもあります．

　政府・自治体の実務の現場でも，プレゼンテーションの機会は多いはずです．上司や同僚への説明はいうに及ばず，庁内会議や総合計画審議会などの事務局となって資料を説明するとか，公共事業の担当者として住民説明会で話をするとか，出前講座，自主研究グループで報告するとか，場合によっては学会発表

など，様々な機会があるはずです．

　これらのプレゼンテーションに共通するのは，限られた時間で何かを伝えることです．学生がゼミ等で発表するときは，制限時間が定められています．実務家が上司に説明するときも，忙しい相手に——暇な上司もいるでしょうが——要領よく要点を伝えなければなりません．審議会で長々と事務局が説明するのは顰蹙_{ひんしゅく}を買うでしょう．つまり，プレゼンテーションに共通して求められるのは，ポイントを絞り込んで明確に伝える技術です．本章で紹介したプレゼンの技法では，いかに論点を絞り込んで短い時間に要領よく伝えるかを強調したつもりです．政策リサーチでこの技法を身につけ，様々な場面で役立ててください．

第6章 | リサーチ結果を政策化する
特定した因果関係に基づく政策提言・評価

　本章では，リサーチ結果をどう政策化するか，リサーチで明らかにした内容に基づいて，どのように政策案を策定するかを説明します．因果関係を探究するリサーチは第5章までで完結していますが，リサーチによって問題の原因が明らかになれば，次は問題をどう解決するかに関心が向かうのは当然です．自分たちが直面する問題を解決したいと思って本書を手に取った読者も多いはずですから，そうした関心に応えたいと思います．そのためにまず，公共政策学が説く政策立案の手順を紹介します．そこにリサーチ結果と本書で学んだ知識を当てはめると，自ずと政策を立案できることを示します．政策案の候補となりうる主な政策手段についても，併せて説明します．

　政策が立案されれば，次は政策選択・政策決定ですが，そのためには政策案に優劣をつける必要があります．そこで政策評価の技法について説明します．政策の評価は，立案した複数の政策案を比較衡量して，どれを選択するかの決定に欠かせない技法です．

　政策が決定され実施された後に行われる政策評価にも実務界の関心が高まってきています．機会があれば学びたいと思っている読者は多いのではないでしょうか．実は政策評価で用いる考え方の筋道は，第5章までに述べてきた方法論と共通しています．特に第4章の方法論を習得した読者には，政策評価の基本は容易に理解できるはずですので，この機会にマスターしましょう．

1　政策分析の手順

　政策を立案するためには，どのような手順を踏めばよいでしょうか．政府・自治体は，毎年数多くの政策を生み出しています．そうした政策は，どのようにして作られているのでしょうか．また，政策系の学部や大学院が増えてきま

したが，そこでは政策の作り方をどのように教えているのでしょうか．何かお決まりの手順や方法論があるのでしょうか．

政策分析の手順

　政府・自治体の政策立案は，科学的・合理的な方法論に従っているわけではなく，もっぱら経験的に行われています．予算編成時期や計画策定の際に，上司から「何かタマを出せ」といわれて，担当者が無理やり政策案や新規事業をひねり出していることが多いのです．これを改善しようと，学問の世界では，体系的な方法論を編み出す努力が続けられてきました．それが「公共政策学」「総合政策学」「政策科学」といった学問です．こうした学問の発展や現状の紹介は，秋吉貴雄・伊藤修一郎・北山俊哉『公共政策学の基礎』第3版（有斐閣，2020年）など，たくさんの本が出ていますから，そちらをご覧下さい．

　残念なことに，それらの主なものに目を通しても，どの政策分野にも，どの政策課題にも共通に使えるような方法論は見出せないのが現状です．福祉や医療，労働に交通，環境に経済……と，政策対応が必要な分野は多種多様であるうえに，それぞれの分野で起こる問題も様々ですから，それらのすべてに対応できる共通の方法論を見出すことは難しいのです．

　しかし，共通の方法論がないとはいえ，大まかな手順を示した方法論であれば挙げることができます．それは**政策分析**といわれる方法です．政策分析は次のような手順で実施されます．

(1)政策課題を構造化（モデル化）する
(2)将来を予測する
(3)政策課題をコントロールする政策案をデザインする
(4)政策の効果を評価し，政策を選択する
(5)結果を評価して，更なる改善につなげる

　以下に順を追って説明します．

政策課題の構造化

　政策課題を**構造化**するとは，聞き慣れない言葉ですが，数式，図表，言葉などで政策課題を記述することを意味します．**モデル化**というのも同様の意味で，第2章や第4章で説明した理論モデルや推計モデルの「モデル」とほぼ同義と考えてもらってかまいません．例えば数式を使ったモデルでは，

$$Z = \alpha X + \beta Y$$

といったように記述します．Z は結果変数（従属変数）であり，X と Y は両方とも独立変数ですが，X は操作可能な要因ということにして**政策変数**と呼び，Y は操作が難しい要因とみて**環境変数**と呼ぶことにします．この式が意味しているのは，問題となっている社会の状態 Z は，政策的に変化させることが可能な X という要因と，政策的には動かすことが難しい環境的要因の Y によって引き起こされているということです．

　例えば，児童の学力低下を例にとると，児童の学力（変数 Z）は，授業時間数や教員1人当たり児童数（変数 X）と家庭環境（変数 Y）によって決まるという関係が，上の式のような形式で表現されるわけです．環境変数 Y としての家庭環境には，親の学歴，児童が家庭でテレビやテレビゲームに費やす時間，経済状況に左右される家庭の教育費や親が子どもと過ごす時間などがあるでしょう．授業時間や教員数は政策的に操作できますが，家庭環境の方はなかなか変えられません．

　もうひとつ，市民協働の例をとれば，結果変数 Z は協働の度合いです．政策変数 X は，協働分野に割く予算や人員が挙げられます．他方，環境変数 Y は，間接的に操作できそうなものとして，NPO数，住民リーダーの数などが考えられます．操作が難しいものには，住民の参加意欲や経済状況などがあります．政策変数と環境変数の区別は，要因の見方によって違ってきます．

　こうした政策課題の構造は，変数の間を矢印で結んだ図の形式で記述することも可能です．これは，政策リサーチの技法として紹介したダイアグラムと同様の形式です．第5章までをマスターした読者ならおわかりと思いますが，政策課題の構造化とかモデル化という耳慣れない用語が意味するところは，因果

関係を明らかにすることにほかならず，実は私たちが既に政策リサーチでやっていることなのです．リサーチでダイアグラムを描いていれば，それを政策課題の構造図として使うことができるはずです．重回帰分析で検証を行っていれば，上記のような数式で問題を書き表すことができます．政策リサーチを完遂することで，構造化という政策分析の第一の段階はクリアできるのです．

将来の予測

政策分析の第二の手順は，このまま問題を放置したらどのような状態になるかを予測することです．例えば，少子化がこのまま続いたらどうなるかとか，学力低下を放置したらどうなるかを予測するわけです．

このための方法としては，過去からのトレンドを延長する方法やデルファイ法などがあります．トレンドの延長とは，問題となる事象が，過去からどのような推移をたどってきたのかを調べ，そのトレンドを将来に向けて投射する方法です．この方法には，政策リサーチの結果を利用できます．問題を引き起こす要因をリサーチで特定したのち，その要因がどのように変化するかを予想したり，自在に値を動かしてみたりすることで，結果変数（問題となる事象）がどのように変化するかを予測したり，シミュレーションするのです．わかりやすい例では，人口推計や年金財政の予測で，楽観的なシナリオや悲観的なシナリオが描かれていることが挙げられるでしょう．

デルファイ法というのは，アンケート調査の要領で，複数の専門家に将来の予測をしてもらい，それを集約した結果を踏まえてさらに予測をしてもらうことを繰り返す方法です．この結果，予測が一定の範囲に収まってくるので，これを将来予測として採用します．ほかにも予測の方法はありますが，専門の文献に譲ります．

政策案のデザイン

第三の手順が，問題をコントロールする政策案をデザインすることです．これが本章の中心的課題です．この手順にもまた，リサーチ結果を活かすことができます．リサーチの結果，問題を発生させる原因を突き止めたなら，その原因を取り除く対策を打つことを考えるのです．複数の原因や複数の経路がある

ような，複雑な因果関係のメカニズムが明らかになったのなら，因果関係の連鎖のどこかを操作することによって，問題を解消したり緩和したりすることを図ります．

例えば，前述した学力低下でいえば，操作可能な政策変数 X のところに介入を行って，授業時間を増やしたり，補助の教員を雇ったりして，学力を向上させることが，政策案のひとつになります．また，操作が難しい変数ですが，先の例で環境変数 Y に分類した家庭環境や親の行動を変化させようとする政策もありうるでしょう．親に対する情報提供や啓蒙活動を行ったり，塾に通わせる費用を補助したりする方策が挙げられます．

市民協働の例についても考えましょう．政策変数 X や操作可能な環境変数に挙げた，予算額，NPO 数，住民リーダー数のそれぞれに関して政策介入を行うとすれば，市民活動などに対する助成の増額，NPO への事業委託の拡大，NPO 認定支援，リーダー育成プログラムの創設などが挙げられます．

もう少し一般的な話をしましょう．図表 6-1 のようなダイアグラムによって因果関係を特定したとすると，結果 C を解消・緩和するための政策介入のポイントは，稲妻型矢印で示したように複数あります．すなわち，最も根本的な原因の A に働きかけること，媒介要因の B または D に働きかけることです．さらには，これらの要因に直接働きかけるというより，それが機能しないようにする——作用する経路を遮断する——ことも考えられます．どれを選ぶかは，効果と費用によりますが，どれかひとつではなく，複数の働きかけを行うことが一般的だといえるでしょう．

リサーチによって因果関係が特定されていれば，どこに働きかけるかを考えることは難しいことではありません．それよりも，どのように働きかけるか，

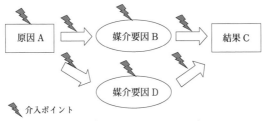

図表 6-1　因果関係のダイアグラムと介入ポイント

採りうる政策手段にはどのようなものがあるかが問題です．人々に対して特定の行動を禁止したり，促したりすることが中心となるはずですが，そのための有効な手段は何であるかが悩みどころです．これを**政策手段**と呼びますが，説明は第 2 節で詳しく行います．

政策の評価と政策の選択

第四の手順が，政策の効果を事前に評価し，比較衡量して政策を選択すること，第五の手順が，政策を実施した結果を評価して，更なる改善につなげることです．この二つの手順の中心にあるのは，**政策評価**です．

政策案のうちのどれを選択するかを決める際には，どの手段がどの程度効果を発揮するか，どの手段にどれほど費用がかかるかを知る必要があります．こうした判断材料を生み出す作業が政策評価です．政策決定・実施の前に行うことから，このタイプの評価を**事前評価**と呼ぶことがあります．

これに対して**事後評価**とは，政策を実施した後に，はたしてこの政策に効果があったのか，費用がべらぼうにかかっていないかなどを検証することです．その結果，費用がかかる割に期待した効果を発揮していないことがわかれば，政策を改善します．事前評価も事後評価も，政策評価は第 5 章までに学んだ技法と共通の考え方を基礎にして組み立てられています．このことを本章第 4 節で説明します．

2　政策手段にはどのようなものがあるか

さて，リサーチの結果から，政策課題を解決・緩和するための政策介入のポイントが見つかったとして，次に考慮すべきは，どのような手段をとるかです．例えば，先の学力低下の問題には，教育委員会が教員を増員して対応する，カリキュラムの改革をする，塾通いを支援する補助金を配るなどの手段が候補になります．貧困家庭の児童の学力低下が特に問題とされるなら，欧米で行われているように，生活保護を受給する条件として子どもの授業欠席率が一定限度を超えないことを義務づけることなども考えられます．同様に，市民協働の活性化を図るためには，前述した助成金増額や事業委託の拡大だけでなく，行政

が住民に向けて啓発を行うこと，自治基本条例を制定して住民が政策決定に参加するルートを増やすことなども考えられるでしょう．

　もうひとつ，わかりやすい例として，受動喫煙を防ぐための政策介入を考えましょう．政策手段としては，政府・自治体が法令・条例を制定して，喫煙者に何らかの義務づけをおくか，職場や飲食店などに禁煙・分煙を義務づけるか，分煙設備の設置を促す補助や融資を行うといったような，様々な方法が考えられます．本節では，主な政策手段の概要を説明しましょう．

政策手段の分類：三つの政策手段＋α

　上述のように，政策介入に使われる政策手段は多種多様です．これらをわかりやすく，できるだけ網羅的に紹介するためには，いくつかのまとまりで説明するのがよいでしょう．政策手段の分類は色々と試みられていて，定説があるわけではありません．例えば，行政学者の新藤宗幸は『概説日本の公共政策』第2版（東京大学出版会，2020年）で，①権力的禁止，②公共財や準公共財の政府による直接供給，③誘導（規制，補助，融資，租税特別措置など）の3種類に分けています．経済学者の宮本憲一は『公共政策のすすめ：現代的公共性とは何か』（有斐閣，1998年）の中で，行政的・司法的手段と経済的手段に大きく分け，さらに今後は情報公開と学習による住民参加が必要になると説いています．また，法律学者の阿部泰隆は，『行政の法システム入門』（放送大学教育振興会，1998年）で，監督・規制，計画，行政指導，経済的手法などを幅広く論じています．論者が拠って立つ観点によって，括り方は様々なのです．

　ここでは，直感的なわかりやすさを優先して，①鞭（強制），②にんじん（誘因），③説教（情報）という3分類を採りたいと思います（Bemelmans-Videc, Marie-Louise, Ray C. Rist, and Evert Vedung. *Carrots, Sticks, and Sermons: Policy Instruments and Their Evaluation*. New Brunswick, N.J.: Transaction Publishers, 1998）．この分類は，人々の行動を変えるための政策手段を把握するものといってよいでしょう．英国の行政学者のクリストファー・フッドらも，①情報（政府が情報の結節点を押えること），②権威（命令，禁止，許認可など），③財政（誘因）までは同様の分類をしており，④組織による直接介入を加えています（Hood, Christopher C., and Helen Z. Margetts. *The Tools of*

Government in the Digital Age. Basingstoke: Palgrave Macmillan, 2007）．私たちも，鞭，にんじん，説教の三つに加えて直接供給を含めたいと思います．以下で順に説明します．

鞭（強制）

政策課題を引き起こす原因となる個人や企業の行動が特定できれば，その行動を行わせないことが対策になります．さらに進んで，望ましい行動をとらせる対策もありえます．このためには，政府がもつ強制力を裏づけとして，個人や企業に特定の行為を義務づけたり，特定の行為を禁じたりする手段が用いられます．政府がもつ強制力とは，具体的には，行政機関が違反者を摘発して，罰金や懲役刑などの刑罰を科することです．いわゆるアメとムチの「鞭」です．**強制**とか**権威**といった名称が付けられますが，一般に使われる用語は**規制**でしょう．この手段は個人の権利を制限するため，法律や条例で定めなければなりません．

行為の禁止についてみると，法律によるものの例として，特定の業務への労働者派遣の禁止，一定の場所での自動車の駐車禁止など，条例による例としては，路上禁煙地域での喫煙の禁止，公共の場所での吸殻や空き缶のポイ捨て禁止などが挙げられます．いずれも違反した場合には，罰則が適用されます（間に是正命令をはさむ場合もあります）．

特定の行為を義務づける例としては，歩行者は歩道または道路の右端，車両（自動車，自転車を含む）は車道の左側を通行しなければならないという，道路交通法の規定がわかりやすいでしょう．同じく道路交通法には，自動車の運転者・同乗者にシートベルト（座席ベルト）の装着を義務づける規定もあります．道路交通法の改正当初，シートベルト装着の義務づけに対しては，個人の自由の侵害だと批判が出ましたが，交通事故死を減らす効果があったことは確かでしょう．

規制を定める法制度では，単純な禁止や義務づけにとどまらず，行為の様態や条件を細かく定めることが通例です．この場合，許可，認可，免許といった仕組みを採用し，許可等の条件を詳細に定めます．こうした仕組みは，名称は様々ですが，法学的な観点からみると，大きくは許可と認可に分けられます．

　許可とは，簡単にいえば，特定の行為をいったん禁止して，一定の条件を満たす場合に禁止を解除する制度です．例えば，あなたが自宅に車庫を作ったから，車の出入りが容易になるよう歩道の段差をなくしたいと思っても，好き勝手に道路を掘り返せるわけではありません．そうした行為は道路交通の安全を危うくしますから，道路法で禁止されています．ただし，安全な方法で工事を実施することを，道路管理者（国や地方自治体）に申請して許可——道路法では「承認」という——を受ければ，工事を行うことができます．道路管理者の側は，道路交通の安全に配慮した工事の基準をあらかじめ定めていて，これを守ることを許可の条件とします．道路管理者は，実際の工事で許可基準が守られているかを監視する体制も整えていて，完成検査で違反を見つければ是正を命じ，罰則を適用することもあります．

　認可とは，規制に反して行為を行っても刑罰の適用はないが，その行為の効力が否定されるものです．なお，営業・事業の免許など，法律上は免許の名称が使われていても，行政法学上は上述の許可に分類されたり，許可の名称が使われていても，性質から考えると認可に分類されたりしますので，注意が必要です．名称や分類よりも，それぞれの手段がどのような目的と性質をもっているかがここでは重要です．

　規制の強制力は**罰金**や**懲役**などの刑罰で担保されます．地方自治体の条例違反には**過料**が科されることもあります．罰金や懲役は，検察が立件して司法手続を通じて執行されるのに対して，条例違反に対する過料は，行政職員が執行できます．最近は違反者の氏名や企業名を公表することを定めた法律や条例もあります．一定の地域で継続的に商売を行う事業者であれば評判を気にするので，氏名公表の効果もあるでしょう．しかし，違反によって利益をあげて別の地域に移動する常習者に効果があるかは疑問です．

　規制の中には，法的な強制力を用いず，事実上の強制力を背景にしたものもあります．かつては，行政指導がこの代表でした．後述するように，**行政指導**は単なるお願いですが，許認可権限を背景にすると，強制力をもたせることができます．役所と継続的な関係がある事業者は，将来別の事案で役所から嫌がらせを受けることを懸念して，行政指導に従うことがありえます．行政手続法の制定によって，こうした事実上の強制はあってはならないことになりました

が，行政指導自体は現在も多用されています．

　環境分野においては，行政と汚染物質の排出者との間で**協定**を結ぶ手法が用いられます．協定を結ぶこと自体は，事業者の自由意志によりますが，事業者は世間の目を気にしますので，まったくの自由というわけにはいきません．ひとたび協定が結ばれれば，協定の遵守を民事訴訟で担保することになります．

強制（規制）の論点

　強制的手段（規制）を導入する際に考慮すべき論点はたくさんありますが，ここでは3点挙げておきます．第一に取締りは可能か，誰が行うのかという論点です．取締りとは，違反がないかの監視と罰則の適用です．これを行うだけの十分な人員の確保や訓練等の体制整備は可能なのかが，規制を導入する前に検討されなければなりません．行為の悪質性に比して罰則の重さは適切かという論点と併せて考えます．

　規制対象となる行為の普及度やニーズが高いときは，執行機関が強力な体制を整え，罰則も厳しくしなければ，規制を遵守させることはできません．例えば，派遣労働者へのニーズは高いのに，十分な執行体制なしに，または軽微な罰則だけで禁止したとしたら，違反が頻発するでしょう．産業廃棄物の不法投棄については，監視が困難であるうえに，得られる利益に比して罰金が低すぎるために，禁止しても守られないといわれています．

　逆に，行為の悪質性に比して罰則が重すぎると，執行機関が実際の適用をためらうことになります．例えば，路上喫煙に対して，自治体が条例で2000円といった額の過料を科すことは可能でしょうか．ひったくり対策や交通安全などとの優先順位を考えれば，多くの自治体にとって，路上喫煙取締りの人員を街角に配備することも困難ですが，仮に人員を配置して違反者を見つけたとしても，この程度のことに罰金かという反論に担当者は毅然と対処できるでしょうか．もし過料を徴収できないことを見透かされてしまえば，条例は守られなくなるでしょう．大都市では果敢に行っている自治体がありますが，納付通知書を発行しても未納者が多く，取扱いに苦慮しているようです．

　第二に，規制は強制力を背景とした強力な政策手段であるため，導入に際して賛否両論を巻き起こすことも考慮する必要があります．罰則を定めることに

利害関係者（特に被規制者）の理解を得られず，担当部局が規制の導入を断念したという例はしばしば目にします．逆に，規制が特定の社会集団を利する場合もあります．これは特定の業種への新規参入を制限する場合に問題になります．既に業を営んでいる者に免許を与え，後からの参入を制限する制度を導入すれば，既得権者を保護することになります．このこと自体が社会の公平性を損ないますが，さらに資源配分の効率性をゆがめたり，社会の活力を削いだりすることにもなりかねません．規制緩和が提唱されるのはこのためです．

　第三に，政府・自治体が規制を導入して特定の行為を禁止したら，問題の解決につながるのかも慎重に見極める必要があります．例えば，派遣切りが問題になって特定業種への労働者の派遣が禁止されようとしていますが，企業の側に景気の波に応じた雇用調整のニーズが強いことを考慮すると，正社員の雇用増や雇用期間の長期化にはつながらないという批判も出ています．それどころか，企業は好況時の雇用さえ絞るようになるとか，国外に出て行ってしまうといった懸念も聞かれます．

にんじん（誘因）

　社会問題を引き起こす行為を個人や企業にさせない手段として，行政が対象者に誘因を与える方法があります．これによって対象者が望ましい行為をするように誘導するのです．その手段には，補助金，税（減税），手数料・賦課金などがあります．

　補助金には，補助，助成，奨励金など様々な名称のものが含まれますが，社会的に望ましい行為を行う個人や企業，団体等に政府・自治体が一定の金銭を給付するものです．若者の雇用を増やすために，雇った若者1人につきいくらといった計算で政府が企業に対して助成する政策はこの例です．「エコポイント」や「エコカー補助金」は，不況期に家電製品や自動車の購買意欲を掻き立てるのに大きな効果がありました．省エネの基準を満たした製品を対象にしましたが，まだ使える製品の買替えを促したり，必要以上に大きな製品の購入を促したりしたので，本当にエコであったのかはわかりません．

　次に挙げられる手段は減税です．すでに課されている税金を減免する手段は，補助金と同様の効果をもちます．例えば，政府は前述のエコカー補助金と組み

合わせて「エコカー減税」を実施しました．これによって，納車に数ヶ月かかるほど自動車購入が強力に促されたことはご承知のとおりです．政府がよく用いるのは「住宅ローン減税」で，自宅を購入した際の借入金を一定期間所得税額等から控除できるようにする──それによって所得税が安くなる──仕組みです．これが利下げと組み合わされると，住宅購入促進の強力な手段となります．

　逆に，望ましくない行為に税金を課するのは，負の誘因と考えられます．環境税は，例えばガソリンなど石油製品の価格に一定の税率を上乗せすることで，石油製品の消費を抑制することを意図しています．ガソリンの値段が上がれば，消費者は自動車を使う回数を減らそうかと考えますし，企業は運送の効率化を図ろうと考えるわけです．その結果，CO_2 の排出も抑制されます．タバコ税も健康に害となるタバコの消費を減らすこと，それによって国民の健康を改善させることを意図して課されます．

　政府・自治体が公共サービスの手数料や対価，公共料金などを操作することでも，個人や企業の行動を変えることができます．水道料金を値上げすれば使用量は減るでしょう．従来は行政が無償で提供していた福祉サービスに一定程度の利用者負担を求めれば，利用は抑制されます．現在のところ医療費は原則7割，介護サービスは9割を保険で負担し，残りを利用者が負担していますが，保険負担部分を減らして利用者の負担割合を増やせば，医療や介護サービスの利用は抑制されるでしょう．いわゆる「1000円高速」は，一定の条件のもとに高速道路の通行料金を休日は1000円にすることによって地域振興を図るものですが，一部の路線では激しい渋滞を生むほど利用を喚起しました．高速道路は高速道路株式会社が運営していますが，料金引下げや無料化の財源は政府が用意しています．逆に都市部の渋滞区間の料金を値上げすれば，ドライバーは利用を控えると予想されるので，自動車の通行量が減って渋滞が緩和されることが期待されます．

誘因の論点

　誘因を用いる際の論点は，それがどれほどの効果をもつかです．経済学の知見を踏まえて慎重に検討する必要があります．例えば，エコポイントやエコカ

ー補助金・減税は，将来の需要を大幅に先食いしたといわれています．政府の介入が消費行動をゆがめたわけで，やめた後の大幅な落ち込みを考えると，ごく短期間にとどめるべきであったとの批判がなされています．

税制の変更も，国民の行動に大きな影響を及ぼします．例えば，タバコ税についてみると，日本では財源不足の穴埋めに使われることが多いのですが，税率を上げれば消費量が減りますから，税収が増えるとは限りません．消費がどれだけ減少するかは，財の価格弾力性によって異なります．これに比して，水道料金を上げたり水源税を課したりしても，水の使用量はそう簡単には減らせません．洗車の回数は減るでしょうが，人間が生きていくために，水はどうしても必要だからです．他方で，タバコが値上がりすれば，愛煙家も本数を減らす可能性があります．もちろん中毒になっている人はそう簡単にはやめられないでしょうが，この機会に禁煙しようと考える人も出てくるはずです．価格弾力性に関する詳しい説明は，経済学や財政学のテキストに譲ります．

誘因については，それが直接対象とする行為や主体以外に及ぼす影響も考慮しなければなりません．例えば，1000円高速は期待どおりに自家用車の利用を促しましたが，他方で鉄道やフェリーなど公共交通機関の需要を減少させ，廃業に追い込まれた事業者もありました．渋滞の悪化は高速バスや運送事業者の経営も苦しくしました．結果として化石燃料の使用量を増やし，温暖化ガス排出量を削減するという政府方針にも矛盾する副作用をもった可能性があります．こうした結果をきちんと評価することなしに，高速道路無料化の「実験」に踏み込んだ政策決定には疑問を感じます．人や企業の行動を大きく変える誘因の導入に際しては，政策目的以外の影響についても慎重に検討する必要があるのです．

誘因は多くの場合，規制と組み合わせて用いられます．規制に従うことにメリットがある，少なくとも負担は過大でないと被規制者に思ってもらえれば，遵守率は高まります．その分，取締り体制の整備にかかる負担も小さくて済みます．また，規制の導入が政治的に困難であると予想されるときは，政府・自治体が補助金を約束することで，利害関係者を説得することもあります．

規制と同様に，税金や手数料の引上げは，誰かに負担を課することにほかなりませんから，政治問題化することがしばしばです．どのように負担者の合意

を得るかが極めて重要になります．基本的には，解決しようとする問題の深刻度や切迫度を示して説得することになるでしょう．税収等を負担者のために使うと約束することも説得材料になります．

説教（情報）

　規制を導入して違反を取り締まるのは費用がかかるものです．同様に誘因の提供も財源が必要です．行政側の理想は，個人や企業が進んで規制に従ってくれることです．そこで政府や自治体は，情報提供や啓蒙活動を通じて，被規制者の規範意識を高めようとします．さらに進んで，規制や誘因を導入せずとも人々が行動を変えてくれれば，一層望ましいでしょう．情報提供や啓蒙活動も費用がかからないわけではありませんが，規制や誘因に比べれば，格段に安く済みます．

　情報提供や啓蒙活動の例には様々なものがあります．まずは，行政機関が正しい情報や科学的な根拠に基づく知見を提供することが基本です．その情報に基づき，人々は適切な行動をとるはずです．例えば，喫煙者の発ガン率が非喫煙者よりも高いことを示すデータや，受動喫煙により家族の発病リスクが高まるという医学的知見を，信頼できる研究機関などが公表すれば，禁煙する人が出てくるでしょう．シートベルトが死亡事故を防ぐというデータの公表もシートベルトの装着率を高めるでしょう．子どもや自転車運転者の交通事故を防ぐために警察などが行う交通安全教育もこの例です．大人向けには，消費者教育や振り込め詐欺についての啓発などが挙げられます．

　一方で，情報提供・啓発の効果には限界があります．例えば，レジ袋持参を訴えるエコ・キャンペーンについてみると，地球環境のために必要だからと行政が呼びかけるだけでは，行動を変える消費者は多いとはいえないのが実情です．将来の地球環境や子どもたちの世代のためだといわれても，遠い未来のことより今の利便性や快適性が勝るからでしょう．これも合理的な判断だといえます．このようなケースでは，誘因や規制が必要になります．レジ袋を有料にしたりする手段の方が消費者に強力に働きかけます．

　同様に，家庭の電力需要を抑えるために，啓蒙だけに頼るのは効果が薄いと予想されます．電気料金を値上げする方法が効果的です．もし，値上げ分が電

力会社の懐に入ることが許せないというのであれば，自治体が連合して課税すればよいのです．税収は代替エネルギーに対する補助に使う目的税にすれば，電気利用者からの不満も軽減されるでしょう．

　規制のところで少し触れた**行政指導**についても，行政機関の要請が強制力を背景としない純粋な「お願い」であれば，このグループに分類されます．お願いなのに人々や企業が従うのは，役所からの要請だからという理由もあります——その背後には権威に従う習慣があるかもしれません——が，要請自体が理にかなっているものであったり，規範意識に訴えかけるものだったりするからです．「地球環境のために冷房の温度を1℃上げましょう」とか，「混雑した路上での歩きタバコはやめましょう」といった要請に対して表立って異を唱えることは難しいでしょう．

　行政が対象者へ直接要請するよりも効率的で，しかも効果が高いと考えられるのが，対象集団を組織した団体に対して要請する方法です．個人が対象ならば，学校や自治会・町内会に要請します．これは伝達手段として効率的ですが，同時に効果的な手段でもあります．こうした団体には，行政機関からの要請を成員に浸透させ，従っているかどうかを監視する機能があるからです．企業が対象の場合には，業界団体に要請します．例えば，政府が経団連に対して雇用の促進や国内への投資を要請するといったことがしばしば行われています．こうした手段の研究例を挙げておくと，運輸政策の実施を研究した森田朗『許認可行政と官僚制』（岩波書店，1988年）には，行政機関が業界団体を使った様々なコントロール手法を用いていることが示されています．

情報の収集方法

　行政指導を行うにしても，対象集団を特定して情報提供を行うにしても，問題となる行為の実態を把握するための情報収集が欠かせません．このために行政機関が費用を使って調査を行うこともありますが，より一般的に用いられるのは，行為者自らに情報提供をさせる方法です．このためには**届出**という手段が用いられます．特定の行為を行う場合には，行政庁に届け出ることを義務づけるのです．届出義務に違反すると罰則が用意されている場合もあります．届出が受理されないと行為が法律上効果をもたない場合もあります．届出の例と

しては，婚姻届や転入届など生活に関わる届出，景観条例に係る届出などが挙げられます．

例えば，引っ越した人が転入届を出さなければ，住民登録もされず，それに基づく行政サービスを受けることもできませんから，たいていの人は自発的に行います（期限内に届け出ないと過料が科されます）．転入届は行政の側からみれば，どこから誰が転入してきたという情報が得られるわけで，これに基づき住民税を賦課し，行政サービスを提供するといったことができるわけです．また，景観条例に係る届出がなされれば，担当部局は建物が周囲の景観に調和したものであるかなど，計画段階から基準に照らして審査し，計画の修正などを指導できます．

行政機関が情報収集するには，行為者に**申告**させる方法もあります．私たちに最もなじみがあるのは，確定申告でしょう．1年間の所得とそれにかかる所得税額を計算して税務署に申し出ると，これに基づいて税金が賦課されます．ほとんどの給与所得者はあらかじめ所得税が源泉徴収されて——勤務先から給料をもらうときに税金が差し引かれて——いますので，確定申告や年末調整では足りない税金を納めるか，払い過ぎた税金を還付してもらうかになります．このほか，海外旅行から帰ったときに携帯品や別送品の内容を申告する制度も私たちになじみがあるものです．これは酒やタバコなど免税の対象となる品物が免税範囲に収まっていることを確認したり，麻薬や模造品，爆発物などを持ち込んでいないことを確かめるための制度です．

税関では旅行者の申告に基づき税関職員が**検査**を行います．必要に応じて——基準はわかりませんが，たぶん渡航国や身なりなどによって——荷物を開けて中身を確認します．前述の景観条例に係る届出や道路工事の許可申請などでは，建築工事や道路工事の途中や完了時点で行政職員が検査し，行政機関が定める基準に従って工事が行われたかを確認します．こうした検査も情報収集の一種だとみることができます．

さらに能動的に行政機関が情報収集する方法には，**尋問**があります．警察官が挙動不審な人物などに対して，いわゆる「職務質問」を行うことがありますが，犯罪に関する情報収集や犯罪の未然防止の目的をもっていますから，この例といえるでしょう．

　このほかにも情報収集の手段には様々なものがあります．興味がある方には前に引いたフッドらの本——残念ながら翻訳が見当たりませんが——を読むことをお勧めします．

直接供給とその論点

　ここまで，政策課題の原因となる個人または企業の行動を，望ましいものへと変化させる手段を三つのグループに分けて概説してきました．問題を解決するための手段としては，このほかに政府・自治体が直接行動し，財やサービスを供給するというものがあります．ここでは**直接供給**としておきます．

　例えば，地域振興を図るために，県が都市との交流を盛んにするような交通インフラ（道路や鉄道など）を建設するとか，市役所が集客のための観光イベントを催すといったことが挙げられます．雇用対策としては，政府が補助金などによって企業の雇用を増やす取組みだけでなく，自治体が自ら短期の仕事を作って，雇止めにあった人を雇用するといった対策も行っています．前に取り上げた生徒の学力低下問題の例では，政府が教員人件費を増額して少人数学級を実現するとか，学習指導要領を改正して授業時間を増やすといった対策もこのグループに含まれます．

　政府・自治体による直接行動・直接供給は，お金を出して人を雇う，サービスを提供する，物を作るということですから，これを実行すること自体は難しくありません．しかし，これは個人や民間企業でもできることであり，現に行っていることですから，どこで民間の役割と線引きするのか，そもそもなぜ政府・自治体の直接供給が正当化できるのかが論点になります．

　公共政策学や行政学の教科書では，政府活動の意義として，公共財を供給することが挙げられています．**公共財**とは，費用負担をしない者の利用を排除できない財であって，誰もがサービスにただ乗りしよう——**フリーライダー**になろう——とする結果，市場に任せたのでは供給過少になってしまう財を意味します．国防や警察が典型例ですが，一般の道路や治水施設などのインフラの中にも該当するものがあります．例えば一般道について考えると，長い延長のすべてを仕切って，利用料を徴収することは不可能です．このため誰か他人が作れば喜んで利用したいけれども，自分で費用負担して建設しようとは思わない

でしょう．誰もがそう思うので，結局誰も作らないことになるのです．道路を使って運送や生産活動を行おうと考える事業家が，多少の道路整備に貢献するかもしれませんが，地域の生活や経済活動を支えるほどの道路網を作ろうとはしないでしょう．

　これを解決するには，政府が強制力をもって費用（税）を徴収し，適切な量を供給する必要があります．政策課題の解決策の多くには，これと類似した性質があるので，政府自らが財やサービスを供給することが正当化されるのです．

　例えば，学力低下の問題を解決することは，生徒自身の利益となりますが，同時に優秀な人材を輩出することで国の産業を支え，国民に富をもたらします．学校教育も公共財としての性質をもつのです．自分の子どもが成人した企業家は，「他人の子どもの教育のために固定資産税を払うなんて真っぴらだ」というかもしれません．しかし，そういう人も教育政策の結果振興された産業や安定した治安の利益を受け，良質な労働者を雇って稼いでいます．税金を負担しなければ，教育の**外部効果**にただ乗りしていることになるのです．現実には，地域の歴史を調べてみるとわかりますが，日本の近代化の過程において，村民や資産家がお金を出し合って学校や鉄道を作った事例がいくつもあります．公共財の意味が理解されていたというべきでしょう．

　政府による直接供給は，近年あまり評判がよくありません．競争原理が働かず，市場を通じて供給するのに比べて非効率だからというのが理由です．郵便事業など，従来は政府が実施するべきだと考えられてきたサービスも**民営化**されるようになってきています．政府・自治体が財政難によって効率化を迫られていることが，この傾向に拍車をかけています．

　しかし，行政サービスの多くは，民営化しても採算が取れません．そのような業務は，政府・自治体が費用を支出し，競争入札を通じて民間企業に委託することで効率化を図ります．ごみ収集や公共施設の運営など，多くの分野で**民間委託（外部委託）**が進められていますが，最も安い値段で落札した事業者に業務を委託することで，政府・自治体は費用を節約することができるのです．これをさらに進めて，保育や教育の分野などでは，利用者に**バウチャー**と呼ばれる金券を渡して，利用者が施設を選び，バウチャーで事業者に利用料を支払う方法が検討されています．よいサービスを提供する事業者ほど，利用者に選

ばれるという形での競争原理が働くわけです．政府・自治体が国民から集めた税金で費用を負担し，サービスの供給量を維持しつつ，同時に競争原理を働かせることで，行政が直接事業を担うことによる非効率や硬直化を回避しようというのです．

3　どの手段を使うか

　ここまで4種類の政策手段を紹介しました．これらを使って，政策リサーチで明らかにした介入のポイントに対策を打つということになります．それでは，どのポイントにどの手段を用いたらよいでしょうか．

　政策リサーチの結果，問題を引き起こしている原因が複数見つかったり，原因から結果に至る経路が二つ以上あることは珍しくありません．介入ポイントが複数ある場合，根本の原因（図表 6-1 でいえば，原因 A）に対策を打つか，それが技術的に難しいならば，問題に至る経路のすべて（媒介要因 B，D および矢印）に対策を講じることを考えます．しかし，すべてのポイントに介入することが技術的にも財政的にも可能であることは稀です．その場合はどこに介入するのが最も効果的で，費用が安上がりで済むかを評価することが必要になります．このための評価については第 4 節で説明します．

　ポイントを決めるのと並行して，政策手段を選択します．前節で説明した手段のどれを使えばよいかは，介入ポイントに応じて考える必要があります．そして，案出した手段について，やはり評価を行います．

　わかりやすい例として，産業廃棄物の不法投棄を考えましょう．不法投棄が横行する原因として，廃棄物の排出量が適法な処理場の容量をはるかに上回っている，そのため処理費用が高騰している，郊外に行くと取締りが緩く，しかも捕まっても罰則が甘いことなどがリサーチによって明らかになったとします．架空の因果関係ですが，図表 6-2 にまとめてみました．これらを踏まえ，廃棄物を減らす対策をとるとすれば，土木・建築事業者や製造業などの企業，病院等に廃棄物のリサイクルと減量を義務づけることが考えられます．これは規制的手段といえます．リサイクルが割に合うよう助成することも考えられます．実際，使い捨てのコンクリート型枠を再利用できるようにする技術開発を促す

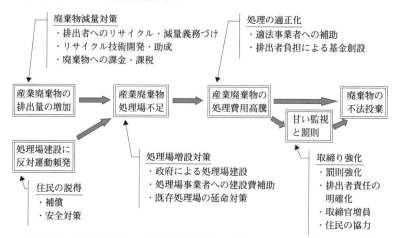

図表 6-2　産業廃棄物の不法投棄に関するダイアグラムと考えうる対策

　対策などが行われています．逆に，廃棄物に課金することで排出量を減らす方法も考えられますが，かえって不法投棄を助長する可能性があることも考慮する必要があります．

　以上は需要面の対策ですが，供給面の対策として，処理場を増やす対策も必要です．政府・自治体が直接処理場建設に乗り出す方法もありますし，廃棄物処理業者に委託したり，補助金を出したり，反対住民を説得したりして，建設を促す方法もあります．既存の処理場の延命を図る対策も行われています．

　排出された廃棄物が不法投棄される経路をふさぐ対策も考えましょう．高騰した処理費用を下げるのに最も効果的なのは，処理場を増やすことですが，それが難しいのであれば，適正な処理を行う事業者に補助するとか，排出者（最終的には消費者）にあらかじめ費用負担を求めておいて，基金などで処理費用を補助することも考えられます．違反の取締りを強化するため，監視員・取締官を増員し研修を行ったり，罰則を強化したりといった対策も考えられます．さらに，監視員の目が届く範囲が限られる郊外などでは，広報を行って住民に関心をもってもらい，不法投棄多発地区住民からの情報提供やさらに進んで監視活動などの協力を仰ぐ方策も考えられます．

　このように，少し試みに考えただけでも，前節で述べた政策手段から様々な対策が組み立てられます．これらはどれも必要な対策であり，技術的・財政的

に可能なら，すべてを組み合わせて実施したいところです．しかし，リサイクル費用を引き下げることは技術的に容易ではありません．処理場は建設予定地住民の同意を得るのが難しいため，ほとんど増やせないのが実情です．取締担当職員を増員することも，行革の流れの中では非常に難しいことです．技術的，財政的，そして政治的に制約がある中で，どれを選ぶか，ぎりぎりの選択をせざるをえません．しかもその選択は，可能な手段の中からどれを選ぶかだけでなく，福祉や教育，治安や地域振興等々と，いずれも待ったなしの対策が迫られる分野の中からどれを選ぶかの選択でもあるのです．そのような選択をするためには，どの対策をとると，いくらぐらいの費用がかかり，その効果はどれだけあるかをできるだけ客観的に予測して判断し，その予測を示して関係者を説得することが求められます．これが次節で説明する政策評価の重要な機能のひとつとなります．

4　政策評価の基礎

政策評価には，政策決定の前に行われる事前評価と，政策が決定され，実行に移されてから，その成果を見極めるために行われる事後評価があることは前述しました．事前にせよ事後にせよ，考え方の基本は同じです．事後評価を基本とし，実験または情報収集と統計分析によって事後と同様の状況を人為的・擬似的に作り出して，政策の効果を実施前に予測するのが事前評価だということができます．

第5章までに社会実験，無作為化，比較，指標などの基本を学びました．政策評価には，これらの考え方を使うことができます．つまり，政策リサーチの技法を理解していれば，政策評価の基本はマスターできているはずなのです．以下では，これまで学んだことを政策評価の観点から整理し直して，様々な政策評価の技法のうち，政策の効果を見積もる（狭義の）政策評価，業績評価，費用便益（費用効果）分析の3種について説明します．

評価の基本

政策評価の中心は，政策の効果を客観的・科学的に見積もる技法です．これ

は，繰り返し述べているように，政策が原因となって，働きかけの対象にどれだけの変化をもたらしたかという因果関係を明らかにすることにほかなりません．したがって，実験や比較などの仮説の検証法と政策評価とは，基本的な考え方において共通するのです．

　政策評価にとって理想の方法は実験です．第4章の社会実験についての説明を今一度振り返ってみましょう．肥料や薬の効能を調べる実験と同様の手法を，社会で起こる事象に適用するのが社会実験でした．実験にあたっては，対策を施した介入群と何もしていない対照群を作ります．その際不可欠なのが無作為化という手法でした．無作為化によって，対策を施したこと以外の条件が二つのグループで同じである状態を作り出します．これが対策の効果を推定するうえで重要なのでした．なぜなら，二つのグループで一定時間経過後の状態に違いがあるとすれば，その原因を対策の有無に求めることができるからです．

　この考え方に立って，政策評価を実験デザインで行おうとするなら，無作為化を行って介入群と対照群を作り，両者を比較することになります．介入群には政策介入を行うわけですから，事後的な評価となります．しかし，政策の本格実施前に小規模の対象集団や地域を選んで実験的に政策を実施すれば，事前評価として政策決定に役立てることも可能です．

　既に述べたように，実験は倫理的，政治的観点から批判を受ける可能性があり，容易に実施できるものではありません．そこで代替的手法が用いられます．その方法を二つ挙げておきましょう．

　第一の方法は，**準実験デザイン**と呼ばれるものです．そのひとつである**マッチング法**は，第4章でも少し触れましたが，アウトカムに影響を与える重要な要因のすべてについて，介入群と近い者を対象集団から選んで対照群を構成し，比較する方法です．これならば，対策を施さないグループをあらかじめ作らなくても，一般の人たちを調査したデータの中から，事後的に介入群と対になるデータを選んで比較することができるわけです．

　第二の方法は，あらかじめ政策の試行を行わずに，統計分析によって，政策の効果を予測するものです．第4章では社会実験の例として，貧困層に対する家賃補助を挙げました．同じ政策の効果を予測するのに，実験を行わず統計分析を用いる方法があります．そのためには，現状の住まいの面積と世帯の所得

のデータを収集し，居住面積を従属変数，所得を独立変数とした重回帰分析を行います．所得以外で居住面積を左右する変数には，家族構成，世帯主の年齢，性別，居住地域の家賃相場等々がありますから，これらも独立変数として重回帰分析に投入します．これによって，所得が1000円──1円でもよい──高いと，居住面積が何平方メートル分広いかを知ることができます．所得以外の要因は，重回帰分析に投入したことで統計的に制御されています．さしあたり，引っ越し費用などを考慮しないとすれば，家賃補助は所得を増加させるわけですから，家賃補助額を何円に設定すると，居住面積が何平方メートル増加するか，政策の効果が予測できるというわけです．この方法は，政策の対象になったかどうか──この例なら補助を受けたかどうか──という独立変数を投入して，事後評価に用いることもできます．

　政策評価を行う際にはロジック・モデルを描き，これに基づき政策の効果を測定します．**ロジック・モデル**とは，政策が効果を発現し，政策介入の対象に変化をもたらす経路を記述する図です．例えば図表 6-3 は，職業訓練プログラムを評価するためのロジック・モデルです．訓練プログラムが受講者の就職を手助けし，若年層の就職難という社会問題をどれだけ改善できるかを測定するわけですが，政策目的の達成に至る経路としては，未就業の若者が訓練プログラムを受講することで職業技能が向上し，求職と求人のミスマッチが解消されて受講者の就職に結びつくという経路と，就職活動に失敗して投げやりになっていた若者が訓練プログラムを通じて自信を取り戻し，積極的な就職活動をすることで就職に成功するという経路の二つを想定しています．

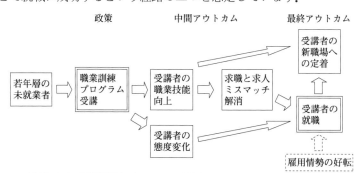

図表 6-3　職業訓練プログラム評価のためのロジック・モデル
出所：秋吉貴雄・伊藤修一郎・北山俊哉『公共政策学の基礎』第 3 版（有斐閣，2020 年）

　このようなロジック・モデルは，見方を変えれば，政策からアウトカムに至る因果関係に関する仮説といえます．したがって，第2章で学んだような，仮説をたてアロー・ダイアグラムを描く技法を応用することができるのです．

　なお，図表6-3に出てくる**アウトカム**とは，政策によって介入対象および社会に生じた変化を意味します．また，**中間アウトカム**とは政策の結果として直ちに発現する変化を指し，**最終アウトカム**とは時間をおいて発現し，政策の最終目的として最も重視される変化を意味します．図表6-3では，受講者の職業技能の向上などが中間アウトカム，受講者の就職や定着，失業率の低下などが最終アウトカムになります．これに関連して，政策を実施するために投入する資金，人員などの資源を**インプット**と呼び，インプットを用いて政府が活動した結果生じる産出物を**アウトプット**と呼びます．図表6-3でいえば，講師の賃金や教室の賃貸料，事務職員（の給与）などがインプットです．また，職業訓練プログラムそれ自体がアウトプットであるし，それを受講した対象者もアウトプットです．したがって，アウトプットを測定するといえば，実施したプログラムの回数や延べ時間数，受講者数などを数えることになります．

業績評価

　実験デザインを中心とした政策評価を行うには，費用も専門知識も必要です．そこで，より簡便な方法として業績評価が用いられることも増えてきました．**業績評価**とは，政策によって達成されるべきアウトカムを，単一または複数の目標値で示し，政策の実施後にその目標がどれだけ達成できたかを評価するものです．政策がその目的を達成できたかを知るにはアウトカム指標が理想ですが，アウトプットについて目標を設定することも多く行われます．アウトカムはデータ収集に制約があること，政策の効果発現に時間がかかることなどの理由から，アウトカム指標の設定は難しいことが多いからです．

　業績評価で用いられる**指標**は，第2章で説明した指標と考え方は同じです．第2章では，抽象的な概念を具体的に観察するために指標を設定しました．一方，業績評価では，客観的にとらえにくい政策の効果や達成度を把握するために設定します．目的は若干異なりますが，とらえにくいものを数値で具体的に把握するという点で共通します．

　業績評価の指標は，公共部門の多様な活動を記述するために，多くの視角から設定されます．例えば，犯罪の発生率や検挙率，大気汚染や水質汚濁のレベル，学力テストの点数，企業の立地件数，失業率等々が挙げられます．近年では，これらの指標を複数設定し，定期的に測定し，推移を追跡することに関心が高まっています．業績評価は実験デザインのような厳密な評価法とはいえませんが，簡便でわかりやすい指標を設定することで，政策の達成度を客観的に示すことができます．この特長を活かして，公共部門の効率性の改善や住民に対する説明責任を果たすことに用いられるのです．

　業績評価が採り入れられつつあるとはいえ，実際に利用するにはいくつかの注意点があります．第一に，政策アウトカムをとらえる指標は様々な要因によって変動するため，安易に政策の効果と結びつけるべきでないことです．例えば若者の失業率はアウトカム指標の有力な候補ですが，失業対策だけでなく，景気や外国との競争などによっても大きく変動します．この点は，本書で学んだ読者なら十分理解されているはずです．

　第二に，とらえようとする事象を適切に表現する指標を得ることは難しいものです．失業率のような社会指標を転用できる場合は限られています．行政機関が政策を実施するうえで自然に集まるデータ——例えば生活保護受給者数，職業訓練プログラムの受講者数など——もありますが，アウトカムではなくアウトプットに関するデータに偏りがちです．かといって，アウトカムに関して独自にデータを収集するには，かなりの費用がかかることを覚悟しなければなりません．

　第三に，誰のための指標かという問題があります．例えば，地価を経済活動やまちづくり政策の指標とすることを考えてみましょう．地域振興政策の結果，経済活動が活発化し，地価が上昇することは，企業，商店主や地権者にとっては好ましいかもしれませんが，勤労者にとっては，働き口が増え，賃金が上がる一方，家賃が上がって暮らしにくくなる可能性もあります．したがって，企業や地権者などの立場に偏った指標が設定されるだけでは，政策の効果として一面的になってしまう可能性があるのです．こうした困難を乗り越えるのにも，本書で学んだ因果関係の連鎖の解明が役立ちます．これに基づき，代替指標の候補を発想できるからです．

費用便益分析・費用効果分析

上述した政策評価（狭義）や業績評価は，政策にかかる費用を考えていません．このため，政策に優先順位をつけるための判断材料とするには不十分です．政策の費用まで考慮するには，費用便益分析と費用効果分析を使います．

まず，**費用便益分析**（CBA）とは，政策の便益（Benefit）と費用（Cost）を金銭という共通の尺度に換算し，両者の比によって評価する手法です．便益／費用という式で表されるところから，B/C（ビー・バー・シー）とも呼ばれ，これが1を上回れば，便益が費用を上回ると判断されます．

この手法を用いる際のポイントは，便益と費用をどうやって金銭に換算するかです．例えば，補助金は金銭そのものだし，直接供給を用いる場合は市場価格を使うことができますが，規制などはどうでしょう．規制の市場価格などないので，経済学理論に基づいた推計を行う必要があります．また，便益の方はほとんどに値段がついていません．特に，政策によって保全される自然とかレクリエーションといったものの便益を推計するのは困難です．ただし，この点に関しては，対象集団に質問を行う方法などが提案されています．例えば，○○地区の自然を保護するのにいくらまでなら負担してもよいと考えるかを質問するのです．

また，誰にとっての便益であり費用なのかによって金額は変化し，論争が生じやすいという難しさもあります．これは指標の設定と同様です．どのように便益を換算するかをめぐっては，政治問題化することもあります．国土交通省が費用便益分析を行って，便益が費用を下回る国道の建設を凍結すると発表したところ，知事や国会議員を巻き込んだ反対の合唱が巻き起こったことは記憶に新しいところです．その際に要望されたのが，国道の便益計算に災害時のライフラインや救命救急の時間短縮といった価値を加え，便益が費用を上回るように見積もることでした．これは便益にどの範囲までを含めるかが論点になった例といえるでしょう．

この例のように，費用便益分析も最近よく使われるようになりました．政策選択や公共事業の中止の判断などに客観性・透明性が生まれてきたことは歓迎できます．しかし，これによってすべてを決められるかのような過大な期待をもつべきではありません．

費用効果分析 は，政策の費用のみを貨幣換算し，求められる結果を達成するための費用の形式で表現する手法です．例えば，小学生の標準テストの点数を10点上げるために，少人数学級や時間外の補習授業といった政策のそれぞれの費用がいくらになるかを示し，最も安上がりな政策を選ぼうとすることが考えられます．逆に，100万円の予算を使ったとしたら，標準テストの点数が何点向上するかという形式で示すこともありえます．費用効果分析を使うには，比較する施策が同じタイプのアウトカムを有していなければならず，教育政策と道路事業を比較するというわけにはいきません．

政策リサーチによって問題の因果関係が解明され，政策介入のポイントが決まり，様々な政策案が提案された中から，どれを選ぶかを判断する際，これらの方法が役に立つことになるでしょう．同時に，それぞれの手法の限界も理解しておくことが大切です．

5 まとめ：政策立案技法の活かし方

ここまで，政策リサーチの結果を政策化する方法論について述べてきました．政策立案の代表的手法である政策分析の手順の大部分は，政策リサーチによって既にカバーされていて，ここで新たに学ぶべき内容は，政策案のデザインと政策（案）の評価でした．しかし，この二つの手順にも政策リサーチの技法が応用できることを示しました．まず，政策案のデザインは，政策リサーチによって解明された因果関係に基づき，原因そのものを取り除いたり，原因が結果を生み出す経路を潰す政策介入を行うことが核となっていました．政策介入に利用しうる政策手段には様々なオプションがあり，それをすべて用いるのは現実的ではありません．そこでどれを選ぶかが問題となります．このため，政策案の効果と費用を見積もり，政策選択の判断材料を生み出す手法として政策評価が登場しました．そして，政策評価にも政策リサーチで学んだ方法論が応用できたのでした．

本章を締めくくるにあたり，政策化の方法論をどう活かすかを助言しておきます．まずは主に実務家向けの助言になります．本章で紹介したような政策立案の手順——特に政策デザイン手法と政策評価の技法——は，現実の政策過程

で活かせるでしょうか．

第一に，政策案の検討・立案についてです．実務において，政策案の検討は審議会やシンクタンクに委ねられることが多いと思います．社会的な影響が大きい政策ほど，この傾向は強まります．だからといって，政策立案を審議会等に丸投げすれば済むわけではありません．事務局なりの案をもつべきです．そのために，本書を通じて得られる技法・知識を活かしていただくことを希望します．政策リサーチの方法論は，諮問・委託に際して仕様を特定し，結果をチェックすることにも役立つと考えます．専門家の探し方は，第3章で説明しました．本章の方法を意識し，自分たちが助言をもらいたいのはどの部分かをはっきりさせ，それに応じた専門家に依頼しましょう．因果関係の特定なのか，規制的手段の案出か，経済的誘因の案出か，政策案の効果予測か．それぞれにふさわしい専門分野をもった研究者がいるはずです．そうした人材に頼むことが，よりよい政策を生み出す鍵になります．

第二に政策評価についてです．政策評価法が施行されたとはいえ，ここで紹介したような評価法をそのままの形で用いて，実際に政策選択を行うことは稀でしょう．しかし，最終決断は，直観的になされるにせよ，関係機関の力関係で決まるにせよ，そこまでに至る過程で政策の利害得失を検討し，利害関係者を説得するときには，意識せずとも政策評価の基本的考え方と類似した思考を巡らせているはずなのです．例えば，かつて私が所属した職場では，対策が必要な問題に関して，想定される対応策のメリット・デメリットを一覧表にして上司に意見具申することが行われていました．政策評価の技法は，これを少し科学的にしたものだといえます．本章で述べた方法を理解すれば，実務に携わる者が普通に行っている過程を，より客観的で合理的なものにできるはずだと私は考えます．

続いて，主に学生に向けたアドバイスです．政策提言型リサーチは，皆がやりたがる研究です．卒業論文などでは，政策提言を行う研究がたくさん出てきますが，思いつきの範囲を超えるものは多くありません．世の中をよくしたいという情熱は感じますが，提言に説得力をもたせることが難しいのです．

「どうすればよいか」「どうすべきか」と問う政策提言型リサーチがありうることを序章で紹介しましたが，その方法論はここまで保留してきました．もは

やいうまでもないでしょうが，本章で説明した内容が政策提言型リサーチの方法論といえます．ただし，この方法論単独でリサーチが成立するかというと，そう簡単ではありません．

そこでまず学生の皆さんに勧めたいのは，原因探究型の研究を実施し，その結果に基づいて提言を行うことです．迂遠に感じられるかもしれませんが，この方が説得力は高まります．本章の説明でも，第1章から第5章までの結果を常に意識し，政策案出の前提とすることを勧めてきたつもりです．

序章で述べたように，研究テーマによっては，もう因果関係の探究は様々に行われていて，原因もほぼ特定され，今後は複数提案されている政策案の中からどれを選ぶかが課題となることがあります．こうしたテーマに関しては提言だけに専念できます．その際，自分の研究のオリジナリティを示すにはどうしたらよいでしょうか．自分が提案する政策案を実施したときに結果はどうなるか，どのような効果が得られるか予測を行ってはどうでしょう．そのとき用いる技法は，本章後半で説明した政策評価となります．

ただし，政策評価は，理論的に理解できても実際に使うのは難しいものです．評価のために社会実験ができれば最高で，行政機関に依頼して得た実験データを分析するのが次善となります．しかし，そのような機会はまず得られません．そこで統計分析を使うか，比較の手法を使います．統計分析による方法は既に説明しました．これを使いこなすには，本書だけでは足りず，統計学に特化した勉強が必要です．比較を使う方法は，類似の政策を実施している事例を見つけて，実施していない地域と——または実施した地域の実施前の時期と——比較し，政策の効果を見積もります．その比較からは，政策がなぜ実施できたのかという洞察も導けるかもしれません．さらに，実施した自治体が複数発見できれば，それらを比較し，成功の程度をランクづけして，その違いがなぜ生じたのかを考察することもできるでしょう．そして，これらの分析から，わが町にもこの政策を応用できるのかを推論するのです．この方法なら，本書で述べた方法を応用することができ，それなりの説得力をもった提言ができるはずです．

最後にゼミ教員や研修講師に向けた提案ですが，政策案の検討はゼミや研修の参加者全員で行ってはどうでしょうか．参加者が各自またはグループで実施

するのは第4章までのリサーチとし，その成果をプレゼンテーションした後に，解明された因果関係の図式を共有し，どこにどのような手段で介入するかのアイディアを出し合い，討論するのです．原案を出し，討論をリードする役割は，リサーチの実施者・グループに担わせてもよいでしょう．政策案の検討は，リサーチ結果のプレゼンテーションとは別に時間をとるだけの内容と教育的価値があるものだと考えます．

おわりに

　ここまでで，政策リサーチの方法論は余すところなくお伝えしました．あと
は皆さんが方法論を活かして政策リサーチを実践してくださるのみです．まず
は，本書の手順に従って，リサーチ・クエスチョンをたて，ノートに書き留め
るところから始めてください．方法論をひととおりマスターするには，本書の
手順に沿って進むのが効率的だと思いますが，それから先は，本書に従っても
よし，自分なりのアレンジを加えてもかまいません．リサーチとは独創性を競
うものです．それは研究方法に関しても発揮されるべきです．

　この本をテキストとしてリサーチに取り組む学生諸君は，ともかく失敗を恐
れず，自分が知らない分野の政策や社会問題にも関心をもって取り組んでほし
いと思います．最初はまったく知らないことでも，根気よく調べているうちに
理解できるようになります．データや資料が得やすいかどうかは，テーマ選び
の大事なポイントですが，自分が興味をもてるクエスチョンかどうかはもっと
大切です．一見，データを得るのが難しそうに思えても，粘り強く取り組むう
ちに，道は拓けてくるものです．

　そうやって得られた発見は，ぜひゼミの仲間や指導教員と共有し議論してく
ださい．また，報告会や論文提出の機会があれば，積極的に活かすことを期待
します．職員研修でこの本を手に取った実務家の皆さんも同様です．忙しい職
務の合間に参加する研修は，息抜きの場になりがちですが，せっかくの機会で
すので，有意義なものにしてください．

　自己研鑽のために取り組もうという読者は，政策リサーチをどのように実践
するのがよいでしょうか．職場や地域社会で直面する問題に関して，リサー
チ・クエスチョンと仮説をたててみるというところから始めることが考えられ
ます．これをひとりでやるのもよいですが，私は誰かと一緒にやることを勧め
ます．理想としては，同僚や同期の仲間，共に市民活動に関わる友人と**自主研
究グループ**（いわゆる**自主研**）を組むことです．

　政府・自治体の仕事に携わる方のほとんどはご存知のはずですが，自主研と

は，日々業務を処理する中で感じた疑問や課題について，職場を超えた多様な参加者と議論をする集まりです．1970年代から80年代にかけて盛上りをみせ，職員研修所が費用や場所を支援するなど，自主研が制度化された自治体もありました．一時期のブームは過ぎましたが，その意義は今でも失われていないと思います．

　自主研には様々なメリットがあります．多様な参加者と議論をすると，課題分析の新たな視点や解決策のヒントが得られます．違う分野の人から話を聞くと，自分では考えもつかなかったような視点に気づくことができるのです．グループでの議論を通じて，自分の考えを論理的に主張する技法も身につきます．自主研の多くで行われているのは，職場での問題意識を発表して議論するという運営ですが，担当分野が違う人，違う職場で働いている人に自分がおかれている現状を伝えるためには，きちんと論理だてて説明しなければなりません．論理性を養うトレーニングとして非常によい機会であるのです．もちろん，グループで議論した結果を職場にフィードバックするというメリットもあります．

　このような自主研究・グループ学習の長所は，序章で強調した政策リサーチの意義と多くの点に関して共通します．したがって，本書に基づくリサーチを自主研の中で行えば，ひとりで自己研鑽に取り組むよりも大きな効果があがるでしょう．同時に，自己流・手探りで活動している自主研にとっても，方法論を手にすることの意義は小さくないものと思います．やる気のあるメンバーのエネルギーが，実質的な成果を生み出すことにつながるものと期待します．

　最後に，政策リサーチが現実の政策形成にどう貢献できるかを述べて，まとめとします．ここまで政策リサーチを実践してみた読者は，仮説をたてることの難しさを感じ，それを検証することはさらに難しいことを実感されたと思います．そのような実感は適切なものです．専門家によるリサーチでも，仮説がまったく疑いを差し挟めないところまでは検証されず，信憑性が高まりはしても，結局のところ仮説のままであることが多いのです．社会科学では，検証され，データによってとりあえず支持された仮説に疑問が呈せられ，それを次の仮説が乗り越えていくことが繰り返されていきます．そうやって知識が蓄積されていくわけです．

　しかし，そんな暫定的な知識に基づいて政策を提案し，実行してよいのかと

心配する読者もいるのではないでしょうか．その危惧はもっともですが，それでもよいと私は考えます．少なくとも現状よりはずっと改善されるはずです．今の政策論争の多くは，単に政策の思いつきを述べ合い，そのうちのどれが好きかを争っているにとどまります．第2章で述べたように，どれが好きか，何を信じるかといった言明を検証することはできません．つまり，現状は，もともと決着不可能な政策論争をしているわけです．本書では，因果関係に関する仮説とその検証結果に基づいて政策を提案するよう説いてきました．これが行われるようになれば，対立する政策案の背後にある仮説に着目し，どの仮説が最も信憑性があるのかを論ずることができるようになります．それらの仮説のどれもが十分に検証されず，仮説のままにとどまったとしても，どの仮説を支持する証拠が最も有力なのかをめぐって争うことができ，仮説の優劣，ひいては政策案の優劣をつけやすくなります．このような論理と客観的な証拠に基づく論争を通じてこそ，政策の質が高まると考えます．政策リサーチの提案は，リサーチ実践者に基本となる思考の道筋を身につけてもらい，質の高い論争の担い手を育てることで，現実の政策形成に貢献することを目指しているのです．

　とはいえ，これはずっと先の目標です．まずは政策リサーチを楽しんでください．

演習例1 自転車事故の原因探究
リサーチ・クエスチョンと仮説の設定

　第1章から第6章までで，具体的な手順や実践的な工夫を含めてリサーチの方法論を詳しく説明しました．ゼミや職員研修で本書を利用している読者は，教員・講師の指導のもとで，自分のテーマに関わるリサーチを進めていけるものと思います．他方で，独習者が実際にやってみるのは難しいかもしれません．リサーチのお手本とするには，本文でも取り上げたような，すぐれた先行研究を読むことが一番よいのですが，皆さんが独習するための手掛りとなるような例を四つ示しておきましょう．まずは，リサーチ・クエスチョンと仮説のたて方に焦点を当てた実践例です．この本のために書き下ろしました．

> **問題の背景**　近年，自転車が関わる交通事故の増加が新聞などで取り上げられることが増えた．特に，自転車が加害者となる事故に注目が集まっている．地球環境問題への対応，「エコな生活」への関心の高まり，災害への備え，健康ブームなどから，今後も自転車利用は増えていくと予想され，自転車に安全に乗れ，歩行者と共存できる環境整備・政策対応が望まれる．

　この問題に関しては，警察庁の自転車対策検討懇談会「自転車の安全利用の促進に関する提言」（2006年11月）が参考になります．同提言では原因探究を行っていませんが，そこで使われているデータ等を基礎にして，いくつかの補足的データも加えながら，因果関係を探究するリサーチの問いと仮説をたててみることにしましょう．

> **リサーチ・クエスチョン（タイプA）**
> 　なぜ自転車が関わる交通事故が起こるのか．自転車事故（特に自転車が加害者となる事故）が増えているとしたら，それはなぜか．自転車事故を防ぐにはどうすればよいか．

　これが最初に思い浮かぶ問いですが，自転車事故の現状については不明な点が

多いため，まず，次のような現状確認型リサーチ・クエスチョン（タイプ B）を
たて，逐次的に答えを見出していきましょう．以下では説明の便宜のためにクエ
スチョンに番号をつけます．

リサーチ・クエスチョン（タイプ B）
RQ 1　そもそも自転車事故は増えているのか．事故の現状はどうなっているか．
RQ 2　自転車が加害者となる事故は増えているのか．新聞等で問題になるほど
件数が多いのか．

---

e-Stat から，交通事故に関するデータが入手できます（警察庁ホームページで
も可）．それを積み上げグラフと折れ線グラフを組み合わせて図示してみます．
Excel を使ったグラフの描き方は第 4 章で説明しましたが，グラフウィザードに
この 2 種の組合せがないので，少し手間がかかります．まず，すべてのデータ系
列で積み上げグラフを描いてから，必要な系列のみ折れ線に変更するとうまく
いきます．

RQ 1 についての検討　図表例-1 の積み上げグラフによれば，交通事故による
死者数は減少傾向にあるが，自転車乗用中死者数の減り方が小さいため，折れ線
で示したように自転車乗用中死者数の割合は増加している．一方，図表例-2 に
よれば，交通事故による全負傷者数および自転車乗用中負傷者数は，2004 年ご
ろをピークに減り始めているが，自転車乗用中負傷者数の減り方が小さいため，

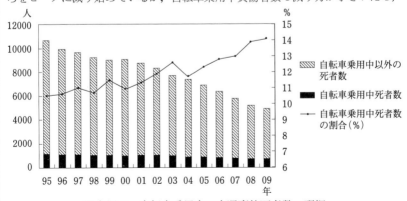

図表例-1　自転車乗用中の交通事故死者数の現況
出所：警察庁「平成 21 年中の交通事故の発生状況」（2010 年 2 月）に基づき筆者作成

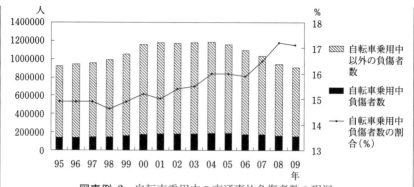

図表例-2　自転車乗用中の交通事故負傷者数の現況

出所：同上

　全負傷者に占める自転車乗用中負傷者数の割合は増加している．なお，図表は省略したが，交通事故件数も 2004 年をピークに減少に転じている．以上のことから，RQ 1 に関しては，自転車事故の件数が増えているとはいえないが，全交通事故に占める割合が増えているので目立つようになったといえる．

RQ 2 についての検討　図表例-3 の棒グラフをみると，自転車の対歩行者事故件数は増加し続けている．2009 年には 2934 件となり，1995 年における 563 件と比べると 5 倍以上になっている．ただし，死亡事故は毎年 1 桁台で推移している．この統計は事故件数を示したものなので単純に自転車が加害者とは言い切れないが，自転車対歩行者の事故が増えていることは間違いない．また，これらは警察

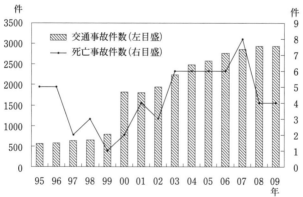

図表例-3　自転車（第 1・2 当事者）の対歩行者事故件数

出所：同上

に把握されたもののみであるから，実際に起こった事故件数はこれよりはるかに多いものと推測され，新聞等で問題になるのももっともだといえる。なお，この統計には自転車側の過失が歩行者よりも重いか同程度の場合（第 1 当事者）だけでなく，過失が軽い場合（第 2 当事者）も含んでいる。

RQ 1，RQ 2 を検討した結果，自転車が関わる交通事故の現状がある程度理解できました。自転車乗用中の事故（死者・負傷者）は横ばいか減少しており，はっきり増加しているのは，自転車対歩行者の事故だけでした。そこで A タイプのリサーチ・クエスチョンを次のように修正し，以下では増加を続けている自転車対歩行者の事故に絞って検討します。

修正されたリサーチ・クエスチョン（タイプ A）

交通事故全体が減少しているのに，なぜ自転車対歩行者の事故が増えているのか。

次に，このクエスチョンに対応した仮説をたてます。第 2 章では事例研究によって仮説を導く方法を紹介しました。理想的にはどこかの地域を選んで，自転車事故がどのように起こっているのか詳しく調べてみるとよいのですが，ここではそこまでの作業はできません。そこで，新聞記事から仮説を導くヒントを得ることにします。聞蔵を使い，「自転車＆事故＆歩行者」というキーワードで 2010 年 1 月 1 日以降 2011 年 1 月 31 日までの記事検索を行いました（本来はもっと期間を長く取って検索を行うべきです）。ヒットした記事の要旨は以下のとおりです。

自転車事故関連記事の要旨　2010.1.1〜2011.1.31

〈自転車と歩行者の分離に関するもの〉

・自転車と歩行者の接触を防ぐため車道を区切って自転車専用レーン設置：大分県（2010.1.19 大分全県），国土交通省山形河川国道事務所（2010.1.31 山形など），国交省松山河川国道工事事務所（2010.2.10 愛媛全県）。

・高松市道路課による自転車専用レーン設置に関するアンケート結果：安全になったと思うと答えた回答者は，歩行者約 71 ％，自転車利用者約 59 ％（2010.2.24 香川全県）。

・富山県道の自転車専用レーンの利用を調査。31 ％のみが専用レーンを利用，

残りの 69 ％は歩道を通行（2010.5.3 富山全県）.

・地元商店街が自転車専用レーンの見直し求め署名開始．自動車の渋滞で買い物客が減少（2010.9.19 山形），沿道商店主の反発で専用レーンの整備停滞（2010.11.22 東京本社）.

〈自転車運転者のマナー等に関するもの〉

・自転車事故の背景には自転車運転者のマナーの悪さがある．2009 年 7 月から県警は県道路交通規則を改正し，携帯電話で話しながら自転車を運転した場合には 5 万円以下の罰金とした（2010.2.10 愛媛全県）.

・歩行者も利用する多摩川サイクリングロードで，競技用などの速い自転車が歩行者の間を縫うように走行．我が物顔で歩行者に「どけ」と怒鳴る．2009 年 6 月には死亡事故も発生．自転車の速度を抑える段差を設けた（2010.5.7 東京都心）.

・奈良県の自転車事故の状況は，交差点での出会い頭が過半数で，一時停止や安全確認を怠ったことが原因（2010.5.10 奈良 1）.

・自転車と歩行者の事故は信号無視など自転車側に違反があった割合が 66.7 ％．携帯電話を使いながらの運転や電動自転車の事故が目立つ（2010.11.22 東京本社）.

・自転車運転者のための保険加入率低く，対歩行者事故で多額の賠償金発生も（2010.11.22 東京本社，2011.1.6 大阪本社）.

・2008 年に警察庁が教則を改正し，走行中のヘッドホン使用，携帯通話，傘差しの禁止を明示（2010.11.22 東京本社）.

・県警が自転車の悪質運転者の取り締まり強化（2010.11.29 北九州，2011.1.30 京都市内）.

〈その他〉

・交通事故が減らない中で死者が減り続けるのは，車の安全性向上，シートベルト着用の浸透，車両速度の低下，飲酒運転に対する厳罰化などによると考えられる．他方，高齢者や歩行者の事故を減らす施策が依然不足（2010.4.7 東京本社）.

・エコブームで自転車人気広がる（2010.11.22 東京本社）.

以上の記事から導かれた仮説は以下のとおりです．括弧内は，統計分析または比較による検証がしやすいよう，「……ほど」の形式で示した仮説です．

仮説 1 自転車交通量の増大が自転車事故増加の原因となっている（自転車の交

通量が増えるほど，自転車事故が増える）.

仮説 2　自転車と歩行者の混在，自転車専用道路・専用レーンの不足，専用レーンまたは車道通行義務の周知不足が自転車事故の原因となっている（自転車と歩行者が混在しているほど，自転車事故が増える）.

仮説 3　自転車運転者のマナーの悪化や危険運転の増加が自転車事故増加の原因となっている（自転車運転者のマナーが悪くなるほど，自転車事故が増える）

仮説 4　高齢の歩行者が自転車と接触する（歩行者に占める高齢者の割合が増えるほど，自転車との接触事故が増える）.

　事故原因を探究する直接的な方法は，ひとつひとつの事故がどのように起こったか丹念に調べることです（このような方法で自転車事故（対車両）の原因を探った先行研究に，岸田孝弥「自転車事故と走行状態：高崎市における自転車の走行状態の実態について」『高崎経済大学論集』30 巻 1・2 号，1987 年があります）. 本来は事故原因の探究はこうあるべきで，個人レベルの規則性と社会レベルの規則性とは区別しなければなりません.

　自動車事故に関しては，そのような個人レベルの分析に資するよう，事故の様態が分類され，詳しい統計が公開されています. 残念ながら，自転車対歩行者の事故に関しては，そのような詳しい統計は見当たりません. 警察庁所管の財団法人から購入できる統計などもあるようですが，ここではインターネット上から入手できるデータのみを用いて，仮説 1 から仮説 4 までが実態に沿うものか，ここからさらにブレイクダウンした問いをたてる必要はないかを検討します. 本格的検証というには物足りませんが，リサーチ・クエスチョンと仮説のたて方を示すという，この演習例の目的には十分でしょう. また，不十分ながら，これも第 4 章で説明した比較の考え方に沿った検証の一種だとみることもできます. なぜなら，年ごと，一定の期間ごとにデータをとらえ，自転車事故件数を従属変数，それ以外のデータ（自転車保有台数など）を独立変数とした，通時的な比較を行っているからです.

　まず，仮説 1（交通量の増大）について検討します. そのためのデータはどうやって得たらよいでしょうか. 特定の路線における自転車交通量を把握する方法は，路上に出て通過する自転車の台数を計測することです. これを自分でやってみるのも一法ですが，国道や都道府県道（主要地方道および一般県道），政令指定都市の一部の市道については，概ね 5 年おきに「道路交通センサス」が行われ

ていて，その調査項目のひとつとして自転車交通量の測定が行われています．も
し興味のある地区がこの中にあれば，都道府県および政令指定都市のホームペー
ジでデータが公開されているので使うことができます．

　ここでは個別の路線についてではなく全国的な傾向を知りたいので，自転車保
有台数で代表させることにします．保有された自転車がすべて利用されるわけで
はありませんが，保有台数が増えれば交通量は増えると考えられるので，保有台
数から自転車交通量の推移をおおまかに知ることはできるでしょう．

仮説1の検討　図表例-4によれば，自転車の保有台数が緩やかに増加している
一方で，自転車対歩行者事故件数は4.6倍の増加である．保有台数の増加が多少
なりとも事故件数の増加に寄与したかもしれないが，事故件数の急増の主な原因
といえるのかは疑問である．また1999年から2000年にかけての事故件数の急増
も保有台数の推移からは説明できない．

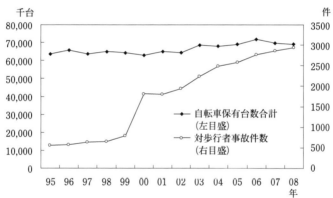

図表例-4　自転車保有台数および自転車対歩行者事故件数
出所：図表例-1に同じ．保有台数は（社）自転車協会資料（財団法人自転車産業振興
協会ホームページから2011.3.10ダウンロード）

　どの地域で事故が多発しているかを知ることも交通量との関係の検証となりえ
ます．共時的比較の考え方です．残念ながら警察庁の統計には地域別にまとめた
データがありませんが，警視庁の統計によれば，東京都内の自転車対歩行者の事
故は2009年で1053件あり，全国の事故総数の3分の1を占めています（出所：
「警視庁の統計　平成21年」第12表「交通事故の当事者別発生状況（第1・2当事

者相関表)」). 人口が多い (おそらく交通量も多い) 地域で多くの事故が起きて
いるといえます.

　次に仮説 2 (自転車と歩行者の混在) について検討します. ここでは事故の発
生場所が問題となります. 仮に横断中の事故が多いとしたら, 専用レーンをいく
ら設けたとしても, 効果が限定されます. 専用レーンを設けても, 交差点におい
ては, 自転車と歩行者が接近したり, 交差したりするからです. そこでまず, 警
察庁の統計に基づき, 事故がどこで起こっているかをみることにします.

仮説 2 の検討　図表例-5 は自転車対歩行者の事故を類型別にみたものである.
最も多い類型は「その他」であるが, 内訳は明らかにされておらず, 本格的な分
析を行う際には, 詳細を調べる必要がある.「その他」に続くのが「横断中」で
あり, 2008 年以降急増している. 自転車専用レーンを設けても, 交差点や横断
歩道では, 自転車と歩行者の通行帯が交わるため, この類型の事故は防げない可
能性がある. 言い換えれば, 自転車と歩行者の混在が問題というわけではないこ
とになる.

　横断中の次に多いのが「対面通行中」であり,「背面通行中」が続く. この二
つは歩道または車道を通行中の接触である. 両者を合算すると横断中よりも多く
なる. この内訳をみたのが図表例-6 であり, 歩道上と車道の 2 類型がほとんど
を占め, 件数はほぼ拮抗している. 車道というのは, 歩道がない道路を自転車も
歩行者も通行していたケースだと考えられる. この二つの類型に関しては, 自転
車・歩行者の混在が事故を引き起こしている可能性が高く, 専用レーン等を設け
て, 自転車と歩行者を空間的に分離することは有効であろう. ただし, 昔から自

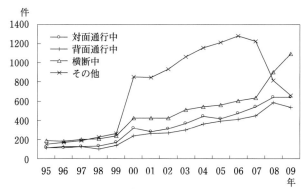

図表例-5　自転車対歩行者の事故の類型別発生状況
出所：図表例-1 に同じ

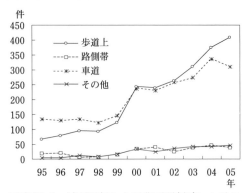

図表例-6　対面通行および背面通行時における
**　事故発生場所の内訳**
出所：自転車対策検討懇談会「自転車の安全利用の促進に関
　する提言」（2006 年 11 月）に基づき筆者作成

転車と歩行者は同じ歩道上（または車道上）を通行していたのであり，なぜ近年
になって事故が増えているのかは説明できない．

　原則的に歩道は自転車通行が禁止されています．それなのに歩道上で事故が起
こっているのはなぜでしょうか．図表例-6 のデータは，対面通行および背面通
行を合算したものですから，歩道上の事故の際には，自転車は歩道上を通行して
いたことになります．新聞記事にもありましたが，自転車専用レーンがあっても，
それを利用せず歩道を通行する自転車が多いと考えられます．ここからは次の問
いと仮説が導かれます．

RQ3　自転車が歩道を通行するのはなぜか．自転車専用レーンがあっても利用
しないのはなぜか．
仮説2-1　車道通行が危険である．危険だと考えられている．
仮説2-2　車道通行，専用レーンの通行は不便であるため利用しない．
仮説2-3　専用レーンの存在を知らない．歩道が通行禁止（例外的に通行を認め
られるもの）であることを知らない．

　仮説 2-1 は，車道上において自転車が自動車から迷惑がられ，ときには嫌がら
せを受けるといった現状を知らせる新聞記事を参考にしたものです．自転車対車

両の事故の形態に関する詳しいデータが公開されているので，その分析によって一定の検証が行えるでしょう（ここでは省略します．以下同じ）．

仮説 2-2 も新聞記事がヒントになっています．車道や専用レーンを通行する場合，自転車は車両として左側を通行しなければなりません．これが自転車の機動性を損ないます．例えば，商店などの目的地が自転車の進行方向に向かって後方の自分側サイドにある場合を考えてみましょう．専用レーンを使って行こうとすれば，信号などがある横断場所まで進み（このとき目的地からは遠ざかる），一度反対車線に渡ってから専用レーンを進み（いったん目的地を通り過ぎる），道路を横断して，元のレーンに戻ったうえで目的地に進む必要があります．それなら，歩道を通行した方が早いのです．このとき正しくは自転車から降りて手押しするべきですが，多くの運転者は自転車に乗ったまま逆走するでしょう．

なぜ歩道を通行するかに関して，自転車利用者の意識を調査した既存データは見当たりません．仮説 2-2（および仮説 2-3）を検証しようとすれば，独自の調査が必要になります．

さて，元の仮説 2 に戻って検討を続けると，現状で自転車専用道や専用レーンがどのくらい整備されているのかを調べ（既存統計があります），不足していると判断すれば，なぜ整備が進まないか（RQ 4）と問うべきでしょう．前掲の新聞記事によれば，商店の反対が大きいとされています．また，予算の優先順位が低いことや日本の道路は幅員が狭いという技術的理由もあるでしょう．これらを仮説として検証する中で，なぜ沿道の商店が反対するのか，それを乗り越えるにはどうしたらよいかと問うこともできます．

仮説 2 の検討はこのくらいにして，仮説 3（マナーの悪化）に移りましょう．前掲の新聞記事によれば，マナーの悪化・危険運転には，自転車走行中の携帯電話やヘッドホンの使用，傘差し運転，無灯火，暴走，信号無視などがあります．携帯電話使用の増加などは，私たちの実感に合っています．これを裏づけるには，自転車事故の際の違反の有無・様態の分析が有用です．しかし，警察庁「平成21 年中の交通事故の発生状況」（自転車乗用者の法令違反別死傷者数の推移）のデータには，対自動車の事故も含まれていて，自転車対歩行者の事故だけをみることができません．また，違反の類型には，「信号無視」「通行区分違反」「前方不注意」などがありますが，私たちが注目する「携帯電話使用」などは含まれません（図表省略）．検証には独自のデータ収集が必要になりそうです．なお，この対自動車事故を含む統計では，各類型とも 2001 年から 2007 年までのどこかを

ピークに減少に転じています．したがって，必ずしもマナーの悪化や違反増加と事故増加とは関連づけられません．

　事故件数とは別に，道路交通法違反件数については，警察庁「平成21年の犯罪」の中に「道路交通法違反　違反態様別　送致・告知件数」という統計表があり，軽車両（自転車を含む）による違反は，2005年の326件から，2009年の1616件へと急増しています．ただし，2009年中の違反の内訳は，「しゃ断踏み切り立ち入り」436件，「信号無視」433件などとなっており，対歩行者事故とは関係が薄いものが多数を占めています．これも検証には使えません．

　しかし，朝日新聞2011年1月30日（京都市内1）によれば，2010年における京都府警による自転車への違反指導は約12万件になるそうです（2009年は約3万件）．公開されていないだけで，違反やマナーの悪化に関するデータはあるのかもしれません．

　仮に，危険運転の増加やマナーの悪化が裏づけられるとすれば，なぜそうした変化が起こっているのか，運転マナーと運転者の年齢（特に若年齢層）との関係はあるか，マナーの悪化がどのように事故につながっているのかといった点を問うことになります．また，各地で児童生徒向けの交通安全教室などが開かれていますが，なぜそれがマナー向上につながらないのかといった問いも探究する意義があるでしょう．それぞれの問いについて，複数の仮説がたてられそうです．

　長くなったので仮説4（高齢者の増加）については省略しますが，仮説3までと同様に検討を進めることができます．ただし，自転車乗車中および歩行中の年齢層別死傷者数は公開されていますが，自転車対歩行者の事故についての年齢層別データは見当たりません．関係機関に依頼するなどしてデータを入手する必要があります．

　問いと仮説を練る作業の例を示す目的は果たせたので，ここで終わりますが，最後に注意しておきたいのは，上記の仮説に示された要因が個別に作用するとは限らないことです．例えば，自転車の交通量が増大しても，自転車専用道路や自転車専用レーンが整備されて，それが適切に利用されていれば事故は防げるでしょう．自転車と歩行者が混在しても，マナーが改善されて，歩行者に配慮した運転がされれば，事故は起こりにくいと予想されます．つまり，上記仮説に示された各要因は組み合わされて作用するのです．その関係をあらかじめ想定しておくことも仮説をたてる際の大切な仕事となります．ここで挙げた要因に皆さんが考えた要因を加えて，ぜひ皆さん自身がダイアグラムを描いてみてください．

演習例2　景観保全の成功条件抽出
比較を用いた検証

　続いて，比較を用いた検証の例を示します．出典は伊藤修一郎『自治体発の政策革新：景観条例から景観法へ』（木鐸社，2006年）第5章および第10章です．同書では，景観条例制定の成否と条例の内容を主な従属変数としています．これに若干のアレンジを加えて，「バブル経済とリゾート開発ブームのもとで全国的に景観破壊が進んだが，一部の市町村で景観が保全できたのはなぜか」というリサーチ・クエスチョンを探究するものとします．分析単位は市町村とし，分析期間は1980年代末から1990年代前半までです．この時期には，バブル経済の乱開発と，その後のリゾート開発ブームによって，日本中の景観が危機に瀕しました．

　なお，紙幅の制約があるので，問題を若干単純化して説明します（データや観察結果はそのままです）．演習例1に比べると論文の体裁に近づいていますが，論文の執筆例だと誤解しないようお願いします（そもそも論文は「ですます体」では書きません）．

従属変数（リサーチ・クエスチョン）

　ここではリサーチ・クエスチョンを掘り下げる代わりに，従属変数について検討します．その方が紙幅を節約して比較の作業に入れるからです．ここでは二つの従属変数を設定します．

　まず，上述のリサーチ・クエスチョンに対応した従属変数は，「景観が保全できたかどうか」です．日本の各地に，手つかずの自然や人の手で磨き抜かれた農村の景観をみることができます．こうした良好な景観が保全されたか，それとも高層リゾートマンションなどが建設されて景観が破壊されたかは，比較的明瞭な形で観察し，判定できます．

　早い時期に強力な景観政策を導入して大規模建築・開発を抑え込めれば，景観は保全できます．景観保全の成否は景観政策に左右されるのです．こう考えると，次に問うべきは「なぜ強力な景観政策が導入できたか」になります．そこで「景観政策がいつ導入され，どのような内容だったか（景観政策の導入時期および内容）」を中間的な従属変数とします．つまり，アウトカム（景観保全の成否）を測る前段の従属変数として，アウトプット（景観政策）を位置づけるのです．い

うまでもなく，景観政策は，景観保全の成否という従属変数に対する独立変数でもあります．

アウトプットの従属変数（景観政策の内容）の値は，第 6 章の分類でいう鞭（規制）と説教（情報）に分けられます．前者は法律を根拠とする規制です．後者は主に景観条例です．ただし，景観条例の内容は多様であり，補助（誘因）や規制的手段を含みますので，次のように再分類します．

景観条例の基本は，建築行為者・開発事業者を行政指導によって説得するところにあります．このため，強制力をもたず，従わない意思を示した行為者を従わせることはできません．多くの市町村は，条例を制定しただけで保全すべき地区を指定できなかったり，地区を指定しても緩い基準しか定めなかったり，行政指導による説得を超える効力をもたせることができていません．こうした「指導条例」は，強制力をもつ規制に比して，明らかに効力の点で劣ります．周囲の景観に調和した建築を行う者に助成することを定めた「助成条例」も，強制力をもたないという点で，指導条例と同等か，それ以下の効力しかないといえます．

他方，景観条例のもとで地区を指定し，住民合意を図り，厳しい景観基準を設定した市町村もあります．住民協定を結んで，基準に強制力をもたせたところや，開発行為を計画する者に首長との協議を義務づけ，違反者には氏名公表の制裁を用意しているところもあります．これらは，行政指導を基本とした景観条例とはいえ，規制的な手段に近づいているといえます．これを「規制的条例」と呼びます．景観条例が純粋に指導に頼るものか，規制的色彩を帯びたものかは，地区指定の有無，基準の厳しさ，運用方法などを総合的にみて判定します．

独立変数（仮説）

地域の景観が保全できた原因を探究するため，(1)景観を破壊するような開発圧力があったか，(2)自治体が機を逃さず開発を制限する政策を導入できたか，(3)住民が開発圧力に屈しなかったかの 3 点について検討します．

第一に，開発圧力が弱ければ，景観は大きくは破壊されません．徐々に建替えが行われる中で，周囲と調和しない建物が増えていくにとどまります．分析対象期間においては，バブル経済やリゾートブームなどによって，日本全土に開発圧力が及び，都市部から相当に離れた場所でも，高層マンション建設などが計画されました．高層マンションなどによる景観の激しい変貌に比べれば，建替えによる緩やかな変容は，保全の範囲内であるとみなします．

　第二に，開発圧力が強くても，開発抑制的な景観政策が導入されれば，景観は保全されます．政策の効力は強い順に，法規制，規制的条例，指導条例，助成条例，条例なし（開発指導要綱などがあるだけ）となり，効力が強いほど景観は保全されやすいでしょう．また，政策の導入時期も結果に影響します．景観が破壊されないうちに保全するためには，導入時期が早いほどよいと予想されます．

　第三に，開発圧力が強く，強力な政策がなくても，住民がこぞって開発に抵抗すれば，景観破壊を食い止められる可能性があります．沖縄県の離島などでは，地権者のすべてが街並みに愛着をもち，外部資本には土地を売らないという合意をしている事例が観察されます．そのような地域では，明示のルールがなくても，地権者が家の建替えを行うときに街並みとの調和に配慮することが暗黙の了解事項となっています．

　このような地域の特徴は，住民の転入出が少なく，安定したコミュニティが築かれていることです．逆にいえば，住民の顔ぶれがどんどん変わる地域では，景観保全についての合意ができにくいし，仮に合意があったとしても新住民にまで浸透させることが困難です．このような条件は，人口規模が大きな市では成り立ちがたく，規模の小さな町村に備わるものと予想されます．後述しますが，このような地域では，規制的な政策の導入にも合意が成り立ちやすいので，政策も導入されやすいと予想されます．

　以上をまとめると，図表例-7のように整理できます（アロー・ダイアグラムを用いなかったのは，こちらの方が場合分けをうまくできるからです）．開発圧力が弱い場合，開発圧力が強くても政策の効力が強い場合，この二つが欠けても住民一丸の抵抗がある場合，景観は保全されると予想されます．他方，開発圧力が強く，景観政策がないか弱い場合で，かつ住民一丸の抵抗もない場合は，景観が破壊されると予想されます．

開発圧力	政策	住民一丸の抵抗	結果
弱			景観保全
強	強い		景観保全
	弱い〜なし	あり	景観保全
		なし	景観破壊

図表例-7　景観保全が実現する条件

　以上の内容を，政策の導入時期やコミュニティに関する考察などを含めて，仮説の形式で記述しておくと，次のとおりとなります．

仮説1 開発圧力が弱ければ，景観は保全される．

仮説2 景観政策の効力が強いほど，景観は保全されやすい．

仮説2-2 景観政策の導入時期が早いほど，景観が保全されやすい．

仮説3 地域コミュニティの顔ぶれが安定しているほど，（景観保全の合意形成がなされて住民一体となった抵抗が起こり）景観が保全されやすい．

　それでは次に，景観政策の採用を促す要因について検討しましょう．ここで問題とする景観政策とは，開発を抑制できるだけの強い効力をもった政策を意味し，具体的には規制および規制的条例を想定します（最終的には，仮説2の検証によって定まります）．

　これに対する独立変数として，(4)住民による反対運動や政策を求める要求の有無，(5)行政のやる気，特に首長のリーダーシップを検討します．

　まず，主に開発圧力が強い場合ですが，具体化した開発計画や高層マンション建設計画に住民が反対して，自治体に景観政策導入を要求する例がしばしば観察されます．これに対抗して開発事業者や地権者も，商工業者や議員を味方につけて計画推進を図ります——時には裁判もちらつかせます——ので，自治体が反対住民の声に応えて建築・開発を制限する政策を導入することは容易ではありません．計画地周辺の住民から始まった反対運動がどこまで広がるか——さらに広い範囲の住民や議員を巻き込んで合意できるか——が，自治体を動かして，政策導入できるかを左右します．仮説3と重複しますが，コミュニティの顔ぶれが安定しているほど，政策の導入に関する合意が形成されやすいと予想されます．

　なお，開発圧力が弱い場合にも，行政の担当者が周辺市町村の様子をみて，利害対立が顕在化しないうちに条例を制定しようとすることがあります．こうしたケースでは，進行中の開発計画がない分，あからさまな反対者はいませんが，住民の側にも危機感が薄いので，合意が形成できるかどうかは，行政の担当者のやる気と手腕に依存するでしょう．

　次に，政策導入の最終決定には，首長の決断が鍵となります．特に賛否が割れるケースで，これがいえます．どのような場合に首長が政策導入を決断するのかは難しい問題ですが，ひとつは首長の信念——もともと景観保全に熱心な首長が選挙で選出される場合——です．もうひとつは，住民の後押し——どれだけ多くの住民が保全に合意するか——によります．

　以上をまとめると，次のような仮説が提起できます．

仮説4 住民の反対運動が強いほど，景観政策が導入されやすい．このとき，地域コミュニティの顔ぶれが安定しているほど運動が広がり，政策が導入されやすい．

　仮説 4-2 開発圧力が弱いときには，行政の担当者のやる気と手腕が高ければ，政策が導入されやすい．

　仮説5 首長が主導するほど，景観政策が導入されやすい．

事例の選定

　景観保全には法規制の運用，広域的な開発と保全に関する方針決定や保全資金の助成など，都道府県の役割も重要です．ここで知りたいのは市町村の政策と各種要因が景観保全の成否に与える影響ですから，県の政策の影響はコントロールする必要があります．このため，ひとつの県内からすべての事例を選びます．ひとつの県内に限ることによって，首都圏からの距離などもコントロールすることができます．

　事例選択は，独立変数と従属変数に分散が生じるように行います．つまり，差異法を意図しています．選定する自治体は，分析対象となる期間において良好な景観が残っているところです．日本の多くの都市では，保全すべき良好な景観が戦災や高度経済成長期の開発で破壊されました．こうした都市を含めると景観を保全できたかどうかの判別が難しくなるので分析対象から除きました．結果として，本例で扱うのは，良好な景観が残された8町村となり，主に自然景観と農村景観が保全すべき対象です．

事例のまとめ

　事例の観察結果は，図表例-8にまとめました．アウトカムとしての従属変数は「景観が保全できたかどうか」で，保全，やや破壊，破壊の3カテゴリーを設定しました．アウトプットとしての従属変数は3種あり，第一に「景観政策の有無」で，規制，条例，なしの3値をとります．第二が「条例等の制定年」で，暦年で記載しています．いつまでに制定できれば破壊が食い止められたかは，地域によって異なりますが，1989年がバブル経済のピークで，90年，91年ごろがリゾートブームのピークであったことを考えると，92年あたりが最後のチャンスでした．第三に「政策内容」ですが，厳しい方から，規制，規制的条例，指導条

図表例-8 　景観の保全をめぐる観察結果（比較表）

市町村		A 町	B 町	C 村	D 町	E 村	F 町	G 村	H 村
従属変数	景観の保全状況	保全	やや壊	保全	破壊	保全	破壊	保全	保全
	景観政策の有無	条例	なし	規制	条例	条例	なし	条例	条例
	条例等の制定年	1989	—	1991	1993	1990	—	1997	1992
	政策内容	助成	—	規制	指導	規制的	—	指導	規制的
社会経済要因	人口	14481	11323	11135	8294	7925	7004	6106	4273
	転入者数	414	359	445	501	197	321	160	117
	転出者数	390	395	424	742	207	400	151	103
	第 1 次産業就業者比率	15.2 %	17.4	30.9	1	16	2.9	20.6	31.2
	開発圧力	弱	強	強	強	強	強	弱	中
政治要因	首長主導	×	×	○	×	×	×	○	×
	行政主導	○	×	○	○	○	×	×	○
	反対運動	×	×	強	強	×	一部	×	×

例，助成条例の順となります．

　独立変数は，社会経済要因と政治要因に分けました．まず社会経済要因からです．人口と転入者数・転出者数は，その地域のコミュニティの顔ぶれがどれだけ安定的かを示す指標で，どれも小さいほど安定的であるとみます．第 1 次産業就業者比率は，都市化の度合いを示す指標として用いていて，小さいほど都市化が進んでいるとみます．開発圧力は，強・中・弱の 3 段階としました．なお，景観の保全状況（従属変数）と開発圧力の判定にあたっては，筆者の現地調査結果と新聞報道や聞き取り調査で得られた開発や建築の申請件数および完成件数を勘案しました．

　政治要因は，仮説を踏まえ 3 種類としました．それらは，「首長主導」（政策導入をめぐり首長の主導があったか，○：あり，×：なし），「行政主導」（行政が主導したか，○：した，×：しない），「反対運動」（住民による反対運動や政策を求める要求があったか，強：強い要求あり，×：なし，一部：一部の地域や住民にあった）です．なお，景観の保全状況を従属変数とした場合，条例等の制定年および政策内容も政治要因としての独立変数に位置づけられます．

比較による検証

　それでは，図表例-8 を用いて仮説を検証しましょう．まず，仮説 1 （開発圧力仮説）については，開発圧力が弱かったのが A 町と G 村です．どちらも景観は保全されました．これら町村では，大規模な建築や開発は計画されませんでした．理由は，首都圏からの幹線鉄道・高速道路から離れていることと，多くの土地が

農業振興地域であったり，電力会社の所有地であったりして，開発の適地が少なかったことです．両町村とも景観条例を制定していますが，A町の条例は歴史的街並み保存のための法規制導入に失敗した後の代替的条例で，歴史的建造物の保存を促す助成のみを定めたものです．G村の条例は制定時期が遅く，緩やかな内容で地域指定もしていない指導条例です．この2町村で景観が保全できた理由は，政策のためではなく，開発圧力が強くなかったからだといえます．仮説1は支持されました．

　仮説2（政策効力仮説）については，開発圧力が中〜強に分類されたB町，C村，D町，E村，F町，H村を比較します．C村は法律に基づく規制を導入しました．E村とH村は規制的条例を制定しました．E村は条例に基づき地区を指定し，厳しい基準を設定し，住民協定を結んで遵守を担保しました．H村の条例も，高さ制限を定め，村長との協議を事業者に義務づけるなど内容的に厳しいものです．これら3村が効力の強い政策を導入したといえます．景観は3村とも保全されました．

　D町は指導条例を制定しましたが，地区を指定せず，高さ基準もマンションが建ち並ぶ現状を追認するものでした．景観は破壊されました．ただし，この町は全国有数の温泉観光地であり，都市計画上は都市的な土地利用が予定されていました．多くの高層マンション計画に，住民から反対の声が上がりましたが，都市計画では想定されていた事態であり，景観破壊と断じてしまうのは公平さを欠くかもしれません．B町とF町は景観政策を導入せず，景観は破壊されました．以上から，規制または規制的条例という効力の強い景観政策を導入できた町村でのみ，景観が保全されたといえます．仮説2も支持されました．

　政策の導入時期については，上記6町村の中ではD町が最も遅い1993年です（未制定を除く）．景観は破壊されました．保全できたH村の92年とどれだけの違いがあるのかという疑問が出るかもしれません．実はこの県内では，観光地であるD町やF町からマンション建設が始まり，次第にC村，E村，H村に広がりました．C村やE村では計画がもち上がるや直ちに手を打ったので食い止めることができましたが，D町で条例を作ったときには，概ね建設は完了していました．したがって，政策の導入時期も重要であることが確認できました．

　なお，H村については，マンション建設や開発の計画について村役場にしばしば相談があったことが確認されています．しかし，すぐに立消えになったそうなので，開発圧力を中と判定しました．このため，景観が保全されたのは，政策

の効果によるものか，それとも開発圧力が強くなかったことによるのかは判断が難しいところです．仮に政策がなかったらどうだったかを考えると，具体化した計画もあっただろうと推測できますので，政策の効果が一定程度あって景観が保全されたと結論しました．

次に，仮説3（コミュニティによる保全仮説）についてです．これも開発圧力が中〜強の6町村を比較します．転入出者数をみると，保全できたE村やH村は人の出入りが少なく顔ぶれが安定しているといえます．ただし，規制的条例も制定されましたので，政策の効果かもしれません．最も出入りが激しいのはD町で，反対運動も起こりましたが，後述のように広がりをみせず，結果は破壊となりました．温泉観光地のF町も人口規模の割には転入出が多く，結果は破壊です．ただし，一部地区で反対運動がありました．その地区では，高層マンションが計画され，反対する周辺住民が町に規制を求めましたが，観光を主たる産業としている町を二分しかねないとして，合意に至りませんでした．そのため，地区の区長や観光協会長といった住民リーダーが中心となって，地区住民独自の景観協定を結び，マンション建設を阻止しました．結果として，その地区だけは景観が保全されました．ここまでは概ね仮説に沿った観察結果です．しかし，C村で保全されている一方で，人口規模も転入出者数も同程度のB町で，景観がやや壊れた結果となっています．以上のことから，コミュニティの安定度が景観保全に直接作用するとはいえませんが，反対運動と組み合わされると，それを後押しするといえます．仮説3は部分的に支持されました．

次に，景観政策がなぜ導入できたのかについて検証します．仮説4（反対運動・コミュニティ合意仮説）からみていきます．住民の強い反対運動があったのは，C村とD町です．C村では住民（特に別荘地の住民）がマンション建設反対でまとまり，行政や村長を動かし，さらには県も動かした結果，規制導入が実現しました．他方，D町では旅館組合や自然保護団体が建築物の高さ制限を求めましたが，マンション建設は町を活性化するとの意見もあってまとまらないまま，多くのマンションの建設が進んでしまいました．D町は規模が比較的小さいのに，転入出者数が多いので，コミュニティの顔ぶれはC村の方が安定しています．このことと，これらの町村における合意形成の違いは対応関係にあります．ただし，C村はキャベツ畑が広がる農村地帯，D町は都市的な用途指定がなされた温泉観光地という違いもありますので，この2事例からだけでは，コミュニティの特性が合意形成の違いを生んだとまでは断定できません．

　F町については，前述のとおり，一部地区でのみ反対運動がありましたが，町全体としてみると，人口規模の割に人の出入りが多く，破壊という結果となりました．これら以外の事例では，住民による反対運動等はみられませんでした．しかし，E村とH村は規制的条例を制定できています．このうち，E村では村役場の担当者が，相次ぐ開発事業者からの問合せに危機感をもち，条例制定を主導しました．H村では周辺町村の状況をみて，いずれ開発の波が及ぶと考えた役場担当者が条例制定を主導しました．この二つの村は，道普請などの伝統的共同体の慣行が残っている地域で，コミュニティの顔ぶれが安定していることは，転入出者数のデータにも表れています．このため，政策導入に関する住民の合意形成も容易でした．

　以上のことから，仮説4は支持されませんでした．少なくとも，住民運動は行政が動き出すための契機にすぎませんでした．しかし，この検証結果は，次のように解釈することによって，観察結果を統一的に説明できます．すなわち，強い開発圧力のもとで行政が政策導入を図る場合，コミュニティの顔ぶれが安定していれば，合意が形成されやすく，政策が実現しやすいといえます．

　仮説5（首長仮説）については，首長の主導と政策導入の成否は明確な対応関係にはありません．したがって，仮説5は支持されません．なお，政策を導入した町村では，首長か行政のどちらかが主導しています．しかし，これは自治体の中の誰かが主導しなければ政策は実現しないという当たり前のことを確認したにすぎません．

　以上をまとめると，仮説1，仮説2，仮説3の一部が支持されました．すなわち，次の結論が導かれます．開発圧力が弱ければ，景観が保全される．開発・建築計画が進行する前に規制または規制的条例が導入されれば，景観が保全される．安定的コミュニティで反対運動が起これば，景観が保全される．残りの仮説は支持されませんでしたが，仮説4については次のように修正すれば，観察結果と整合的であることが確認できました．すなわち，住民の顔ぶれが安定したコミュニティにおいて，行政が規制的政策を提案すれば，その政策は実現しやすいといえます．ただし，これは本事例から導かれた知見ですので，検証を経ておらず，依然として仮説のままであることに注意が必要です．

議論のまとめと若干の提案

　ここまでの検証結果を踏まえると，図表例-7を修正して，図表例-9を提案す

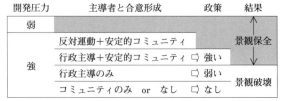

図表例-9　景観保全が実現される条件（修正版）

ることができます．この図が意味するのは次のとおりです．まず，開発圧力が弱い場合は景観が保全されます．開発圧力が強い場合でも，住民が反対運動を安定的なコミュニティのもとで展開すれば，行政による景観政策なしに景観を保全することが可能です．ただし，最終的には条例や協定などの実効力のある対策が必要です．また，行政主導で政策が提案され，強い政策（規制または規制的条例）が実現すれば，景観が保全されます．このための合意形成を可能とするのは，安定的なコミュニティの存在でした．行政主導のみの場合は，合意形成ができずに弱い政策（指導条例・助成条例）が成立するにとどまるため（または政策の導入が遅れるため），景観は保全されません．政策の主導者がなく安定的なコミュニティが存在するだけの場合や，主導者も安定的コミュニティもない場合は政策が導入されず，やはり景観は保全されません．

　以上の検証結果から，開発圧力が強い地域で景観を保全するために何が必要かを検討しましょう．第一に，景観保全のための実効ある方策（規制や住民協定）を主導する主体が必要です．第二に，提案された政策について，合意形成を可能にする条件が必要です．そして合意形成を可能にするのは，本例の分析では，顔ぶれの安定したコミュニティでした．

　この分析結果に基づいて，景観問題の解決に向けた政策提案を行うとしたら，合意形成の条件に着目して，既存のコミュニティを活かしたり，機能を強化したりする政策案を提案できるでしょう．住民や行政の中に，政策を主導する主体を育てる方策も考えられますが，その方策を誰が推進するのかと考えていくと，堂々巡りになりそうです．ただし，景観に対する理解を住民に深めてもらう啓蒙活動などは提案できるかもしれません．

　それでは，以上の結果はどこまで一般化できるでしょうか．本例が取り上げたのは，人口1万5000人未満の小規模な町村だけでした．そこから導かれた結論を，都市部にも適用できるでしょうか．人口10万人の都市には，ほかに考慮すべき要因があるかもしれません．したがって，比較対象をそうした都市にも広げ

た分析を行って，仮説群が成り立つことを確認する必要があります．しかし，暫定的であることに留意しながらであれば，図表例-9 を分析枠組みとして，都市の景観問題を考察することは有意義です．

都市部では，開発圧力が強いので，何もしなければ景観は破壊されるばかりです．コミュニティも流動的ですから，住民の力だけで開発を抑制することも難しいでしょう．そこで，規制のような強い政策が必要となります．都市部においても，景観保全を求める住民の要求は強いですし，それに応えようとする行政の取組みもあります．政策を主導する主体については問題ありません．他方で，都市部では合意形成が成り立ちにくいところに難点があります．本例でみたような，安定したコミュニティを都市部で見出すことは困難だからです．

都市のコミュニティに合意形成機能を期待できないとすれば，それに代わる何らかの仕組みや装置を作ることが提案の中心になります．しかし，その候補が何になるのか——NPO か，地域自治区のような新たな制度か，それとも行政の役割を広げるのか——といった論点について考察するには，ここに取り上げた材料だけでは足りません．いかなる組織や団体が機能するかを問うために，都市を対象に加えた新たな分析が必要です．なお，拙稿「『コモンズの悲劇』の解決策としての法」（『法社会学』73 号，2010 年）で，この点について理論面からの考察を試みていますので，興味のある方はご覧ください．

演習例としての事例比較は以上です．出典となった研究に比べると，リサーチ・クエスチョンを変え，従属変数を増やした一方で，事例数を減らし，独立変数も減らしています．何より，紙幅を節約するために，各事例の詳しい内容をほとんど省略しました．研究論文では，事例の詳細をいかに説得力をもって記述するかも重要です．また，ここでは扱いませんでしたが，なぜ開発圧力が弱い自治体や，まだ開発の波が到達していない自治体が先んじて政策を導入できたのか，都市自治体がいかなる対応をしたかなども問う価値があるクエスチョンです．こうした点に興味をもたれた読者は，冒頭で紹介した拙著をご覧いただければ幸いです．

演習例3　治安悪化の要因分析
統計分析を用いた検証

　引き続き，統計（重回帰分析）を用いた検証の例を示します．リサーチ・クエスチョンや仮説のたて方の例は，すでに示しましたので，ここでは検証段階を中心に説明します．

　これは本書のために書き下ろしました．分析にあたっては，筑波大学大学院人文社会科学研究科のグループが実施した文部科学省特別推進研究「日韓米独中における3レベルの市民社会構造とガバナンスに関する総合的比較実証研究」（2005年度〜2009年度，研究代表：辻中豊）の一環として行われた「市区町村調査」（2007年8月〜12月に実施）のデータを用いました．調査の概要やデータの詳細については，辻中豊・伊藤修一郎編『ローカル・ガバナンス：地方政府と市民社会』（木鐸社，2010年）をご覧ください．

リサーチ・クエスチョン

　ここでのリサーチ・クエスチョンは，最終的には「地域での犯罪を減らすにはどうすればよいか」であり，それを探るために「犯罪が多い（少ない）地域では，なぜそうなっているのか」「何が原因で犯罪が多い（少ない）のか」を考えます．

仮　説

　ここでは次の四つの仮説を検証します．各仮説の詳しい説明は省略します．強いて補足すると，仮説3については，犯罪が多いと，多くの政策が実施されるという因果関係もありえます．仮説4については，地域住民のつながりが強いほど，不審者に対する監視が働いたり，防犯活動が盛んになったりして，犯罪が起こりにくくなるというメカニズムを想定しています．

仮説1　地域が都市化しているほど，犯罪が起こりやすい．
仮説2　地域経済の状況が悪いほど，犯罪が起こりやすい．
仮説3　自治体が治安政策を多く実施するほど，犯罪が起こりにくい．
仮説4　地域住民のつながりが強いほど，犯罪が起こりにくい．

データと散布図による検証

　ここで検証のために変数を操作化し，指標となるものを決め，まずは散布図を用いて仮説を検証します．検証にあたっては，市区町村を分析単位とします．このため，市区町村単位で得られるデータを指標としなければなりません．特に記さない限り，データの出典は総務省統計局「統計でみる市区町村のすがた 2007」です（総務省統計局ホームページまたは e-Stat からアクセス可）．

　まず，従属変数には，刑法犯認知件数を用います．実際の犯罪件数は把握できませんから，認知件数で代用します．人口が多い市区町村で刑法犯認知件数が多いのは当たり前ですから，ここでは「犯罪率」を従属変数とし，人口 1 万人当たり刑法犯認知件数と定義します．

　次に独立変数です．都市化については，本文中では第 1 次産業就業者比率を用いましたが，ここでは人口と人口集中地区人口比（後述）を用います．一般に人口が多い市区町村は都市化も進んでいます．なお，ここでは自然対数をとった人口を用いますが，これはデータの中に人口 100 万人を超える政令指定都市が含まれる一方で，人口 1 万人に満たない町村も含まれるからです．

　人口（対数）と犯罪率の関係を散布図に描くと図表例-10 となります．作図には Excel ではなく，SPSS という統計ソフトを使っています．人口が多いほど，犯罪率が高いことがみてとれます．なお，分析に使うデータセットは，後述する自治会加入率で欠損値（アンケート調査などで無回答などのケース）が多いため，

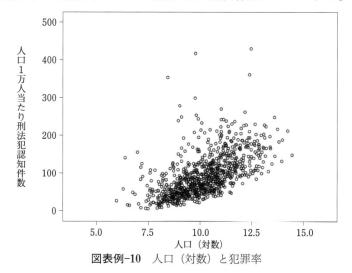

図表例-10　人口（対数）と犯罪率

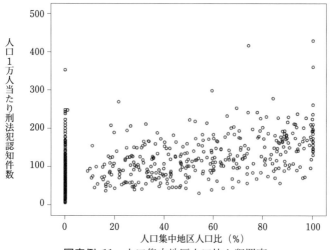

図表例-11 人口集中地区人口比と犯罪率

自治会加入率のデータが得られる826市区町村のみを用いて散布図を描いています（人口1万人当たり刑法犯認知件数が1000件を超える市区町村も，外れ値（極端な値をとるケース）として除外しています）．

　人口集中地区人口比とは，市区町村域の都市地区に人口のどれぐらいの部分が集中しているかを示す指標です．これが高いほど人口の密集度が高く，都市化が進んでいることを意味します．図表例-11によると，人口の集中が進むほど，犯罪率が高い傾向が確認できます．

　経済状況については，完全失業率を使います．あくまでも，経済状況を示す指標であって，失業者が犯罪に走ると考えるわけではないことは注意しておきます．図表例-12によると，完全失業率が高いほど，データのばらつきが大きくなっていますが，全体としては犯罪率が高くなる傾向にあります．

　治安政策がどの程度行われているかは，前掲市区町村調査のデータから指標を作成しました．測定方法は(1)治安対策担当職員の増員（5年前との比較），(2)職員による巡回，(3)住民による防犯活動への支援，(4)防犯カメラ等の器具の設置の4施策について，実施しているかどうかを市区町村の担当課に質問し，実施していると答えた場合を各1点として，単純に合計したものです（最小0点，最大4点）．散布図を描くと図表例-13のようになります．

　これではわかりにくいので，治安政策指標が0点から4点までの5グループについて，犯罪率の平均値を求めたものが，図表例-14です．ここからは政策の得

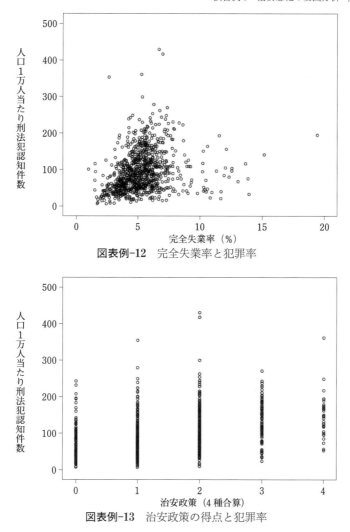

図表例-12　完全失業率と犯罪率

図表例-13　治安政策の得点と犯罪率

点が高いほど，犯罪率が高いという，仮説とは逆の結果になっていることがわかります。

　地域住民のつながりとしては，市民活動や NPO，近所づきあいなど様々なものがありえますが，ここでは自治会・町内会等に加入している人が多い地域ほど，住民間のつながりが強いとみて，自治会加入率を指標とします。自治会加入率は，前掲の特別推進研究を通じて市区町村に質問し，回答してもらったデータです。

図表例-14 治安政策得点ごとの人口
1万人当たり刑法犯認知件数（平均）

治安政策	平均値	度数	標準偏差
0	74.526	138	46.106
1	82.561	338	48.128
2	105.247	230	62.271
3	134.904	85	55.082
4	148.593	35	57.784
合計	95.720	826	57.186

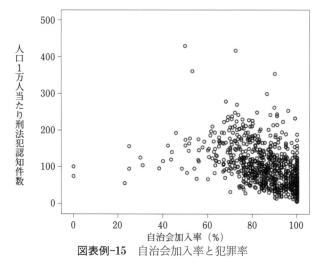

図表例-15 自治会加入率と犯罪率

図表例-15によると，自治会加入率が高いほど，犯罪率が低い傾向がみられます．これも仮説で予想したとおりの結果です．

　以上の検証結果から，仮説1，2，4については予想どおりの結果が得られたといえます．しかし，ここで確認された相関関係は，2変数間のものですから，見かけの相関関係である可能性を否定できません．例えば，自治会について考えてみると，一般に都市部では人口の転入出が激しく，自治会加入率が低下しており，活動が成り立たないところも出てきています．他方で農村部や地方圏では，現在も自治会が高い加入率を維持しているといわれています．したがって，都市化の影響が犯罪率と自治会加入率の両方に作用して，見かけの相関関係を生み出していることも考えられます．このような可能性を排除するため，重回帰分析を用いて検証を行います．

重回帰分析による検証結果

　人口1万人当たり刑法犯認知件数（犯罪率）を従属変数とした重回帰分析を行った結果を図表例-16に示しました（相関係数が高い独立変数のペアを投入すると，多重共線性といって，推計が不安定になったり，信頼性が下がったりする問題を生じますが，このモデルには相関係数が0.8を超えるようなペアは含まれていません）．

　重回帰分析の読み方は第4章で説明しました．図表例-16では，投入したすべての変数が1％水準で有意になっています．係数についてみると，治安政策を除いたすべての変数で予想したとおりの符号となっています．すなわち，人口が多いほど，人口集中地区人口比が大きいほど，犯罪率が高いといえます．また，完全失業率が高いほど犯罪率が高くなっています．さらに，自治会加入率が高いほど，犯罪率は低いことが確認されました．この分析では都市化に関する変数も投入し，その作用を制御したうえでなお，自治会加入率が犯罪率に有意な作用を及ぼしていることが確認できました．

　治安政策については，やはり仮説が予想するのとは逆の符号となり，治安政策を多く実施している地域ほど，犯罪率が高いという結果となりました．これは，犯罪が多く起こっている市区町村が多くの政策を実施しているからだと解釈できます．つまり，因果関係が仮説と逆向きなのです．もし犯罪の抑制に効果がある政策であれば，犯罪率を下げるはずですから，治安政策の測定に選んだ政策が適切でなかった可能性もあります．別の政策を選んでいれば，異なる結果が出たかもしれません．

　以上のことから，仮説1，2，4は支持されたと結論できます．仮説3については，「犯罪率が高いほど，自治体は積極的に治安政策に取り組む」と仮説を修正

図表例-16　犯罪発生の諸要因（重回帰分析）

	標準化されていない係数		標準化係数	t値	有意確率
	B	標準誤差	ベータ		
（定数）	9.635	20.874		.462	.645
人口（対数）	10.176	1.483	.254	6.862	.000
人口集中地区人口比	.471	.063	.275	7.512	.000
完全失業率	2.535	.818	.086	3.097	.002
治安政策（4種合算）	7.190	1.622	.128	4.432	.000
自治会加入率	−.610	.132	−.146	−4.627	.000
N	026		R^2		.440
F		128.678	調整済み R^2		.436

従属変数：人口1万人当たり刑法犯認知件数

することもできますが，リサーチ・クエスチョンへの直接の答えとはならないので，ここでは削除するのが適当でしょう．

　なお，回帰モデルの当てはまりは，R^2（調整済み）が .436 となっており，まあまあの結果が出たといえます．

　最後に，検証された仮説から政策提言を導くとすれば，どう考えたらよいでしょうか．都市化の度合いや経済状況を政策的に操作することは容易ではありません．また，都市化が犯罪の発生を促すとしても，それがどのような経路で作用するのかをもっと詳細に突き止めないことには，具体的な提言には結びつきません．

　一方，自治会加入率は比較的操作しやすい変数です．現実に，市区町村の多くは自治会・町内会の重要性を認識していて，その活動を活性化し，加入率を高めるような財政的支援や制度・場づくり，人材育成などを行っています．こうした施策は必ずしも防犯のためだけに行われているわけではありませんが，さらにその取組みを強化することは，防犯にとってもプラスとなることが本分析によって裏づけられました．また，本分析では地域住民のつながりという変数を代表させるのに自治会加入率を用いましたが，自治会だけが地域の結びつきを強めるわけではなく，様々な組織・団体が同様の役割を果たします．仮に高齢化などによって自治会の加入率が向上しないとしても，それに代わる組織・団体の育成を目的とする政策を提案できるでしょう．その場合には，地域の結びつきを代表する新たな変数を投入した分析や，自治会が犯罪の抑止にどのようにして機能するのかを詳細に追跡するような事例研究の知見をもとにして，それに代わる組織の候補の活動を考察することが有効です．興味がある人は，ぜひ取り組んでみてください．

演習例4　広告景観規制の実施分析
総合的リサーチ

　本書で示した方法論は，政策リサーチを実践するのに必要十分なものです．この考えは初版から10年経っても変わりませんが，基本的な手順を知るだけでは不安だと感じる読者がいることもわかってきました．準備万端整えて研究に着手したい意欲的な学生だけでなく，実務家の中にもみうけられます．政策の評価や説明責任の要求水準が高まり，「エビデンスに基づく政策形成」を求められるようになったこともありそうです．

　繰り返しますが，本書が紹介する基本的な手順だけでも，研究テーマの全容を解明するような総合的なリサーチにまで行きつくことができますし，そこから十分な政策提言を展開できます．それを示すため，増補を行うこととしました．再び私の研究を取り上げて恐縮ですが，以下に『政策実施の組織とガバナンス：広告景観規制をめぐる政策リサーチ』（東京大学出版会，2020年）の一部を抜粋，組み替え，政策リサーチの手順に沿うよう脚色して紹介します．

リサーチ・クエスチョンの設定：政策の失敗原因を問う研究

　研究テーマは，街にあふれている看板——法律用語では「屋外広告物」——の規制です．屋外広告物は，自分の土地・建物に設置するものであっても，自治体の許可を得なければなりません．自治体は，大きさは何㎡以下，色彩は原色を避けるといった基準を定めていて，景観に与える影響と構造上の安全性に関する審査を行います．無許可で設置したり許可基準を守らなかったりすると，自治体による取締りを受け，罰則が適用されることもありえます．

　こうした規制があるにもかかわらず，日本では都市部を中心に違反看板があふれています．この状況は望ましくありません．違反であることは知らなくても，見苦しい，もう少し何とかならないのかと感じる人はいるでしょう．これがリサーチのきっかけとなる問題意識です．ここから一歩進んで，なぜ違反が多いのか，なぜ屋外広告物規制が機能していないのかという問いをたて，リサーチをスタートさせましょう．

　上の問いは，個別事例ないし個別の政策に即したタイプBクエスチョンです．では，タイプAクエスチョンはあるのか．日本社会における法令違反の問題は，

屋外広告に限りません．違法建築，食品表示偽装，工業製品のデータ偽装など，多くの分野に及んでいます．なぜ規制がまもられないのか．なぜ行政は違反を放置するのか．こうした問いは，行政学，行政法学や法社会学の分野で長年探究されてきました．これがタイプ A の問いであり，その解明に，屋外広告を題材としたタイプ B の問いに答えることで貢献できるはずです．

　違反の続出を失敗とみれば，なぜ政策が失敗するのかという問いをさらに上位におくこともできます．これは政策学が取り組んできたタイプ A クエスチョンです．その探究成果によると，政策が失敗する原因は，政策の欠陥，政策実施の不手際，不運の三つに整理されます．政策の欠陥については，屋外広告物法が数回の改正を経て，充実した政策手段を備えるようになりましたので，当てはまりません．政策のせいではないとすると，自治体の的外れな手段の選択や不作為，その場しのぎなど，実施面の問題が疑われます．研究の焦点をここに絞ります．不運というのは，好景気で大量の広告物が設置され，行政の対応が追い付かないといった，政策にとって不利な環境条件のことです．これは似た条件の自治体を選んで比較するなどして，リサーチの中でコントロールします．

現状確認型の質的データ収集と問いのブレイクダウン

　上の構想を言い換えると，政策の成否（違反の多さ）を従属変数，政策実施を独立変数としたリサーチとなります．これらの変数を意識しつつ，現状確認に進みましょう．法律・条例，その解説本，自治体のマニュアルなどを入手し，制度・仕組みを勉強します．また，政策結果と実施状況，すなわち違反の現状はどのようなもので，自治体はどう対応しているのかを調べるため，新聞報道やウェブを検索します．地味な政策分野なので全国紙の報道は少なく，ウェブでヒットするのは自治体による制度紹介ばかりです．そこで近場の自治体に聞き取りを行います．建前で押し通すつもりか違反の存在を認めない担当者もいれば，違反対応に苦慮する実情を率直に語ってくれる担当者もいます．

　これだけでは確証を得たことになりませんが，違反の多さと政策実施の難しさを前提に，研究計画をバージョンアップします．差し当たり，違反が多い原因に政策実施の不手際があるものとして，なぜ適切な実施が行われないのかと問うていきます．規制を担当する人員が足りないのか，人はいるが専門知識に欠けるのか，それともやる気の問題か．人手不足だとして，それはなぜか……という具合に，仮説も交えて問いをブレイクダウンします．

　複雑な行政活動を総合的にとらえ，体系的に問いと仮説を組み立てるためには，先行研究を手掛りとしたいところです．鍵概念の定義も先行研究を踏まえて，ここで行いましょう．文献リサーチの出番です．関連文献を集中的に読むわけですが，むしろ日頃の勉強がものを言います．

文献リサーチ：独自理論からの仮説導出

　文献リサーチの結果，このテーマに都合よく適用できる理論や研究例は見当たりません．ではどうするか．上の聞き取りを核とした事例研究から五月雨式に仮説を導く方法がひとつです．もうひとつは，独自の理論を組み立てて体系的に仮説を抽出する方法です．今回は，理論の不在を好機とみて，政策実施の不手際を説明する新理論を提案します．政策学と行政学の定説を材料にして組み立てたものを実施構造論と名づけましょう．そのさわりのところを引用風に示します．

　　自治体組織は概括的に職務が定められ，課・係・担当者のすべてのレベルで複数の業務が割り当てられる．自治体は慢性的な人手不足にあるので，業務間で人員・執務時間の奪い合いになり，複数業務のどれに優先配分するかは課・係・担当者の判断に委ねられる．その判断は首長や課・係の優先順位に従うが，明確でないことの方が多く，その場合は担当者の裁量に委ねられる．ここで自治体職員は上司からの明確な指示がないときはリスク回避的に行動するという仮定をおくと，リスクが高い業務は避けられ，堅実に実績が稼げる定型業務に，より多くの人員・時間が振り向けられるという命題が導かれる．

　本書第 2 章では，検証された複数の仮説にいくつかの仮定や主張を組み合わせたものを理論としました．上に紹介した実施構造論も，未熟ですが「理論」としましょう．これを屋外広告物規制に当てはめて仮説を導きます．その雰囲気をお伝えするため，いくつかを例示すると，屋外広告物規制の優先順位が低いほど資源配分が少ない，自治体の資源不足が深刻なほど資源配分が少ない，資源配分が少ないと担当者は許可申請を受け身で処理することに執務時間の多くを振り向け違反対応を先送りする，などです．

量的データ収集

　今回の仮説検証には統計分析を用います．上述の聞き取り結果と理論的検討を

踏まえてアンケート調査票を設計し，屋外広告物規制の窓口宛てに郵送します．回答者の負担を考えると，アンケートは 1 回しかできませんので，聞き取り結果を確認する現状確認型の質問だけでなく，仮説検証に使うデータ収集のための質問を過不足なく盛り込んでおきます．

　アンケートを集計すると，違反の全容を把握できている自治体が 1 割程度しかなく，一部でも現状を調査している自治体も含めて違反状況を尋ねると，都市部を中心に違反が多いという結果が得られます．これは予想どおりといえます．一方で，看板総数の 2 割未満に違反を抑え込んでいる自治体が 3 分の 1 にのぼり，その中には都市自治体も含まれます．調べてみると，違反対応に力を入れて，違反の数を大きく減らしたようです．これは当初の予想，いや，思い込みを覆すデータです．違反はないという自治体の証言を軽視しすぎました．これを研究計画の中に位置づけ直さなければなりません．

二巡目の文献リサーチと事例研究：研究枠組み修正

　政策実施研究は，伝統的に政策の失敗原因を探る研究として発展してきました．それを踏まえて問いをたて，理論を組み立てたわけですが，それだけでは，屋外広告物規制の実態を説明しきれないことになりました．修正が必要です．政策の成功が視野に入るよう研究のスコープを拡張しましょう．アンケート結果に即せば，違反数の少ない自治体では何が起こっているのか，違反数を減らした自治体ではいかなる活動がなされたのか，なぜそれが可能となったか，違反対応を避けがちな行政職員が違反状態の適正化に乗り出すのはいかなる場合かといったリサーチ・クエスチョンを加えます．

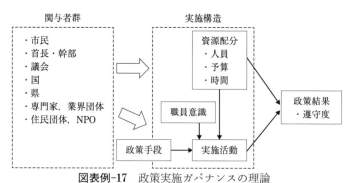

図表例-17　政策実施ガバナンスの理論
出所：『政策実施の組織とガバナンス』図 4-1

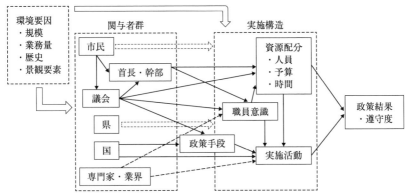

図表例-18 事例研究を踏まえた政策実施ガバナンスの理論と仮説

出所：『政策実施の組織とガバナンス』図 9-1

　その上で，失敗と成功の両側面を説明できるよう，実施構造論を「政策実施ガバナンス」の理論へと拡張します．そのために，探索範囲を広げた文献リサーチと事例研究をあらためて行います．今度の事例研究は，違反看板の数を大きく減らした自治体が対象です．地方紙，行政文書，議会会議録，聞き取り調査などで情報を集め，違反対応はいつどのように行われたのか，行政組織と職員を動かしたものは何かといった問いに答えていきます．

　こうしてできた理論を図示すると，図表例-17 になります．簡単にいうと，政治家や市民といった関与者の優先順位が示され，行政職員・組織に対する規律づけがなされると，配分される資源が増え，行政職員が違反対応に動くというように実施構造が応答して，違反が減少するなど政策結果が変化するというものです．これが政策実施ガバナンスが機能するということだと考えます．

　図表例-17 は抽象的・理論的な模式図ですが，ここに事例研究を反映させて，検証可能な仮説をダイアグラムの形で図示したものが図表例-18 です．矢印のひとつひとつが因果関係を表していて，例えば，議会の関心が高いほど資源（人員や執務時間）が手厚く配分されるといった仮説を意味します．

検証と結果の提示

　続いて仮説の検証です．そのために，変数を量的データとして測定します．といっても，測定のためのアンケートは済んでいますから，どの回答で代表させるかの選択です．例えば，人員配分は，屋外広告物事務の専任担当者と他の事務も

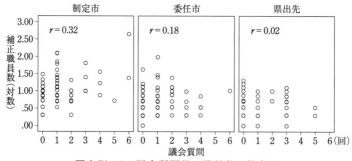

図表例-19 議会質問数と職員数の散布図

出所:『政策実施の組織とガバナンス』図9-4

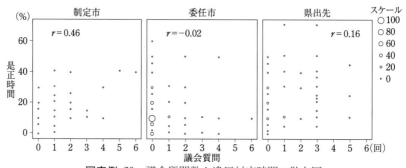

図表例-20 議会質問数と違反対応時間の散布図

出所:『政策実施の組織とガバナンス』図9-5

兼任する担当者の数を尋ねた質問を使い，専任1.00人，兼任0.35人などという具合に換算します（「補正職員数」）．公開データがあるものは，自分で調査して補います．例えば議会の関心は，調査期間をはさんだ3年間の本会議で議員から屋外広告に関する質問が行われた件数を数えることとします．議会の関心はどのくらいの強さかをアンケートで質問するより客観的といえるでしょう．

　検証結果の一部を示します．議会質問数と補正職員数および違反対応が執務時間に占める割合（「是正時間」）の散布図を描いたものが，図表例-19および20です．自治体を3グループに分けたところ，自ら条例を制定して規制を行っている市町村では，質問が多いほど職員数が多いといった相関関係がみられますが，都道府県から委任されて実施のみを担う市町村や都道府県出先機関では，相関関係がみられません．自治体や職員の姿勢を反映していると解釈できそうです．

　他の仮説についても，同様の分析を経たのち，重回帰分析を用いて検証します．

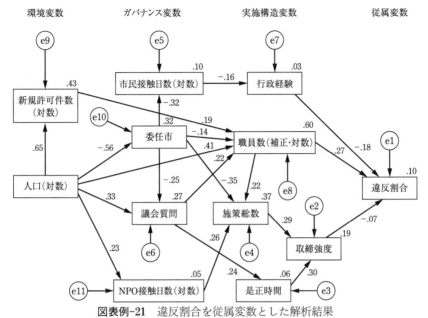

図表例-21　違反割合を従属変数とした解析結果

出所：『政策実施の組織とガバナンス』図 9-11

それをひとつに集約したものが，図表例-21 です．統計分析によって支持された仮説のみを載せてありますが，「取締強度」（罰則などの強い手段を発動する度合い）と「違反割合」の関係のみ，支持されないまま載せています．

検証結果の解釈，政策提言，更なる問いの探究

上述の支持されない仮説は，「違反に対して行政が強い対応を行うほど，違反は少なくなる」というものです．従属変数に向かう肝心かなめの経路が途切れてしまうのは画竜点睛を欠きますので，なぜそうなるのか検討します．

従属変数に影響する変数を見逃している可能性は捨てきれませんが，理論や事例研究から導かれる仮説はひととおり試しています．他にありそうな理由として，違反割合というデリケートな情報を尋ねたので，違反が多い自治体の担当者が回答しなかったことが考えられます．しかし，実態を正しく申告してもらえるよう，質問の仕方を工夫しています．その結果，違反割合 5 割を超える回答も多く得られています．一定の偏りはあるとしても，放棄するには惜しいデータです．

もちろん，このままリサーチを終了しても，総合的に実施過程を解明した研究

を標榜することはできるでしょう．図表例-21 の支持された仮説を踏まえれば，政策提言もできます．行政に強い対応を促すには，議員の関心を喚起し議会で質問してもらうといった具合です．しかし，肝心なところを未解明にしたまま研究を終えるのは残念すぎます．予想に反する結果が出たところから，さらに「なぜ」と問い，一歩でも進めることでこそ新たな発見が得られます．

　そこで考えるべきは，行政の活動だけみていて十分かということです．規制政策には相手があります．行政が強い対応をとればとるほど，規制に従う者が増え，違反が減るというような単純な関係なのでしょうか．

　これ以上はネタバレになりますので，リサーチが新たに目指す方向だけお見せします．まず，規制を受ける側の広告業者の意識や行動はどうなっているかを追究します．なぜ規制に従わないのか，従いたくても従えない事情があるのか，行政の対応との相互作用はどうか……と問うていきます．また，政府・自治体の制度は，一般市民が選挙によって議員・首長を選び，当選することが何より大事な政治家は，市民の意向を踏まえて意思決定し，行政職員はこれを踏まえて行動するように設計されています．では，こうしたガバナンスの連鎖の始点にいる市民は広告景観をどうみているのか，他の政策分野と比べた優先順位は高いのか低いのか，低いとしたらそれはなぜか……という問いも探究していきます．

　最後にプレゼンテーションについてですが，拙著では正確に研究成果を伝えるため，まさに本書第5章に述べたような，順序立てた記述をしてあります．一方，実際の研究は行きつ戻りつの繰り返しでした．この演習例では，軌道修正も含めて紹介しましたが，それでも実際の研究の流れどおりに描いたわけではなく，順序立てたプレゼンに近いものとご了解ください．

　リサーチに予想外の事態は付きものです．では，見込み違いや予想外の結果によって行き詰まったら，どうすればよいでしょう．私が思うに，万能の方法論はありません．得られたデータと先行研究の知見を突き合わせて，考え続けることです．そこで助けになるのが，本書で繰り返し述べてきた基本の手順です．リサーチ・クエスチョンは実態に即しているか，仮説に漏れはないか，データの解釈に思い込みはないか……と点検することで突破口が見えてきます．そうした行き詰まりと突破を繰り返すことで，むしろ総合的なリサーチへ近づく手ごたえが得られるでしょう．

　本研究に用いたアンケートデータは，自治体名が特定されない範囲で，私の研究室のウェブサイトに公開しています．再検証などに活用してください．

参考　自治体政策研修の時間割（例）

1日目　テーマ設定，リサーチ・クエスチョン（RQ）設定

1時限　10：00-11：00　講義1「研修のねらいと構成・自治体を取り巻く政策環境」
2時限　11：00-12：00　グループ討論：市が直面する課題（参加者の事前課題を手掛かりに）
3時限　13：00-14：00　講義2「リサーチ・クエスチョンをたてる」（第1章）
4時限　14：00-15：00　グループワーク（GW）：テーマ探索・RQ設定（講師と個別相談）
5時限　15：00-16：00　講義3「資料はどこにあるか」（第3章）＋GW：インターネットを使った資料の探索
6時限　16：00-17：00　GW：資料の有無でRQの絞込み
　　　　　　　　　　　後半で各グループの進捗状況報告と報告へのコメント・アドバイス

2日目　研究計画立案

1時限　10：00-11：00　講義4「仮説をたてよう」（第2章）
2時限　11：00-12：00　GW：仮説設定，概念の定義と操作化
3時限　13：00-14：00　GW：同上（適宜，講師と個別相談），進捗状況発表
4時限　14：00-15：00　講義5「文献リサーチとデータ収集」（第3章）
　　　　　　　　　　　講義6「仮説を検証する」（第4章）
5時限　15：00-16：00　GW：資料探索，役割分担，スケジューリング
6時限　16：00-17：00　GW：目標設定（各グループの目標とスケジュールを宣言）
　　　　　　　　　　　中間発表までに何をどの程度明らかにするか．その大まかな日程．そのためにどういう作業をするか．どういう分担でいくか．
　＊　この間，グループごとの自主研究を行う

3日目　中間発表会

13：00-14：30　中間発表（各グループの発表15分程度，コメント10分程度で時間配分）
14：40-16：00　GW＋講師との個別相談
16：00-17：00　講義7「研究のまとめ方とプレゼンテーションの技法」（第5章）
　＊　同上

4日目 最終報告

13：00-15：00 最終発表（発表 20 分，質疑 10 分，コメント 10 分）

15：10-15：30 全体講評（研究の今後の展開など，時間が余れば受講者の感想）

15：40-16：30 講義 8「リサーチ結果を政策化する」（第 6 章）

GW：リサーチ結果を用いて，どこにどのように介入するか討論

16：30-17：00 講義 9「政策評価の方法論」（第 6 章）

まとめ

参考文献

青木繁伸『統計数字を読み解くセンス：当確はなぜすぐにわかるのか？』化学同人，
　2009 年

秋吉貴雄・伊藤修一郎・北山俊哉『公共政策学の基礎』有斐閣，2010 年［第 3 版，
　2020 年］

新睦人『社会調査の基礎理論：仮説づくりの詳細なガイドライン』川島書店，2005
　年

阿部泰隆『行政の法システム入門』放送大学教育振興会，1998 年

天川晃「広域行政と地方分権」『ジュリスト』増刊総合特集 29，1983 年，120-126 ペ
　ージ

天川晃「変革の構想：道州制論の文脈」大森彌・佐藤誠三郎編『日本の地方政府』東
　京大学出版会，1986 年，111-137 ページ

伊藤修一郎『自治体政策過程の動態：政策イノベーションと波及』慶應義塾大学出版
　会，2002 年

伊藤修一郎『自治体発の政策革新：景観条例から景観法へ』木鐸社，2006 年

伊藤修一郎「『コモンズの悲劇』の解決策としての法」『法社会学』73 号，2010 年，
　188-203 ページ

大嶽秀夫『政策過程』東京大学出版会，1990 年

苅谷剛彦・志水宏吉・清水睦美・諸田裕子『調査報告　「学力低下」の実態』岩波書
　店，2002 年

菊田千春・北林利治『大学生のための論理的に書き，プレゼンする技術』東洋経済新
　報社，2006 年

岸田孝弥「自転車事故と走行状態：高崎市における自転車の走行状態の実態につい
　て」『高崎経済大学論集』30 巻 1・2 号，1987 年，177-213 ページ

京都大学大学院アジア・アフリカ地域研究研究科・京都大学東南アジア研究所編『京
　大式フィールドワーク入門』NTT 出版，2006 年

草野厚『政策過程分析入門』東京大学出版会，1997 年［第 2 版，2012 年］

玄田有史『仕事のなかの曖昧な不安：揺れる若年の現在』中公文庫，2005 年

小池和男・洞口治夫編『経営学のフィールド・リサーチ：「現場の達人」の実践的調
　査手法』日本経済新聞社，2006 年

河野勝・岩崎正洋編『アクセス比較政治学』日本経済評論社，2002 年

小宮清『シンプル・プレゼンの技術』日本能率協会マネジメントセンター，2004 年

佐藤郁哉『フィールドワーク：書を持って街へ出よう』新曜社，1992 年［増訂版，

2006 年]

佐藤郁哉『フィールドワークの技法：問いを育てる，仮説をきたえる』新曜社，2002 年

佐藤郁哉『組織と経営について知るための実践フィールドワーク入門』有斐閣，2002 年

佐藤博樹・石田浩・池田謙一編『社会調査の公開データ：2 次分析への招待』東京大学出版会，2000 年

自転車対策検討懇談会「自転車の安全利用の促進に関する提言」2006 年 11 月

新藤宗幸『概説日本の公共政策』東京大学出版会，2004 年［第 2 版，2020 年］

杉田恭一『「プレゼン」標準ハンドブック』技術評論社，2007 年

鈴木敏文『挑戦　我がロマン：私の履歴書』日本経済新聞出版社，2008 年

盛山和夫『統計学入門』放送大学教育振興会，2004 年

田尾雅夫『行政サービスの組織と管理：地方自治体における理論と実際』木鐸社，1990 年

田尾雅夫・若林直樹編『組織調査ガイドブック：調査党宣言』有斐閣，2001 年

高根正昭『創造の方法学』講談社現代新書，1979 年

田村正紀『リサーチ・デザイン：経営知識創造の基本技術』白桃書房，2006 年

辻中豊・伊藤修一郎編『ローカル・ガバナンス：地方政府と市民社会』木鐸社，2010 年

内閣府国民生活局市民活動促進課「ソーシャル・キャピタル：豊かな人間関係と市民活動の好循環を求めて」2003 年 6 月（内閣府 NPO ホームページ：https://www.npo-homepage.go.jp/data/report9.html から 2011 年 5 月 7 日ダウンロード）

日本比較政治学会編『日本政治を比較する』早稲田大学出版部，2005 年

野口悠紀雄『公共政策』岩波書店，1984 年

藤本隆宏・高橋伸夫・新宅純二郎・阿部誠・粕谷誠『リサーチ・マインド経営学研究法』有斐閣，2005 年

増山幹高・山田真裕『計量政治分析入門』東京大学出版会，2004 年

箕浦康子編『フィールドワークの技法と実際：マイクロ・エスノグラフィー入門』ミネルヴァ書房，1999 年

宮川公男『政策科学の基礎』東洋経済新報社，1994 年

宮川公男『政策科学入門』東洋経済新報社，1995 年［第 2 版，2002 年］

宮本憲一『公共政策のすすめ：現代的公共性とは何か』有斐閣，1998 年

村松岐夫『地方自治』東京大学出版会，1988 年

村松岐夫・稲継裕昭，日本都市センター編『分権改革は都市行政機構を変えたか』第一法規，2009 年

森田朗『許認可行政と官僚制』岩波書店，1988 年

Allison, Graham T. 1971. *Essence of Decision: Explaining the Cuban Missile Crisis*. Boston: Little, Brown. (宮里政玄訳『決定の本質：キューバ・ミサイル危機の分析』中央公論社，1977 年)

Barzelay, Michael, Francisco Gaetani, Juan Carlos Cortázar Velarde, and Guillermo Cejudo. 2003. "Research on Public Management Policy Change in the Latin America Region: A Conceptual Framework and Methodological Guide." *International Public Management Review* (http://www.ipmr.net) 4-1: 20-41.

Bemelmans-Videc, Marie-Louise, Ray C. Rist, and Evert Vedung. 1998. *Carrots, Sticks, and Sermons: Policy Instruments and Their Evaluation*. New Brunswick, N.J.: Transaction Publishers.

Boardman, Cynthia A., and Jia Frydenberg. 2008. *Writing to Communicate 2: Paragraphs and Essays*, 3rd ed. White Plains, N.Y.: Pearson/Longman.

Brady, Henry E., and David Collier. 2004. *Rethinking Social Inquiry: Diverse Tools, Shared Standards*. Lanham, Md.: Rowman & Littlefield. (泉川泰博・宮下明聡訳『社会科学の方法論争：多様な分析道具と共通の基準』勁草書房，2008 年)

Dahl, Robert A. 1961. *Who Governs? Democracy and Power in an American City*. New Haven: Yale University Press. (河村望・高橋和宏監訳『統治するのはだれか：アメリカの一都市における民主主義と権力』行人社，1988 年)

Devore, Jay L., and Roxy Peck. 1990. *Introductory Statistics*. St. Paul: West Pub. Co.

Hood, Christopher C. 1986. *Administrative Analysis: An Introduction to Rules, Enforcement, and Organizations*. New York: St. Martin's Press. (森田朗訳『行政活動の理論』岩波書店，2000 年)

Hood, Christopher C., and Helen Z. Margetts. 2007. *The Tools of Government in the Digital Age*. Basingstoke: Palgrave Macmillan.

Hunter, Floyd. 1953. *Community Power Structure: A Study of Decision Makers*. Chapel Hill: University of North Carolina Press. (鈴木広監訳『コミュニティの権力構造：政策決定者の研究』恒星社厚生閣，1998 年)

King, Gary, Robert O. Keohane, and Sidney Verba. 1994. *Designing Social Inquiry: Scientific Inference in Qualitative Research*. Princeton, N.J.: Princeton University Press. (真渕勝監訳『社会科学のリサーチ・デザイン：定性的研究における科学的推論』勁草書房，2004 年)

Krauss, Ellis S., and Robert J. Pekkanen. 2011. *The Rise and Fall of Japan's LDP: Political Party Organizations as Historical Institutions*. Ithaca, N.Y.: Cornell University Press.

Lowi, Theodore J. 1970. "Decision Making vs. Policy Making: Toward an Antidote for Technocracy." *Public Administration Review* 30: 314-325.

Lowi, Theodore J. 1972. "Four Systems of Policy, Politics, and Choice." *Public Administration Review* 32: 298-310.

Merriam, Sharan B. 1998. *Qualitative Research and Case Study Applications in Education*. San Francisco: Jossey-Bass Publishers. (堀薫夫・久保真人・成島美弥訳『質的調査法入門：教育における調査法とケース・スタディ』ミネルヴァ書房, 2004 年)

Ostrom, Elinor. 1990. *Governing the Commons: The Evolution of Institutions for Collective Action*. Cambridge: Cambridge University Press.

Pindyck, Robert S., and Daniel L. Rubinfeld. 1991. *Econometric Models and Economic Forecasts*, 3rd ed. New York: McGraw-Hill.

Putnam, Robert D. with Robert Leonardi and Raffaella Y. Nanetti. 1993. *Making Democracy Work: Civic Traditions in Modern Italy*. Princeton, N.J.: Princeton University Press. (河田潤一訳『哲学する民主主義：伝統と改革の市民的構造』NTT 出版, 2001 年)

Smelser, Neil J. 1976. *Comparative Methods in the Social Sciences*. Englewood Cliffs, N.J.: Prentice-Hall. (山中弘訳『社会科学における比較の方法：比較文化論の基礎』玉川大学出版部, 1996 年)

Stokey, Edith, and Richard Zeckhauser. 1978. *A Primer for Policy Analysis*. New York: W. W. Norton. (佐藤隆三・加藤寛監訳『政策分析入門』勁草書房, 1998 年)

Van Evera, Stephen. 1997. *Guide to Methods for Students of Political Science*. Ithaca: Cornell University Press. (野口和彦・渡辺紫乃訳『政治学のリサーチ・メソッド』勁草書房, 2009 年)

Walters, D. Eric, and Gale Climenson Walters. 2002. *Scientists Must Speak: Bringing Presentations to Life*. London: Routledge. (小林ひろみ・小林めぐみ訳『アカデミック・プレゼンテーション』朝倉書房, 2003 年)

Weber, Max. 1978. *Economy and Society: An Outline of Interpretive Sociology*, Volume 1 (Edited by Guenther Roth and Claus Wittich; Translators, Ephraim Fischoff et al.) Berkeley: University of California Press.

謝　辞

　本書は多くの方々の助けがあって世に出ることができました．この場を借りて感謝いたします．主要な参考文献は巻末に挙げましたが，本書に書いた内容のほとんどは，むしろ書籍や論文に著されていないものに負うところが大きいことを記しておきます．筆者が大学院生時代に指導を受けた，マイケル・バーズレー先生，ジェーン・ファウンテン先生，ジョン・L. キャンベル先生，金子郁容先生，片岡正昭先生をはじめとする，筆者在学当時のハーバード大学ケネディ政策研究院および社会学研究科，それに慶應義塾大学大学院政策・メディア研究科の先生方には，論文指導や授業を通じて，研究を実践するための様々な知恵と方法論を授かりました．これを私なりに咀嚼し，「政策リサーチの方法論」としてまとめたものが本書なのです．

　本書の骨格は，自治体の研修担当者および熱心な研修受講者との交流の中で徐々に固まりました．貴重な機会を与えてくださった，三重県庁，群馬県市町村振興協会，茨城県自治研修所および神栖市職員課の皆さんに感謝申し上げます．三重県庁の皆さんに紹介の労をとり，研修デビューさせてくださったのは，大阪大学の北村亘氏です．北村氏からはそれ以来，折に触れ研究に対する助言をいただいています．

　本書の企画が学生も視野に入れたテキストになってからは，これまで担当したゼミ生の顔を思い浮かべながらの執筆となりました．真剣にゼミの課題に取り組んでくれた群馬大学社会情報学部と筑波大学社会学類のゼミ生諸君に感謝します．

　第1稿がまとまって後，学生教育と研修指導に精通された，琉球大学の宗前清貞氏と熊本大学の秋吉貴雄氏，バーズレー・ゼミの同級生である吉牟田剛氏（総務省）にコメントをお願いし，有益なご意見を賜りました．特に宗前氏の職員研修に対する思い入れのこもったコメントは励みになりましたが，そのすべてを活かせたかどうか心もとないところもあります．現在のところ筑波大学の同僚でもある，ワシントン大学のロバート・ペッカネン氏とは，方法論に関する有意義なディスカッションができました．博士課程時代に知り合って以来，ペッカネン氏からは会うたびにリサーチ・メソッドの最先端の動向に関する知識を授けていただいています．

　出版を実現する過程では，早稲田大学の稲継裕昭氏，神奈川大学の出口裕明氏，関東学院大学の出石稔氏に相談にのっていただきました．もっぱら政府・自治体職員向けの企画としてスタートした本書に，学部生・大学院生向けのテキストとしての意義を認め，完成まで励ましと的確な助言を送り続けてくださった東京大学出版会の奥田修一氏に感謝します．

　前述のように，本書の基礎には，筆者が米国の大学院で学んだ方法論があります．その機会を与えてくれたのは，神奈川県庁の当時の研修機関であった，神奈川県自治総合研究センターです．私個人の思いとしては，本書は同センターの在外研修プログラムの成果を形にしたものでもあります．本来，研修成果は研修参加者本人が実務を通じて社会に還元すべきものでしょうが，私の場合，研修報告書に記載した拙い提言が上司や先輩方のご尽力により実現しただけで，自らの手による貢献は，健康上の理由から，十分果たせないまま今に至っています．そんな中，前神奈川県知事の松沢成文氏および松沢マニフェスト進捗評価委員会事務局の礒崎初仁氏（中央大学）が，マニフェスト評価に参加する機会を与えてくださったことはありがたいことでした．私の事情で1期だけしか続けることができませんでしたが，多少なりとも研修成果を社会に直接還元でき，しかも評価の経験を第6章の執筆に活かすこともできました．自治体の後押しとなるような研究をすることで貢献しようとも努めてきましたが，才乏しく，いまだに胸を張れるものはできていません．遅まきながらまとめた研修成果でもある本書が，日々，政策課題と取り組む行政職員の皆さんや，政策提言で世の中をよくしようと志す学生・市民の皆さんのお役にたてば，これ以上の喜びはありません．

　2011年6月

伊藤　修一郎

　読者の皆さん，授業や研修にご活用くださっている先生方にお礼申し上げます．お寄せいただいたご意見，ご要望にも感謝しつつ，今回は本書の特長の強化に絞り，演習例4を追加して増補としました．併せて，データベース名，アプリ操作名称などをアップデートしました．

　2021年11月

伊藤　修一郎

索　引

著者略歴

1960年　神奈川県に生まれる．
　　　　東京大学法学部卒業．
　　　　神奈川県勤務（土木部，企画部，総務部）．
　　　　ハーバード大学ケネディ政策研究院修了（MPA）．
　　　　慶應義塾大学大学院政策・メディア研究科後期博
　　　　士課程修了，博士（政策・メディア）．
　　　　群馬大学講師・助教授，筑波大学教授を経て，
現　在　学習院大学法学部教授．

主要著書

『自治体政策過程の動態』（慶應義塾大学出版会，2002年）
『自治体発の政策革新』（木鐸社，2006年）
『ローカル・ガバナンス』（共編，木鐸社，2010年）
『公共政策学の基礎』（共著，有斐閣，2010年［第3版，2020年］）
『政策実施の組織とガバナンス』（東京大学出版会，2020年）

政策リサーチ入門［増補版］
仮説検証による問題解決の技法

2011年8月10日　初　版第1刷
2022年1月12日　増補版第1刷
2024年1月10日　増補版第4刷

［検印廃止］

著　者　伊藤　修一郎
　　　　いとう　しゅういちろう

発行所　一般財団法人　東京大学出版会

代表者　吉見　俊哉
153-0041　東京都目黒区駒場4-5-29
https://www.utp.or.jp/
電話 03-6407-1069　Fax 03-6407-1991
振替 00160-6-59964

印刷所　株式会社暁印刷
製本所　誠製本株式会社